刘国光

经济论著全集

（计划经济向商品经济和市场经济转型过渡时期的探索 1987—1989 年）

第 7 卷

知识产权出版社

全国百佳图书出版单位

目 录

中国价格改革的若干问题*

——在美国密执安大学和世界银行的讲演稿
（1987年9月）

一、我国价格改革的历史进程

我国经济管理体制的改革从一开始就面临着价格改革的问题。在我国原有的过度集中的经济管理体制中，价格管理也是高度集中在中央政府手中，计划的固定价格一经制定，就很难重新调整。这种僵化的价格形成机制是中国价格结构长期严重扭曲的一个重要原因。这种僵化的价格结构和机制如不加以改革，我国经济体制改革的其他目标将很难成功，所以有不少中外经济学者把价格改革看作是中国整个经济体制改革的一个关键。

我国的价格改革是从1979年大幅度提高农产品收购价格开始的。以1984年为界限，价格改革大致经历了两个发展阶段：1984年以前，是酝酿、准备和进行探索性改革的阶段，以国家有计划地调整不合理的比价、理顺扭曲的价格结构为主，寓价格改革于价格调整之中；1984年以后，以转换价格形成机制为主，在继续有计划地调整某些重要产品价格的同时，分步骤、不同程度地下放了一部分产品的定价权，放开了相当一部分工农业产品的价格让市场供求来调节。八年来，我国价格改革是遵循理顺价格结构

---

* 原载《瞭望》周刊1987年第39、第41期，本文写作过程中，得到边勇壮协助。

和松动价格形成机制的双重目标，并沿着调（有计划地调整）与放（放开给市场调节）相结合的双轨道路向前推进的。

具体地说，在理顺价格结构方面进行了几次影响较大的价格调整。其中包括：1979年大幅度提高了农副产品的收购价格，提高了与农产品相关的八类副食品及其制品的销售价格，提高了煤炭及某些相关产品的出厂价；1981年提高了烟酒的出厂价格；1983年有升有降地调整了棉布、棉涤布的出厂价和销售价格；1983年和1985年分别提高了铁路货运价和短途客货运价，调整了民航、沿海、内河和公路的运输价格；多次提高矿石、钢材、木材、水泥等生产资料的价格，降低了手表、闹钟、收音机、电风扇等耐用消费品的价格。

在价格管理体制的改革方面：多次下放价格管理权限，减少由中央一级政府直接管理的商品数量，扩大了地方政府的价格管理权，将一部分产品定价权下放给企业，把过去的基本由国家统一定价的制度转变为多种价格形式并存的制度。其中主要包括：逐步地放开小商品的价格管理，实行工商协商定价；放开了猪肉、蔬菜等副食品的价格；分级实行国家指导价格和市场调节价格；1985年能源、原材料等生产资料实行了国家统一定价和市场调节价并存的双轨制价格，对超计划生产的生产资料，允许企业自销；1986年又放开了自行车等七种工业消费品的价格。

二、对八年来价格改革的评价

对于第一阶段的改革，我国经济学界一般公认，经过六次影响较大的价格调整，价格结构有所改善，经济稳定，社会也比较安宁。但有的学者认为，第一阶段的改革从严格意义上讲，还是在传统价格体制下的局部调整，它只有与价格改革的第二阶段紧密衔接，才能构成整个价格改革的有机组成部分。另外一些学者则认为，价格改革主要是完善原有计划价格体制，调整价格结构，提高制定计划价格的水平，沿着第一阶段以"调"为主的改革思路前进，将可以完成价格改革的历史任务。

对1984年以来价格改革第二阶段的评价分歧较大，有些学者认为，这一阶段的价格改革并不成功，价格双轨制加剧了新旧经济体制之间的摩擦，搞乱了评价企业经济效益的标准，并为以权谋私、中间倒手、牟取暴利创造了条件。因此，他们认为实行双轨制是一种失误。开放农副产品和七种工业消费品价格，由于时机不成熟，步子太大，导致较高的物价上涨率，带来经济波动和社会动荡，因此也是弊大利小、失败大于成功。但是多数学者认为，尽管存在一些问题，但八年来包括1984年以后的价格改革，基本方向是正确的，成效是明显的。

三、我国价格改革的成就

八年来价格改革的成就主要表现在以下四个方面：

1. 价格结构正朝着合理的方向发展，在一定程度上缓解了价格严重扭曲的问题。第一，农产品价格偏低，工业品价格偏高的情况有所缓解。1986年同1978年相比，农产品收购价格提高了77.5%，平均每年递增7.5%；同期农用生产资料零售价上升了25%，平均每年递增2.8%；我国农产品与工业品的交换比例，几年来大大提高了，工农产品价格的"剪刀差"明显地缩小了。第二，在一定程度上改善了能源、原材料价格偏低，加工产品价格偏高的状况。1986年同1978年相比，采掘产品价格上升55%，原材料价格上升45%，加工工业产品仅上升13%。工业内部各行业盈利水平的差距有所缩小。第三，工业消费品的价格结构有所改善，铁路、公路以及沿海、内河的运输比价趋于合理，品质差价、季节差价、地区差价正在逐步拉开。

2. 经过八年来的改革，价格管理体制开始走出了传统计划固定价格模式的框架，形成了具有中国特色的"板块—双轨"制过渡模式。所谓"板块制"，就是不同产品具有计划固定价格、指导性价格和市场调节价格等几种并行的价格形式。所谓"双轨制"，就是同一产品，计划内部分实行计划固定价格，计划外部分实行市场调节价格。

从比重上看，在农民出售的农产品总额中，国家统一定价部分，1978年占92.4%，1986年下降为35%；属于国家指导价和市场调节价部分，1978年为7.6%，1986年上升至65%。在社会消费品总额中，国家定价部分，1978年占97%，1986年已降为47%；属于国家指导价和市场调节价这部分，1978年只占3%，1986年占53%。生产资料价格双轨制使市场调节价格作用的范围进一步扩大。

3. 价格改革促进了经济发展和产业结构的合理调整。我国1979年以来大幅度提高农产品收购价格，对这几年农业的迅速发展起了非常重要的作用。正是在农业发展的推动下，工业和整个国民经济得到了迅速的增长。1979—1986年期间，社会总产值每年平均递增10.1%。工农业产品比价的调整和工业消费品价格的逐步放开，有力地促进了工农业生产结构的改善。价格形成机制的松动还刺激了农村乡镇工业的发展，促进了农业劳动力向非农产业的转移，迅速改变了劳动资源的配置结构。与此同时，原材料、能源、交通等基础结构得到了加强，电子信息等高技术产业也有了进一步的发展。

4. 价格改革推动了整个经济体制模式的转换。第一，价格改革和计划体制、物资分配体制等方面的改革是密切相关的。例如，指导性价格和市场调节价格范围的扩大，同指令性计划和物资统一分配调拨范围的缩小，同市场机制对经济的调节范围的扩大一般是相对应的。又如生产资料价格双轨制的推行，把市场机制引入大中型工业企业的生产与交换中来。这样就使经济运行机制的基本特征起了变化。第二，价格改革扩大了企业的定价权，直接构成企业改革的一部分。企业有了定价权，才能具有更强有力的竞争手段，企业的利润动机才能具有更好的实现方式。第三，产品价格改革推动了资金、劳动和科学技术等生产要素价格的变革。突出的表现为，在各大城市普遍出现的资金拆借市场上，突破了过去的固定利率，大多实行浮动利率的形式；工资水平与企业经营效益通过各种形式的挂钩，拉开了企业之间的个人收入水平，增强了劳动力流动的内在动力和外在压力；专利法的实施，推动了技术的有价有偿转让，刺激着技术市场的形成。价格改革始终是市场体系形成不可缺少的条件。

四、价格改革中存在的问题和面临的任务

在确认我国八年来价格改革成就的同时，不能忽视改革中存在的问题和进一步改革所面临的艰巨任务。应该看到，目前我国价格结构扭曲和价格形成机制僵化的问题并未完全解决。在价格结构方面，能源、交通等基础设施某些原材料的计划价格偏低，市场价格偏高；过低的房租、粮油销价及部分公用事业收费仍然建立在大量财政补贴的基础上。在价格形成机制方面，企业定价权还很少。近年来，虽然中央政府陆续放弃了对一些价格的直接管理权限，但地方政府往往截留这一职能加以利用，出现了多种计划价格的格局，加剧了企业外部条件的不平等，企业之间的竞争演化成地方政府之间的财力之争。计划价格当前的混乱状况必须改革。价格形成机制的"板块"结构中，计划固定价格比重仍然大，而在实行双轨制价格的场合，也是计划内固定价格一轨比重较大、计划外市场价格一轨的作用受到限制，致使双轨价格难以准确反映市场供求的变化，并且计划内外价格差异过大，使企业核算困难，流通体制紊乱，转手倒卖现象严重。在价格形成机

制尚未理顺的情况下，原有价格结构偏差的惰性，会使任何一种稍大的价格变动带来自动的轮番涨价。表现在农产品中粮、棉、油价格与其他农副产品价格之间的轮番上涨；农产品价格与工业品价格之间的轮番上涨，工业品中基础产品价格与加工产品价格之间的轮番上涨，以及汇率与国内价格的轮番上涨等。这是当前价格体系运动中值得注意的一个趋势。

正是由于价格形成机制和价格结构中仍然存在这些问题和弊端，造成企业外部环境的不均等，使企业改革难以深化；造成计划与市场的割裂，阻碍市场体系的形成；使国家的间接控制体系难以真正取代直接控制。因此，我国经济改革的深化要求进一步推进价格改革。价格改革仍然是我国经济体制改革的最主要、最困难的任务之一。

五、关于我国价格改革的目标模式问题

经过几年的改革，我国的价格体制开始走出了国家统一定价的模式，形成了国家统一定价、幅度浮动价格和市场价格三种价格形式并存的格局。这种格局在今后的改革中将会发生什么变化，价格改革的目标模式中，并存的三种价格形式应以何者为主体？这个问题取决于对未来经济运行机制的选择，后者涉及我国经济体制改革的总方向。我国经济体制改革的目标是建立有计划的商品经济体制，逐步实现计划与市场的有机结合，最终在整个经济范围形成计划指导下的市场调节机制。在这一新的经济运行机制中，价格就不应像在旧体制中那样只起计算工具和再分配工具的作用，而应具有核算经济效益、刺激技术进步、传递供求信息、调节资源配置的功能。国家统一定价和浮动价格都不能同时具备这些功能，只有市场价格才能够在一定的条件下发挥所有这些功能。这一定的条件是：（1）商品交换的双方是具有独立经

济效益的实体；（2）不存在普遍的垄断因素；（3）有一个供给略大于需求的有限的买方市场；（4）有一个比较发育的市场体系和市场组织。经过改革实现的新的经济体制，将能够大体上提供这些市场价格运行所需的基本条件。

当然，市场价格体系本身，由于众所周知的缺陷，易于受到供求关系剧烈变动的影响，导致宏观经济平衡的破坏，并且难以避免事后调节所带来的损失。所以我国价格改革目标模式中以市场价格为主体，并不意味着排斥一切国家统一定价和浮动价格的形式。一些关系到人民生活的基本必需品，一些非竞争性的产品和服务，必要时仍然要实行国家统一定价或浮动价。政府对市场价格也不是放任自流，而是通过财政、货币、收入等政策手段进行间接管理，必要时还可以直接限价。在近期（至少在"七五"期间）由于市场上货币供应量偏多，总需求大于总供给，因此需要较多地利用有幅度的浮动价格等国家指导价格形式，并保留较多的行政干预，作为向市场价格的过渡。

六、渐进式的改革

我国的经济体制改革，不能采取"一揽子"的方式，而只能走"渐进式"的道路。价格改革同样如此。从旧的价格形成模式到新的价格形成模式，由不合理的价格结构到比较合理的价格结构，都不能是"一揽子"解决，而只能是渐进式、分步走。

价格改革采取渐进的方式，首先在于价格形成机制的转换不可能一步完成。高度统一的计划价格不可能一次就基本放开。这是由于：首先，计划价格和指令性计划、物资统配共同组成我国传统运行机制的轴心。统配物资的流转，指令性计划的贯彻都是以计划价格为保证的。因此，转换价格形成机制要受到计划体制、物资调配体制改革的制约，当生产和流通体制未发生根本性变革之前，价格改革很难单线条推进。而计划和物资体制的改革又受到更为复杂因素的制约，不可能很快地缩小或取消，这又要求保留指令性计划价格。其次，价格结构的理顺也不可能一次完成。困难在于价格结构的调整不可避免地要带来价格总水平的上升。这一方面由于原来价格偏低需要提高的多是农、矿原材料等初级产品，这使得后续加工产品因投入成本提高而难以降价；同时，价格的有计划调整涉及各个经济主体利益的重新分配，由于利益刚性，也使价格易升难降。如果在价格结构依然严重扭曲、市场供求矛盾仍然较突出的场合采取一次大的调整价格的步骤或者采取一下子全部放开的步骤，以达到价格结构的合理化，那么价格水平变动幅度就会很大，国家财政、企业和人民群众都难以承受。因此，理顺价格结构很难实现一步到位的设想。此外，还要考虑目前我国市场机制很不完善，价格管理和监督的法规还不健全，干部管理水平还不适应，因此价格改革只能采取渐进方式分步进行。目前我国经济学者中间主张价格改革应该走大步、一次完成观点的已经很少，争论的问题已经转移到渐进的步子快一点好还是慢一点好。这个问题又涉及价格改革的经济环境问题和价格改革在整个经济体制改革中的地位和作用问题。

七、关于价格改革的经济环境问题

我国价格改革不仅有在相对宽松的经济环境下成功地进行价格体系调整（如1983年棉纺和化纤品价格有升有降的变动）和价格形成机制的转换（如1981年小商品价格放开和1982年机电产品价格浮动）的经验，而且有在紧张的经济环境下如1984年以后，实现了放开蔬菜等重要副食品价格和生产资料实行双轨制价格的改革的经验。但经验证明：在增长过热所带来的经济失衡的条件下进行价格改革，往往成效不够理想，或者代价太大。

价格改革的顺利推进，要求在宏观上有一个总供给略大于总需求的有限买方市场条件。没有一个相对宽松的市场条件，没有相对稳定的买方市场，放开的价格就会经常面临着需求膨胀的巨大拉力。1984年，我们在农产品出现暂时性过剩的条件下，提出在1985年放开除一部分合同定购的粮、棉、油之外的大部分农产品的收购价格，并预期放开的农产品价格将出现下降的趋势。但1985年宏观经济环境发生了总需求持续膨胀的逆转，农产品相对供求状况也发生了相应的变化，结果放开的农副产品价格出现了持续上升的势头。

在八年改革过程中，宏观经济环境一直未能得到根本性的治理。原因在于，由于体制原因造成的需求膨胀包括数量驱动、"投资饥渴"在改革完成之前不会消失。通过经济指导思想的转变和宏观调控手段的改善，虽然也能造就一个买方市场，但这种买方市场往往不很稳定，因而在价格改革过程中，不能设想会有一个长久、稳定的买方市场。但这并不意味着像有些经济学家所认为的那样，我国的改革注定了只能在经济比较紧张的情况下进行，而是要努力创造并尽量保持一个相对宽松的经济环境才有利于改革的顺利进行。

八、物价改革与物价水平

在相对宽松的经济环境下进行价格改革的主要原因之一，是为了实现物价总水平的相对稳定。

1979年以来，我国出现了物价总水平持续上涨的现象。1979—1985年，全国零售物价总水平平均年增长率为5.01%，职工生活费用价格指数年均上涨6.05%；1986年零售物价指数上升6%，职工生活费用价格指数上升7%。1987年上半年零售物价指数比1986年同期又上升了6.3%，全年上涨幅度将超过1986年。更为引人注目的是，与城镇居民生活息息相关的食品类价格上升幅度最大：1985年食品类平均价格比1979年上升了60.1%，平均上涨率为9.86%，1986年比1985年又有较大幅度的上涨。

持续的物价上涨困扰着我国经济改革尤其是价格改革。物价问题街谈巷议，成为社会生活不安宁的重要因素。能否有效地控制物价总水平，既是当前稳定经济形势的关键，又是进一步推进价格改革的最基本的制约条件。

我国物价改革过程中导致物价总水平上升的原因大致可以归结为三个方面：第一，价格的结构性调整势必推动物价总水平的上升，这一点前面已经讲过。第二，成本推动了物价上涨。在我国商品价格中，成本比重占80%左右。近几年，成本上升逐渐成为物价上升的重要推动力量。1980—1985年期间，计划要求工业品可比成本每年降低1%~2%，但无一年完成计划。1985年比1984年上升了7.7%，1986年又上升了6.6%。成本上升的主要原因：一是原材料价格上升，这与价格结构调整中原来价格偏低的初级产品价格调整有关；二是工资增长过快，这与企业自主权限增大却又缺乏自我约束机制有关。1984年以来，工资增长速度大大超过劳动生产率的增长速度，也大大超过国民收入的增长速度，出现工资——物价轮番上升的迹象。第三，货币供应量增加过多，导致需求的膨胀，信贷资金的投放也增加很快。一般认为，正常的货币增长率取决于国民收入增长率、经济货币化和信用化的程度。有些经济学家认为，按这三项因素测算，中国货币增长率保持在14%~15%是可以允许的。但实际情况是，近几年每年大约有5%的货币投放量超过上述正常增长范围。有效需求增长过大，必然导致物价总水平的上升。

通货膨胀在发展中国家的特定发展阶段可能是难以避免的现象。我国作为一个发展中国家，同时又在进行着全面的经济改革，因此出现物价上涨的状况也不奇怪。实际生活表明，在价格改革中要求物价上涨率为零是不现实的，如果提出这样的要求，那就意味着物价改革不能进行。问题在于对改革步子和物价上涨率要有适当控制。

目前我国的价格改革是结构性改革，进行结构性价格改革和调整必然要引起价格总水平的上升。但是，如果把价格水平的变动及相应所需货币供应量的增长，限制在对不合理的价格结构进行调整的范围以内，那么，物价总水平的上涨幅度也不会过度。如果在物价改革上再采取分步走的方针，把调整价格结构所带来的涨价分解在稍长时间内实现，更可以缓解物价上涨的压力，易于为各方面所接受。当然，这样做的不利之处在于价格不合理对国民经济的不良影响，要拖一个较长的时间。为了保证经济的稳定发展和社会的安定，这个代价也许是值得的。但是，如果价格改革和通货膨胀同时发生，那么物价总水平上涨率将在结构调整所引起的物价上涨上进一步提高，这就会影响我们对不合理价格结构进行调整。货币供应量越是超过经济增长的需要和价格结构调整的需要，它对物价指数上涨的影响越大，价格改革就越将被迫放慢步伐，否则二者互相推拉，十分危险。如果货币供应适量，对物价指数影响较小，那么价格改革的步子就可以走得大一些。为了处理好理顺价格结构和稳定价格水平的关系，为了使价格改革能以适当的速度稳步前进，当前和整个"七五"计划时期一个十分重要的问题，就是严格控制货币供应和社会总需求，防止和排除通货膨胀的发生，否则，价格结构改革和价格模式转换的行程，都要受到不利的影响。

九、价格改革在整个经济体制改革中的地位与作用

由于价格改革步履维艰，特别是原定在1987年实行的生产资

料价格的中步改革因宏观经济平衡形势较紧而不得不放缓，并从1986年年末开始将改革重点转到企业机制的改革上来。围绕着价格改革在经济体制改革中的地位与作用，出现了不同的看法和争论。有的经济学家开始对价格改革在整个经济改革中的关键地位和作用表示怀疑，认为在所有制关系和企业行为机制没有改变以前，价格改革所带来的负效应远远大于它的正效应，他们提出企业所有制关系改革是整个经济改革的关键所在，主张把价格改革拖后，把改革的重点放在企业所有制关系的改革上来。另外一些经济学家持完全相反的看法，他们认为改革之所以出现了困难与挫折，关键在于没有实现价格的"一揽子"改革，错失了改革的黄金时代。因此，深化经济体制改革应该主要通过以价格改革为中心的价、税、财、金的全面配套改革，加速市场形成的过程，并通过市场竞争的压力来推动企业改革。

事实上，价格改革和企业改革在我国经济体制改革过程中，始终是互相联系、互相推动的。1979年农产品收购价格的调整为推行农村联产承包责任制创造了条件；接着农村经营机制的转换又进一步提出了改革农产品购销和价格体制的要求。城市改革以扩大企业自主权为起点，碰到价格结构严重扭曲的困难后，才把价格改革推到城市经济改革的前沿。随着价格改革的推进，市场调节范围和作用的扩大，要求企业能够作出灵敏的反应，企业改革的迫切性又突出了。

有些经济学家认为，农村改革时，价格体制没有发生根本性变化，但经营机制同样可以转换，因此，城市企业改革也可以在价格体制不变的条件下进行。但是，农村情况和工业情况差别很大。1979年农村改革起步时，农民主要以种粮为主业，无论粮食价格与其他工业品相比是否偏低，对大多数农民来说，价格环境是平等的。随着农村改革的深化，农业内部的多种经营和农村非农产业的发展，农产品价格结构不合理就成为调整农村产业结构的严重障碍。对工业企业来说，不仅不同行业的产品不同，同一行业不同企业生产的产品在品种、花色、规格、质量上差异也很大。这些产品价格扭曲、偏高偏低，形成企业不均等的外部条件。价格不改，企业的外部环境不均等的状况就难以克服，经济效益的高低就无法准确衡量，企业也很难按所有权和经营权分离的改革思路实现自负盈亏。价格环境不均等势必通过一户一率、以一对一的谈判来解决国家与企业的分配关系，这是企业改革迄今难以规范化的重要原因之一。

当然，价格改革也不能离开企业财产关系和经营机制的改革而单线条地推进。在价格放开的情况下，如果企业财产关系仍然模糊不清，企业行为仍然不合理，不仅难以对市场调节作出正确的反映，而且使国家的各种宏观调控措施难以发挥作用。由于企业预算约束软化的问题没有解决，就不可能根治"投资饥渴"、滥发奖金等需求膨胀的顽症，改革所需的有限买方市场就难以形成，价格改革也缺乏必要的条件和环境。总之，从改革战略上看，作为经济运行机制改革关键的价格改革和以财产关系和经营机制改革为主要内容的企业改革是经济体制改革的两条主线，两者相互依存、相互制约，不存在谁主谁次的问题；但从战术上看，在不同时期，要根据矛盾发展的不同情况和难易程度，有时着重从以价格改革为核心的经济运行机制方面的改革入手，有时着重从以所有制关系和企业经营机制方面的改革入手，但同时必须相应地进行其他方面的配套改革，否则无论哪一方面单线条的改革，都是难以取得实质性的成功的。

十、下一步改革从哪里入手

在讨论了价格改革的环境问题及价格改革与企业改革的关系问题后，让我们再回到价格改革本身。由于改革的不均衡，我们仍然面临着价格扭曲的困扰。那么，下一步的价格改革应当从什么领域和从哪些产品入手？对于这个问题，也有不同看法。有的认为应从完善农产品收购价格入手，有的认为应从解决粮油购销价格倒挂和房租租金过低，从而解决财政对价格的"补贴"入手，等等。现在国内经济学者多数倾向于下一步改革应从工业生产资料价格改革起步，从解决能源、交通、原材料等基础产品价格入手。主要理由是：

（1）工业生产资料等基础产品价格偏低，加工产品价格偏高是现行价格体制扭曲的症结所在。基础产品价格是价格体系中的基础价格，如果这些价格不能先行理顺，就很难设想整个价格结构的合理化。

（2）理顺工业生产资料等基础产品的价格，有助于为企业创造一个比较平等的竞争环境，配合好当前企业经营机制的改革。

（3）这些产品供求矛盾比较严重，搞准价格可以尽快地建立起社会主义市场体系所必需的良好的信号系统，以调整投资结构和产业结构，改善供求关系。

（4）基础产品价格的调高，对消费品价格的波及要经过一系列中间环节，经过加工工业能吸收消化，有很多缓冲的余地，涨价影响反映到人民日常生活水平上时，已大大削弱了。

基于以上考虑，人们主张把解决能源、交通、原材料等基础产品价格中存在的问题，并相应理顺各类后续产品的价格，作为第七个五年计划期间价格改革的重点起步领域和中心工作，其他各类价格的改革，都要配合这一战略方针作相应的安排。我国第七个五年计划规定重点抓好工业生产资料的改革，看来这一选择是正确的。但在目前宏观平衡问题尚未解决的形势下只能小步进行。至于农产品价格，可以根据情况于适当的时机解决，粮油价格倒挂和房租过低问题的解决，应同有计划的工资制度改革配套进行，需要进行慎重的研究。

十一、坚持走适合中国国情的价格改革道路

八年来我国价格改革已经走上计划内外双轨价格并存，调整价格和放开价格相结合的道路。今后工业生产资料等产品价格的进一步改革，看来仍要走这条道路。同种产品实行计划内外两种不同价格，是我国实行渐进式改革条件下的特殊产物。当然，在物资紧缺、计划价格偏低而又得不到及时调整的情况下，必然会出现计划外价格；但是，工业生产资料计划外价格的合法化，从而双轨价格制被肯定下来，作为价格改革的一项重要措施普遍推广，则是最近几年的事情。

双轨制并存、调放结合的价格改革，大体上是这样一个思路：一方面，用逐步调整的办法使计划内的低价升高，使之向市场价格接近；另一方面，逐步放开一部分计划内产品，让其进入市场，用加大市场供给比重的办法来降低原来比较高的市场价格，这样从两个方面逐步缩小计划内外价格的差距，最终趋于统一。当然，各类产品由双轨价格向统一价格转换的进程，要依市场机制替代计划机制的程度和市场供求结构状况而定。看来，一般性产品可以在较短的时间内由计划价格转向市场价格；而少数关系到国民经济全局、通过市场机制难以迅速解决短缺问题的重要产品和关键性的经济活动，则要在较长时间内保留双重体制。因此，双轨制价格改革的道路，是从实际出发，有意识地将中国价格改革所要完成的历史任务按轻、重、缓、急，分项有序地进行，以形成渐进式价格转轨方式。

双轨制价格改革，实行了几年，利弊都很明显，因此引起了人们的争论和关注。双轨制价格改革的长处在于：（1）计划外高价可以刺激短缺产品的超计划和计划外的生产；（2）它可以使计划照顾不到的领域比较易于从市场取得所需物资；（3）计划外高价可以促进节约，抑制低效益的需求；（4）在市场机制

客观上还不能发育完全、企业机制尚未改革到能够灵敏反应市场信号以前，实行双轨制价格改革的办法，保留计划一轨，还有助于经济运行机制转换过程中加强宏观控制和提高微观配置效益，为企业能够真正适应市场调节环境和真正负责地承接政府下放的权力准备时间，从而为市场价格有效地取代计划价格创造条件。

但是如前所述，双轨制价格的实行也带来一系列弊端，如冲击国家计划，影响国家重点建设项目和重点发展部门的物资保证；造成商品流通领域的紊乱，增加市场管理的难度；使企业核算复杂化，造成企业管理的混乱；计划内外的价差过度，还为投机倒把造成可乘之机；等等。鉴于双轨制带来的问题甚多，因此有些学者认为必须尽早取消双轨制价格，实行统一价格。近两年在中国举行的几次国际学术讨论会上，许多中外学者都认为，生产资料双轨制价格可能是中国价格改革的一个创造，但应尽早缩短其存在时间，使双轨制过渡到单轨制。

但是应该看到，在当前社会总需求膨胀，短缺产品供不应求的状况尚未根本改变的情况下，这时不论用缩小计划调拨部分产品比例的办法，还是用调高计划内产品价格的办法，都难以达到双轨制价格向统一价格过渡的目的。要实现这种过渡，首先还是要解决国民经济总需求与总供给的宏观平衡问题，这个问题不解决，不论是计划体制的双轨制、物资流通体制的双轨制，以及集中反映这两者的价格双轨制，都不可能消失。而在当前我国经济发展战略从数量型发展向效益型发展的过渡尚未完成以前，上述宏观平衡问题一时难以彻底解决。所以，双重体制向单一新体制的过渡以及双轨价格向单轨的新价格体系过渡的时间，恐怕很难令中外经济学者愿望的那样，缩得很短。既然是这样，我们就应当认清双轨制价格在过渡时期存在的必然性，因势利导，积极利用双轨制价格的长处，尽可能采取有效措施限制它带来的各种弊端，以配合和促进中国经济体制改革大业的完成。

中国所有制关系的改革*

——在美国密执安大学的讲演
（1987年9月）

一、二元公有制模式及其弊端

中国的社会主义经济是以生产资料公有制为基础的。从1957—1979年改革开始前，中国的生产资料所有制的模式基本上是国家所有制和集体所有制两种公有制并存的模式。中国的二元公有制模式在很大程度上受到了苏联传统模式的影响。由于急于想向共产主义过渡，加上"文革"十年中"四人帮"的干扰和破坏，中国的二元公有制结构又有了自己的畸形发展。其表现是：（1）排斥非社会主义经济成分，比较彻底地消灭了适于分散经营的小私有经济；（2）强调越"大"越"公"越好，只注意发展国有制经济，轻视和削弱集体经济，急于合并升级，如把小集体企业合并为大集体企业，把大集体企业升级为国有企业等；（3）农村人民公社实行"政社合一"，城镇集体企业实际上变成了地方国营，而国有企业本身政企职责不分愈益发展，变成了国家行政机构的附属物；（4）在经营管理方式上，各种所有制经济都向国营经济看齐。这样，中国改革前的所有制形式和经营方式出现了朝国有制单一化方向发展的趋势。

---

* 原载《工业经济学报》。起草过程中得到陈东琪的协助。

这种二元公有制模式及其朝单一化方向的演变，加上在此基础上经济运行机制的日益僵化，限制了劳动者和经济单位的积极性，使得整个经济缺乏活力、经济效率难以提高、官僚主义管理作风日趋严重。这是中国过去经济发展受到挫折的重要原因之一。

二、社会主义初级阶段和所有制改革

所有制形式和经营方式的单一化发展方向，不符合我国经济的实际情况和发展要求。这是因为，我国社会主义经济现在还处于初级发展阶段。这个初级阶段至少有以下几个重要特征：（1）生产力的总体发展水平还不高，离发达资本主义国家生产力发展水平还有很大一截距离。（2）国民经济各部门、各行业和各地区之间发展还很不平衡，既有现代化的大生产，也有大量的落后的小生产；既有机械化、自动化操作，也有大量的手工劳动。（3）与生产力总水平不发达及其结构的不平衡相伴随的，是商品经济总水平不发达及其结构的不平衡。在中国，不仅是农村，尤其边远山区的经济还受严重的自然经济观念的影响，而且即使是在经济实力比较雄厚的城市，人们的商品经济观念及管理水平还不很高。目前，中国的经济还是一个自然经济和不发达商品经济并存的系统。（4）中国国家大，人口多，就业压力很大，但现在生产体系吸收劳动力的能力还很低，劳动生产率水平还不高，我们还没有从劳动集约型经济转变成资本集约型经济，等等。这四个主要特点，决定了我们的生产力组织结构必须是多样化的、多层次的，这就要求有多种所有制形式和经营方式与之相适应。

三、农村改革的成功经验　多种所有制形式的新组合

中国实行所有制关系的改革，是从农村开始的。十一届三中全会以前，中国的农业生产实行"三级（公社、生产大队、生产队）所有，队为基础"，以二三十户到三四十户的生产队作为生产和分配的基本核算单位。人民公社实行"政社合一"，生产队并没有真正的自主权，集体经济从属于乡镇行政机构，集体经济内部实行"大呼隆"的劳动制度和"大锅饭"的分配制度，大部分剩余产品甚至一部分必要产品通过低价的统购统销制度，被集中到国家手中，农村集体经济实际上具有国家所有制的某些性质。

1979年以后，农村家庭联产承包责任制出现并迅速地向中国广大农村扩展，进而导致"政社合一"制度的解体和统购统销制度的废除。农村的这些变革突破了过去集体劳动、共同分配、统一经营的集体经济的旧模式，逐渐使农业集体所有制摆脱了原来具有的国有制的某些属性，实际上演变成为一种集体所有制和个体所有制相结合的特殊所有制形式，即在坚持土地等基本生产资料集体所有的条件下，充实了家庭经营方式的新内容。这些变革对调动广大农民家庭生产经营的积极性起了巨大作用，推动了农业生产的迅速发展，同时在农村各行各业中又引起了改革效应：（1）在一部分善于经营的有各种技术专长的承包户中，涌现了大批从事农业专业化生产和从事产前、产中、产后服务的专业户；（2）随着专业化生产的发展，在农民自愿结合的基础上，出现了大批新的合作经济，各种形式的协作和联合经营；（3）随着农业劳动力向非农业特别是工业大规模转移，兴办了大量的乡村企业。乡村企业的形式十分复杂，主要有两种类型，

一种是从过去人民公社、生产大队筹资兴办的社队企业演变过来的，是以乡或村为范围的集体所有制经济，一般叫作苏南模式。另一种是以家庭工商业为基础的户办或联户办的个体经济或合作经济，一般叫作温州模式。前者盛行于经济比较发达的地区和大城市的郊区，后者出现于经济比较落后的地区。还有其他一些形式，多半是苏南模式和温州模式的中间混合体系。

看来苏南模式是比较先进的乡村企业形式，它的经营规模、技术水平都达到了较高的阶段。在经济比较落后，还处于商品经济初级发展阶段的地区，不妨采取温州模式，逐步从个体走向联合。

四、城镇集体经济改革中的问题

1979年以前，中国城镇经济体系中除国家所有制经济为其主体外，其余几乎都是集体所有制企业。但是，在改革之前，这些集体所有制企业都按全民所有制经济的办法来管理。几年来，逐渐改变了这一状况，在恢复这些企业的集体所有制性质方面做了一些努力。

例如，城镇中有大量在20世纪50年代手工业改造后发展起来的合作工厂，事实上早已不是完全的集体所有制，它们都归属第二轻工业局（最初称手工业合作总社，现在又改称工业合作总社）管理，实行统负盈亏。还有在19世纪70年代，曾经产生一大批街道工厂，原来完全自负盈亏，但后来升级为"大集体"，也按全民所有制的办法来管。这些由二轻局系统管理的"集体企业"也有国有企业的政企不分、吃"大锅饭"等同样的弊病，几年来采取了承包、租赁、转让等措施，把一大批较小的工厂逐渐变为完全独立、自负盈亏的集体所有制企业。又如过去事实上已经升级为全民所有制的农村供销合作社，也正在逐步由官办改为民办，基层供销合作社通过清理原有股份，增加农民股份，民主选举理事会或监事会，逐步恢复合作经济的性质。但是，由于多年来是在政企不分的条件下发展的，多数集体企业的基金不为本企业职工所有，利润仍上缴上级主管机构；由于农村政权组织和经济组织分离的问题尚未彻底解决，不少乡镇集体企业实际上是乡镇政府所有制，企业自主权很小，因此，变官办为民办，实行真正的自主经营和自负盈亏，还要做很大努力。

我们知道，集体所有制是一种兼容性很强的所有制形式。它的具体形式可以分别兼容社会化程度不同的生产力。为适应不同的生产力，集体所有制不仅可以有不同的企业规模，而且可以有不同层次的联合。集体所有制经济单位的所有权和经营权一般是应当统一的，但是这并不排除有些集体企业的所有权和经营权可以适当分离。这种分离可以有多种形式，如：（1）联社集体所有，企业独立经营。多年来，随着集体工业的发展，联社用集体积累兴办了一批新的工业企业。实行这种方式，既可保持联社集体的所有权，又可克服联社统一经营吃"大锅饭"的弊病。（2）企业集体所有，联合经营。随着专业化协作和横向经济联合的发展，集体工业企业实行联营，联营企业实行统一管理，但各企业投入的资财不改变其所有权。（3）集体所有，个人经营。在以手工方法为主、适宜分散经营的行业中，把集体工业企业租赁给或承包给劳动者个人经营，也是一种把所有权与经营权适当分开的形式。

五、个体经济与私人经济的发展

中国的经济这几年有了活力，一个重要的方面是城乡劳动者个体经济有了一个较大的发展。到1987年6月底，全国城乡个体工商业已发展到1 228万户，从业人员1 880万人；在社会商业、服务业网点中个体户占32.6%；在社会商品零售总额中，个体户占13.2%。1986年年底，城镇个体劳动者已发展到450多万人，为1979年15万人的30倍。这里包括了近几年从个体户中分泌出来的资金较多、雇工较多，超过原来规定的一两个学徒、三五个帮手的规模，带有资本主义性质的私人企业。现在存在的这种非公有制经济是在公有制占绝对优势的条件下活动的，这同20世纪50年代社会主义与资本主义在经济领域谁战胜谁的问题还未解决时的情况有根本的不同。在中国这样一个拥有10亿人口的大国，在社会主义发展的初级阶段允许部分以个体经营和劳动者自己劳动为主的非公有制经济在一定范围内存在，作为社会主义经济的补充，对于中国社会主义经济的发展是有积极意义的。

至于事实上已经具有资本主义性质的私人雇工经营，1982年曾经提出"看一看"的方针，既不禁止，也不宣传，但实际上这几年有所发展。实践证明，在发展商品经济的条件下，私人雇工经营的出现是不可避免的，在其还不影响公有制为主体并有利于活跃经济、发展生产力的前提下，应当允许存在和发展。今年中共中央文件《把农村改革引向深入》，明确承认了私人企业的合法地位，提出"允许存在、加强管理、兴利除弊、逐步引导"的方针，对私人企业的雇工人数和资金规模未加限制，而要在税收和工商管理等方面加强监督和调节，鼓励私人企业将经营收入投入扩大再生产，做到企业行为和收益分配的合理化，并限制其消极因素，防止两极分化；同时在总结实践经验的基础上，探寻把私营经济引导到合作经营或者国家参股的股份制经济的途径，逐步将它们纳入有计划的商品经济的发展轨道。

六、不同所有制的相互渗透与融合

近几年来，中国所有制结构变化的一个引人注目的新情况，是跨越不同所有制界限，跨地区、跨部门的新的经济联合体和企业群体纷纷出现，企业的所有制性质越来越不纯一，全民所有制、集体所有制和个体所有制不再像过去那样互相隔离、壁垒森严，开始出现不同所有制之间的相互渗透和相互融合，这里既包括全民与全民、集体与集体的联合，也包括全民与集体、全民与个人、集体与个人、个人与个人的联合，还有内资与外资的联合等，形成各种类型的"合营企业"。据统计，1986年中国各种类型所有制的合营企业为2400个，占工业企业总数（49.93万个，不包括村办企业和个体企业）的0.48%；占工业总产值的比重为1.5%，比1980年（0.6%）提高了1.5倍。随着商品经济的发展，"合营企业"今后还会迅速增加。所有制微观结构中的不同所有制的互相渗透和融合，有助于生产要素的合理流动和资源的优化配置，它对打破原来的部门分割和地方分割，促进所有权与经营权的分离，是有积极作用的。同时，所有制微观结构的融合化，还能给所有制宏观结构注入较大的弹性。如果说在企业的所有制性质纯一的情况下，所有制宏观结构中必须有相当大的国有经济成分才能保证其主导地位的话，那么在不同所有制在同一经济单位内部渗透融合的情况下，通过国有经济对经济联合体的参与和国控企业的形成，国有经济在整个国民经济中的地位和作用将进一步得到增强。这时，国有经济在所有制的宏观结构中的比重即使大大降低，也不至于动摇它在整个国民经济中的主导地位。

七、所有制宏观结构多元化要回答的几个问题

中国所有制改革的方向是"以公有制为主体，以国有制为主导，多种所有制并存"。各种所有制形式在经济中所占比重的变化，见表1。

表1 各种所有制形式在工业总产值中所占比重变化

年份	全民所有制	集体所有制	个体	其他类型*
1980	78.7	20.7	—	0.6
1986	68.7	29.2	0.3	1.8

*其他类型工业：包括全民与集体合营、全民与私人合营、集体与私人合营、中外合营、华侨和港澳工商业者经营、外资经营等。

资料来源：《中国统计年鉴》1986年，第273页。

表2 各种所有制形式在社会商品零售总额中所占比重变化

年份	全民所有制	集体所有制	合营*	个体	农民对非农业居民零售
1980	84.01	12.05	0.2	0.7	3.22
1986	39.4	36.4	0.3	16.3	7.6

*合营：包括不同经济类型的合营和中外合营。

资料来源：《中国统计年鉴》1986年，第527—528页。

从表2可见，几年来，在工业总产值和社会商品零售总额中，国有经济所占的比重下降，而集体经济及其他所有制所占的比重上升，并且这一趋势在今后一段时期内还将继续下去。这里产生几个问题，一是如何理解所有制宏观结构中"以公有制为主体和以国有制为主导"？看来判断公有制是否主体和国有制是否占主导地位，既要考虑到数量方面，即它们在整个国民经济中所占比重，但是更重要的是要考虑到它们能否以其经营质量和效益的优势，在经济联合体中以及在整个国民经济中发挥其牵头和主导作用。二是不同所有制成分在经济中的比重，以何种数量界限，才能保证公有制为主体，同时又赋予其他所有制成分以活跃的天地，充分挖掘经济的全部潜能？

鉴于目前中国公有制经济特别是国有制成分在国民经济中占压倒地位，我们可以不必忙于定出不同所有制成分之间的合理比例，而应在政策措施上把公有经济和非公有经济、国有企业和非国有企业置于同等地位，在平等的竞争中考验各自的效益和生命力，让优胜劣汰的市场演化过程来从容决定各种所有制成分的数量界限。那些在平等的市场竞争中证明有效率的，应让其存在发展下去；那些只有躺在国家身上才能支撑下去的，只能暂时帮一下，不能永远庇护下去。这种办法，对于目前在数量上占绝对优势的公有制经济并不是一个威胁，相反却是促进其加速改革和提高效益的强大动力和压力，从而可以一直保持公有经济的优势地位。

与此相联系的第三个问题是：由于这几年对集体经济和非公有经济从各方面实行了扶植发展的优惠政策，而对国有企业特别是大中型国有企业放活的步伐相对较慢，由于双重体制和双重价格的并存，形成了不平等竞争，在国内经济的发展中出现了落后技术挤先进技术、小企业挤大企业；在个人收入分配中出现了国营低于集体、集体低于个体和外资企业等不正常现象，对于这种现象如何看待和处理？应当看到，这种情况并不是实行多种所有制形式和多种经营方式必然带来的结果，而是改革措施不配套造成的。这里涉及价格、税收、信贷等问题。不合理的价格给其他经济成分特别是个体和私人经营提供了利用价格落差争取大量流通利润的机会，解决的办法在于改革价格。各经济成分之间的不平等竞争，还需要通盘考虑调整税收、信贷和其他各项经济政策来解决。另外，国有企业竞争不过其他经济成分，根本出路还在于改革国有企业的公有制内涵和经营管理制度，增强它们的活力。

八、国家所有制内涵改革是当前整个所有制改革的重点

中国实行经济体制改革以来，国有企业的改革目标是要从过去作为国家行政机构的附属物逐渐成为相对独立、自主经营、自负盈亏的经济实体。几年来，这一改革是沿着"放权让利"的

路子走下来的。这条道路的基本特征主要是：在经营管理上，变过去高度集权为适当公权；在收入分配上，变过去基本上实行统收统支（企业利润全部向上缴，开支全部向上要）为让企业分得一部分税后盈利，用于企业的技术改造、增加福利设施和奖励职工。这种做法对于打破过去那种由政府包办一切的僵化的国有企业管理模式起到了重要作用。但是，由于中层管理机构的梗阻，许多企业仍然受着种种束缚，不能放开手脚经营。另一方面，在放权让利的同时，对增强企业承担财务风险责任和压力方面比较忽视。现在许多国营企业只能负盈，不能负亏，在遇到财务困难时，它们可以通过向上级行政机构讨价还价，以减免税收、增加补贴、拖欠贷款或者提高价格等途径取得补偿，把负担转嫁给国家和社会。再者，企业自主权扩大后，有了自己独立的经济利益和追求，它们的目标和动力已经同国家和社会的一般目标有所区别。企业内部没有代表国家利益的力量，缺乏保护国家资财完整和增值的机制，容易产生追求短期利益、追求职工的消费利益，难以顾及企业的长期发展和社会的长期利益的倾向1984年第四季度以来中国经济发展中出现的由消费需求膨胀推动的总需求膨胀，就与国有企业内部财产关系或所有制关系模糊直接有关。在国有企业的所有制内涵没有根本改变、企业的预算约束依然软弱的情况下，间接的宏观控制手段也难以奏效。这样看来，要使国有企业行为合理化，为宏观管理奠定可靠的微观基础，国家所有制内涵的改革势在必行。并且，鉴于国家所有制在整个经济中的重要地位和它目前活力不强的现状，国家所有制内涵的改革应当成为当前整个所有制改革的重点。

九、国有小型企业的改革道路："包、租、卖"

国家所有制改革的难点不在于为数众多但适于分散经营的小

型企业（1985年全国的46.32万个工业企业中，小型企业有45.53万个，占98.3%）。一些社会主义国家经济改革的实践证明，对一部分条件适合的国有制小型企业实行"包、租、卖"，即承包、租赁或者出售给劳动者集体或个人经营，不仅对于搞活整个经济，而且对于这些企业本身的经营来讲，都是既可行又有益的。在中国，据国家统计局1987年上半年对43 628个国有小型企业的调查，改为集体、租赁和承包等方式的有18 765个，占43%。不少小型国有企业采取租赁、承包方式，由承包者自主经营、自负盈亏，多数收到了比较好的效果。但是，租赁、承包给个人也出现了一些弊病，尤其在分配方面，承包人与一般工人的收入差距拉得过于悬殊。有的地方提出，从乡镇企业租赁、承包的实践看，把企业租赁或者承包给劳动者集体或企业的管理者集团，采取集体承包方式，经济效益比个人承包、个人租赁好，合同的执行比较有保障、收入分配也比较公平。这是有一定道理的。但是也不能因此拒绝个人承包，如果个人承包能满足更高的生产效率，我们也鼓励个人承包。至于如何达到有效地履行合同和尽可能使收益分配公平一些，这可以由政府采取相应的政策进行调节。

　　承包和租赁的共同前提是不改变国家的财产所有权，承包者和承租者只得到企业的经营权，并因此按合同获得超过租金或承包数额的全部或部分利润。这里只实行所有权和经营权的分离。这种"两权分离"形式打破了原来的"国有"和"国营"统在一起的框架，实行"国有"和"非国营"相结合。但是，"两权分离"的基本形式即承包和租赁不能囊括中国全部现有的8万多个小型国有企业，因为随着商品经济的发展、市场调节职能的加强、价格逐步由市场供求来调节，国家要对如此众多的小型企业承担资产管理工作，要不断地根据市场波动对这些企业资产实行详细的核算和评价，其工作量和成本代价是相当大的。在这种情况下，考虑到企业的市场适应性，在有些省、市也搞了一些国有小型企业实行转卖的试验，其办法是把生产资料一次或分批地出售给劳动者集体或个人，变国家所有为集体或个人所有。从规模经济、收入分配和公有制的长远发展来考虑，转卖对象以集体为主比较合适，但也不能排斥个人购买，特别是对那些适合于分散经营的小企业来说，更是这样。

十、国有大、中型企业的改革：探索与试验

前八年的经济改革的实践证明，国家所有制经济改革的真正难点，在于企业个数虽然不多，但在国民经济中占有很重要地位的大中型企业。据中国工业普查资料，1985年中国大中型工业企业8 285户，只占工业企业总户数的约2%，而工业总产值却占全部工业的43%，上缴利润和税金占全国财政收入的42.7%，拥有固定资产原值占全部独立核算工业的66%。大中型企业是中国经济建设的重要物质基础，这里包括全部或几乎全部的原油、飞机、铁路机车、客货车由其生产，还有90%以上的成品油、发电量、铁、拖拉机，80%的汽车、钢材、生铁以及10种有色金属等。现在，中国经济活力尤其是企业活力的进一步发挥，很重要的一环是进一步搞活这些大中型企业。几年来，我们从扩大企业自主权、强化物质刺激着手，在企业管理决策、收入分配、劳动制度和企业领导体制等方面进行了一些改革。在扩大企业财权方面，各地试行了多种办法，如企业利润留成、利润上缴包干，等等。其后，为使改革的做法规范化，除少数企业继续试行上缴利润递增包干（如首钢、二汽等）外，大部分国有企业实行由上缴利润改为上缴税收。"利改税"的思路，是按统一税率缴纳所得税，税后利润留给企业，但由于税后利润多寡不均，并非都是企业自身努力的结果，所以又对每个企业逐一确定一个比例，征收"调

经济论著全集

第
7
卷

节税"，作为过渡性措施。"利改税"改革的基本目标是按同一税收尺度处理国家与企业的利益关系，摆脱部门和地方对企业的行政性束缚，把企业变成自主经营、自负盈亏的经济实体。几年来，实行"利改税"取得一定效果，但由于企业创利上缴国家过多，而且越是先进、创利越多的企业越是要多上缴，造成"鞭打快牛"的现象，不利于调动企业和职工的积极性，影响大中型企业自筹经费进行技术改造。在这种情况下，我们面临着如何建立合理的企业经营机制，推动大中型国有企业进一步改革的问题。

进一步深化大中型国有企业改革的关键，仍然在于找寻将所有权与经营权分开的合宜方式。在这方面，近一两年来，各地在不同范围的企业试行了租赁制、承包制、资产经营责任制、股份制等各种形式的企业改革方案。

从目前各地试验情况来看，租赁制与承包制的主要区别在于：（1）租赁企业的承租人必须全面承担经营风险，而承包企业的承包人只承担承包合同规定的责任；（2）租赁企业的承租人在租赁期间有权得到全部税后利润，以及由税后利润形成的新增固定资产和企业流动资金，而实行承包经营的企业承包人则不能获得新增企业资产的所有权。鉴于上述区别，租赁制比较适用于小型企业，承包制比较适用于大中型企业。股份制的雏形出现在各种类型的集资合股联营企业和少量国有企业让职工购置小量股票的试验中。在保持国家持股为主或国家控股的前提下，发展国家、集体、个人共同参股的股份制企业，有利于开辟资金筹措渠道；有利于从所有权与经营权的分离入手，通过硬化财政约束，使企业经营行为合理化；有利于通过把职工利益与企业财产联系起来提高职工的积极性。但是，股份制的实行必须具有一系列内外部条件，比如企业家阶层的形成、市场体系特别是资金市场的相对发达、价格体系比较合理，等等。保持国家持股为主或国家控股，还有待于国家作为政权管理者和作为资产所有者的职能的分开和国有资产管理体系和公有投资经营体系的建立。但是目前这些条件都不具备，故不能草率从事，一哄而起，而要对实行股份制可能带来的后果和影响、建立股份制所必需的客观和主观条件，进行深入的探索和谨慎的试验。从长远来看，股份制不失为国有经济改革的重要形式，但此问题目前争论尚多，此处不一一论述。

十一、当前的试验：承包经营责任制

根据这几年企业改革的经验，在进一步搞活大中型企业的各种方案中，目前比较可行的是承包经营责任制。1987年3月，赵紫阳在全国人民代表大会第六届第五次会议《政府工作报告》中明确提出："大中型企业可以根据企业的不同情况，实行各种形式的承包经营责任制，用签订合同的办法明确规定企业主管部门与企业经营者和职工集体之间的责、权、利关系"。1987年上半年，在全国28个省市（缺西藏）7 814户国有大中型企业中，实行承包的已有4 046户，占51.8%。承包经营责任制是目前条件下实现所有权与经营权相对分离、使企业成为自主经营、自负盈亏的经济实体的有较强生命力的企业经营方式。从各地实践来看，承包经济责任制的具体形式有：（1）上缴利润递增包干，即企业上缴产品税（或增值税）后，在确定上缴利润基数的基础上，逐年按规定的递增率向财政上缴利润；（2）上缴利润基数（或纳税目标）包干并超收分成，即核定企业上缴利润基数，超收部分按规定的比例进行分成；（3）微利、亏损企业的利润包干或亏损包干，即确定包干基数。超收（或减亏）部分按规定比例留给企业；（4）综合性承包，如北京市对一些大型企业实行的"双包一挂"。"双包"是一包上缴税利，二包国家批准的企业技术改造项目。"一挂"是实行工资总额（基本工资加奖金）与实现税利挂钩。

这些以及其他承包形式的共同点是"定死基数、确保上缴、超收多留、歉收自负",既能"一揽子"综合解决国家与企业之间的责权利关系,又能适应当前不同企业之间存在着的千差万别的实际情况。实践证明,这几种形式对于挖掘大中型企业的潜力、调动企业和职工的积极性,效果是显著的。但是,由于承包基数和分成比例是逐户确定,承包经营制还克服不了讨价还价的机制。在企业外部经济关系特别是价格体系尚未理顺的条件下,难以确保承包指标切合实际,易于产生国家对企业让利偏大或者产生企业间苦乐不均的问题。因此,不少人士认为,承包经营责任制是目前条件下企业改革的过渡形式,以后条件具备之时,还应转向更加规范化的形式。

承包经营责任制除上述几种具体形式外,不久前有人提出了"资产经营责任制",并已在全国20多个城市的100多个企业试点。资产经营责任制的设计者们指责以往各种承包责任制的主要漏洞,就是忽略了对于资产所负的最基本的责任,即对企业"资产的完整和增值负责",而资产经营责任制则要求根据企业资产的完整和增值来确定企业责任,并把企业责任进一步落实到企业家身上。设计者们提出了用模拟市场评价资产的方法,来确定企业责任;用招标投资的方法来确定企业领导人的设想,意在使经营者的行为合理化。但在市场机制不健全的情况下,实行此制势必要遇到资产评估不准、操作成本过高、推广比较复杂等问题。看来在目前市场机制不完善、价格体系不合理、新旧两种体制并存的情况下,很难创立适合于每个企业的统一的、规范的经营模式。不能用某一种经营模式来囊括现在所有的大中型企业,而要在今后深化企业改革的过程中,继续坚持多种企业改革形式的试验,并在实践中进行比较和竞争,为不同类型的企业找到不同的适合的经营形式,实现微观经济中所有权与经营权的分离,以适应宏观经济中的从直接行政管理为主向间接经济管理为主的转换。

十二、结论：中国的所有制改革是公有制自我完善过程

最后，讲一讲中国所有制改革总的方向问题。这个问题是同中国经济体制改革总的方向连在一起的，事实上是同一个问题。由于中国的改革在所有制方面突破了二元公有制的模式，允许非公有经济在一定范围内的发展；在运行机制方面突破了单一的集中计划经济模式，允许运用并发挥市场机制的作用，因此国内外的一些人士担心，怀疑中国回到私有制、走向资本主义。国内外也有少数人希望中国的改革朝着私有化和资本主义化的路子走下去。其实，这种担心和希望都不符合中国改革的实际。在所有制关系的改革方面，我们的宗旨始终是"以公有制为主体、多种所有制形式并存"。我们在公有制之外允许和扶持一定量的非公有制经济，完全是为了发展生产力，补充公有制的不足，而且它们是在公有制占支配地位下存在和发展，在一定条件下还得引导这些非公有制经济走合作经济的道路。过去，我们总想把"小生产""分散经营"看成是"不经济"的同义语，看成是与社会化大生产水火不相容的。中国三十多年的社会主义建设实践证明，这种认识是片面的。现在我们感到，在人们的需求日益多样化、生产力性质不可能整齐划一的条件下，有的"小生产"和"分散经营"是"大生产"和"集中经营"所不能及的。而这些"小生产"和"分散经营"就比较适合于非公有性质的个体或私人经营。但是，它们到底还不是经济的主体成分，也不会阻碍大生产和公有制经济的发展。

除了公有制外的小生产和分散经营中允许存在非公有成分作

为补充之外，在社会化大生产方面企业横向联系中存在着公有制与非公有制的融合：如前所述，通过国家控股的途径有利于增强而不是削弱国有经济对整个经济的主导地位。至于国有企业实行股份制会不会私有化的问题，确有一种论点，主张不仅国有企业资产的增量依靠向社会公众发行股票来筹集，而且其资产存量也要折股无偿让给企业集体，分给职工个人据以取息分红。这种化大公为小公、化公为私的主张在社会主义中国是得不到很多响应的。中国即使将来广泛推行多种产权融合的股份制，也不应动摇国家控股即国家所有权的地位。总之，中国所有制改革的总方向仍然是坚持公有制为主体的社会主义方向，即是社会主义公有制自我完善的过程。这应当是没有疑义的。

中国经济体制改革的若干问题*

——在美国密执安大学和世界银行的讲演

（1987年9月）

一、中国为什么要进行体制改革

中国原有的经济管理体制，大约是在20世纪50年代中期，在对生产资料所有制的社会主义改造基本完成时形成的。它是一种过度集中化的、排斥市场机制的、主要以行政手段进行管理的经济体制。这种体制的形成，既有外来的、苏联传统模式的影响，又有中国革命战争时期实行的军事共产主义供给制的影响。人们习惯于把中国原有的经济管理体制归入传统苏联模式的范畴。但是，由于中国经济技术落后，自然经济的影响十分深厚，加上长时期经济指导工作中"左"的偏差，在中国的经济生活中，军事共产主义供给制因素显著增强，使得中国原有体制在集中化、实物化、封闭化和平均主义化的程度上，都远远超过了过去实行传统的集中计划经济模式的国家。

中国原有的经济体制，在新中国成立初期的一段时间里，对于集中全国财力物力，保证以重工业为中心的工业化建设，曾经起了一定的积极作用。但是，随着时间的推移和条件的变化，这种体制越来越不适应社会生产力的发展。经过"文化大革命"的十年动乱，中国经济的发展受到很大的损害，同世界先进国家

34　*　原载《财贸经济》1987年第9期。

的差距扩大了。粉碎"四人帮"后，人们逐渐认识到，对原有的旧经济体制必须进行认真的改革，中国才能实现社会主义的现代化，走向繁荣富强。不改革，是没有出路的。

二、改革的两个阶段

中国的经济体制改革，是从1978年年末中共十一届三中全会开始的，到现在快满九年了。以1984年10月中共十二届三中全会为界限，改革的进程大体上可分为两段。前一段的改革，首先是在农村展开的，主要是改变过去人民公社的政社合一和以生产队为单位的集体经营、集体劳动、统一分配的做法，实行了以家庭为基本生产经营单位的联产承包责任制；同时，提高了农副产品收购价格，大力发展多种经营和商品经济，充分调动了广大农民的积极性。前一阶段在城市方面，主要是围绕扩大企业自主权，进行了一些初步的、试验性的改革。十二届三中全会通过了《中共中央关于经济体制改革的决定》后，进入了以城市为重点的经济体制全面改革的新阶段。这一阶段除了继续发展前一阶段开始的改革措施，还不断开拓新的改革领域。几年来，在实行多种经济成分、多种经营方式，扩大企业自主权，发展横向经济联合，建立和发展各种市场，以及加强和改进宏观经济管理，注意运用经济的和法律的手段调节经济等方面，进行了一系列的改革和新的试验。随着经济体制改革的发展，在科技、教育、文化等领域，也陆续迈出了体制改革的步伐。特别是政治体制改革，将列入即将召开的中共第十三次代表大会的议程。可以期待，中国即将进入一个包括经济、政治、文化等领域在内的全面改革时期。这将大大加快中国社会主义现代化的进程。

三、八年来中国经济体制有哪些主要变化

经过八年多的改革，中国经济体制的格局，在以下几个方面发生了明显的变化。

1. 随着所有制结构的调整和国家对企业放权让利，企业的地位在改变，活力在增强。改革前，我国的企业和基层经济单位，几乎全部都是公有制，无论是集体所有还是全民所有，实际上都是上级行政主管部门的附属物，实行统收统支，集中分配，企业无自主权，当然谈不上有活力。改革以来，在坚持公有制为主体、国有制占主导地位的前提下，积极恢复和发展集体经济、个体经济，并在一定范围允许私人雇工经营，中外合资经营和外资独营有所发展。在发展多种经济成分的同时，对公有制本身也不断加以改革和完善。几年来，政府先后发布了十几项文件，对国有企业的权、责、利作了规定，这些规定虽然没有完全落实，但企业在生产计划、产品购销、产品价格、资金使用，以及劳动工资、联合经营等方面，逐渐有了程度不等的自主权，开始有了自我改造、自我积累、自我发展的能力。从去年（1986）年年底开始，进入了以完善企业经营机制为重点的深化企业改革的阶段。现在，正在按照所有权与经营权分开的原则，探索多种形式的承包经营责任制，以增强企业的经营意识、竞争观念与开拓精神。

2. 随着国家指令性计划和统一分配物资、统一制定价格范围的缩小，市场机制开始发挥重要作用，国家对经济的管理逐步向间接控制过渡。改革前，我国的经济运行，主要通过指令性实物计划，由国家进行直接管理，排斥价值规律的作用，形成了僵化的运行机制。改革以来，国家大幅度减少了直接管理的产品范围，扩大了市场调节的范围和比重。国家计划委员会（今国家发展和改革委员会）管的工业指令性计划产品，从1980年的123

刘国光
经济论著全集
第
7
卷

种、占工业总产值的40%，减少到1986年的60种左右、占工业总产值的20%左右。国家统一分配的物资，从1980年的256种，减少到1986年的20种。商业部计划管理的商品，从1979年的188种，减少到1986年的25种。随着国家直接计划控制范围的缩小，开始注意运用各种经济杠杆来调节经济的运行。首要的是把过去单一的国家统一制定价格的形式改为统一定价、浮动价格和市场价格等多种价格形式。现在各类商品已经实行浮动价和市场价的比重大约是：农副产品中占65%，工业消费品中占55%，工业生产资料中占40%。由于市场的不断发展，经济手段的逐步运用，价值规律在促进产需衔接、调节供求方面的作用有了增强，使经济运行机制发生了较大的变化。

3. 在收入分配领域，随着各项搞活企业和调动职工积极性的改革措施的出现，国家与企业、职工三者的分配关系和经济建设资金渠道发生了新的变化。改革前，盛行企业吃国家的"大锅饭"、职工吃企业的"大锅饭"的分配制度，经济建设资金一般采取国家财政无偿拨款的办法，资金使用效益很差。改革以来，企业净产值分配中，国家所得份额下降，企业和职工所得份额上升。据对大约8000个国有大中型工业企业的调查，从1980—1985年，国家所得占企业净产值的比重由72.7%下降为59.7%；企业所得比重由7.7%上升为14.4%；职工所得比重由18.6%上升为22.1%。与此相应，经济建设资金通过国家财政预算渠道和通过银行信贷渠道的比例发生了显著变化。财政收入占国民收入的比重从1978年的37.2%，下降为1986年的26%；同期银行新增存款占国民收入的比重从2.3%上升为14.7%。从而，在投向生产和流通的资金总额中，由国家财政渠道解决的已从76.6%下降到31.6%，由银行信贷渠道解决的已从23.4%上升到68.4%。这样，金融手段在调节社会总需求和促进生产建设方面的作用大大增强，开始改变国家经济建设资金长期吃"大锅饭"的现象，并为发展资金市场、加速金融体制改革和国家的宏观经济管理逐步转向以间接控制为主提供了必要的条件。企业内部个人收入分配方面的改革，总的原则是把职工收入同本企业的经济效益和本人的劳动贡献联系起来，在这方面进行了多种形式的试验，起到了一定的奖勤罚懒的作用；同时，与发展商品经济相联系，承认某些非按劳分配收入（如经营收入中的风险收入、机会收入，以及债券利息股票红利等资金收入），以便让一部分人先富起来，带动大家共同富裕。

4. 随着开放政策的实施，我国封闭型经济开始向开放型经济转变。开放政策包括对内开放和对外开放两个方面。改革前，国内经济实行政企职责不分、垂直领导的体制，企业隶属的行政主管部门或者地方政权部门都力求自己管辖范围自成体系，因而形成部门之间和地区之间的相互分割。在对外经济关系上，基本上实行闭关锁国的政策，排斥外国先进技术和管理经验。这种对内对外自我封闭的局面严重地阻碍了我国商品经济的发展和技术管理水平的提高。改革以来，在对内开放方面，对划分政企职责、打破"条""块"分割进行了一些探索，目前比较行之有效的是发展横向经济联合。据初步统计，到1986年年底，全国在自愿互利基础上建立起来的、冲破部门地区和不同所有制界限的横向经济联合组织有32 000多个，出现了一批企业群体或企业集团，包括少数在国家计委实行计划单列的大型企业集团。城市间、区域间的经济协作发展很快，也促进了企业间的联合。到1986年年底已形成区域间的横向经济技术协作网络24个，如长江流域经济协调会，西南五省区六方面协调会等。所有这些横向经济联合对于促进企业组织结构、地区产业结构和全国产业结构的合理化，对于冲破政企职责不分、条条块块分割的旧体制，对于促进向新体制的转换，都有重要意义。

对外开放是我国经济体制改革的重要组成部分，几年来，在这方面迈出了四大步，一是1980年批准广东、福建两省在发展对外经济关系方面实行特殊政策和灵活措施；二是在广东省的深圳、珠海、汕头，福建省的厦门建立四个经济特区；三是1984年决定逐步开放14个沿海港口城市和海南岛；四是1985年决定逐步开放长江三角洲、珠江三角洲和闽南三角地带。今后还将开放辽东和胶东两个半岛。逐步形成以沿海为前沿逐步向内地延伸的开放地带。到1986年止，我国已经得到批准建立7 700多个外资企业和中外合资企业，进出口贸易比改革前增长了两倍多；出口总额占国民收入的比重，从1978年的5.6%提高到1986年的12%；外贸体制进行了初步改革，适当扩大地方和企业经营外贸的自主权，调动了各方面办外贸的积极性。对外开放在我国经济发展中，正起着越来越大的作用。

　　总之，经过过去几年的改革，中国经济体制无论在所有制结构方面，在扩大企业自主权方面，在发展市场关系方面，在国家对经济的管理控制方式方面，在经济利益分配方面，在经济组织体系方面，以及在对外经济关系方面，都有了程度不等的进展。这种改革正在把蕴藏在中国人民中间的巨大潜力开发出来，对中国经济的健康发展产生了深刻的影响。近八年来，由于贯彻执行改革、开放的方针，中国社会财富和经济实力有了很大的提高。1986年同1978年相比，按可比价格计算国民生产总值增长102%，国民收入增长94.9%；国家财政收入增长了98%，部门、地方、企业的预算外资金增长381%。随着经济的发展，人民生活水平这几年提高较快。全国城乡居民平均消费水平由175元增加到450元，扣除物价上涨因素增长86.9%，基本上解决了10亿人民的温饱问题，并开始向小康水平迈进。这样好的经济发展形势，同经济体制改革的成就是分不开的。

四、改革中碰到哪些问题

在回顾中国经济体制改革几年来取得的成就的同时，不能不看到，以城市为重点的全面体制改革，现在仍然处在初始阶段。新的经济机制还远远没有完整地建立起来，旧的经济机制的作用也远远没有退出历史舞台。虽然农村经济和非国有成分的改革，在决策权力的分散化，调节机制的市场化，以及在破除平均主义的分配制度等方面，有了比较大的进展。但是，城市经济和国有成分的改革，仍然是初步的、探索性的，在这里，旧的模式还不能说已经发生根本性的变化。总的来说，目前中国的经济体制改革中，存在着以下问题。

在微观经济方面，企业的活力和市场机制的积极作用还远远未能正常发挥出来。国有经济小企业通过承包、租赁等形式具有了自主经营的能力，活力确实有所增强，但是政府关于扩大企业自主权的一系列规定和措施，在大中型企业还没有很好落实。国家下放给他们的一部分权力，往往被中央和地方各级行政主管部门（以及由政府机构改组成立的行政性公司）所截留；出现了大中型企业活力不够和在竞争中处于不利地位的问题。大中型企业税收负担偏重，实现利润中留给企业的部分偏低，如再扣除各种名目的摊派等项开支，真正能够用于企业自我改造自我发展的资金非常有限。在国家和企业的收入分配关系上还难以做到规范化的管理，无论实行所得税加调节税的办法还是实行其他利润承包、利润分成办法，都摆脱不了逐户讨价还价的机制和鞭打快牛的棘轮效应。企业的改组、联合与横向经济联系的发展，往往仍然受到上级主管机构的限制。再就是微观搞活的措施，往往只注意给企业以动力的方面，如强调对企业放权让利，而忽视给企业以压力的方面，特别是企业的财务预算约束软弱的问题没有解

刘国光

经济论著全集

第
7
卷

决，自我约束的机制没有形成，企业在很大程度上仍然是只负盈不负亏，很容易产生追求短期利益的行为。不少企业有了提高利润的权力以后，不仅未能自我遏制"数量扩张"和"投资饥渴"的欲望，而且在乱发工资、奖金方面导致了消费基金的膨胀。在把放权让利作为改革主要内容的情况下，各受益单位和个人势必互相攀比，竞相取得"权""利"的优惠，从而形成轮番调整利益分配关系和总需求不断膨胀的局面。此外，由于价格体系严重扭曲的状态远未消除，市场体系尚不发达、不完善，部门和地方的封锁分割仍然存在，尤其是资金市场和劳动市场尚处在萌芽阶段，这一切使得生产要素的流动仍有障碍，有益的竞争不能充分展开，难以形成一套能够有效地配置资源的经济机制。

在宏观经济管理方面，这几年，随着简政放权，国家逐步减少对微观经济直接控制的范围。但是，间接的经济手段尚不能有效地运用，以取代直接的行政手段，这样曾造成宏观经济管理的某些真空状况。1984年第四季度到1985年上半年发生的投资、消费、信贷和外汇收支的某些失控，以及由此带来的工业超速增长、市场供应紧张和物价上涨等经济过热现象，就是这样产生的。经过我国政府采取了加强宏观控制的一系列措施，从1985年下半年到1986年，经济"过热"的现象已经逐步得到控制。但是，在价格、财政等基本经济关系尚未理顺，市场体系还不完善，企业行为还不能对经济参数的变化作出灵敏反应的情况下，运用间接的经济手段来调节经济的运行，无论是总量的控制还是结构性的调节，效果都不理想。因此，加强宏观经济管理，目前在某些场合还需要较多地采用甚至强化指标、限额等直接的行政控制手段，还很容易发生"一刀切"的毛病，影响经济的正常运转。1985—1986年的紧缩过程中就再次出现这类毛病。并且，直接的行政控制手段是国家行政机构习惯使用的办法，如不注意，就有可能积习成瘾，与改革的方向背道而驰。此外，在企业和市场初步搞活以后，由于缺少完备的法规体系和执法制度，必要的检查、监督制度，有些政策界限也不够明确，因此经济生活中出现了较多的漏洞，助长了少数人收入分配的不公正和某些不正之风，引起一些社会问题。以上问题，有些属于工作上的失误，是可以避免的；有些则是改革过程中难以避免的，它们同经济体制改革不配套，相关的改革措施衔接不好，以及新旧双重体制并存所带来的矛盾和摩擦，有着直接的关系。改革过程中产生的这些问题，只有通过今后坚持不懈的改革，才能逐步得到彻底的解决。

五、改革的方向和目标模式是什么

中国的经济体制改革将改向何处？这始终是人们关心而且众说纷纭的一个问题。自从中国提出改革和开放的方针，不断有中外人士认为中国将离开社会主义，走向资本主义，并用这个眼光来观察和评论中国国内的情势。每当中国因情势需要而强调坚持四项基本原则、坚持社会主义道路的时候，这些人士就断言中国的改革和开放要收了，每次都作出错误的判断。其实，改革、开放也好，四项基本原则也好，是在1978—1979年同一时间提出来的，是中共十一届三中全会新路线的两个互相联系不可分割的基本点。中国的经济体制改革只能是社会主义制度的自我完善，而绝不可能离开社会主义道路。这是讨论改革方向的一个基本出发点。

关于究竟什么是社会主义，这既是一个烦琐的学术争论，又是一个带有火气的政治争论问题。这里不打算陷入细节，按照马克思主义的一般理解，所谓社会主义主要是一指生产资料的公有制，二指通过按劳分配达到共同富裕。在改革前的中国，在所有制方面脱离了现实的生产力水平和性质，提倡"一大二公"和

"穷过渡"，形成朝单一国有化发展的格局，导致经济发展的僵化；在收入分配方面则是盛行平均主义，导致效率低下和劳动积极性的泯灭。改革的方向就是要把单一国有化的格局改向公有制为主体、多种经济成分和多种经营方式共同发展的格局；把平均主义的分配制度改向按劳分配为主体的多种分配形式共同存在的分配制度。

除了所有制结构和分配制度的改革，还有一个经济运行机制的改革问题。改革前中国经济运行机制是计划经济的机制，资源配置主要由指令性的实物计划来调节。经济运行机制的改革方向和目标模式是什么？这是一个争议得最多的问题。1984年10月中共十二届三中全会关于改革的决议提出"社会主义经济是在公有制基础上的有计划的商品经济"，并指出"实行计划经济同运用价值规律、发展商品经济不是互相排斥的，而是统一的"以后，人们似乎达到了统一的认识。但是，对于究竟什么是有计划的商品经济，人们的理解仍有差异。有的强调商品经济和市场调节的一面，有的强调计划经济和计划调节的一面。几年来，中国经济学界提出了几种计划与市场相结合的模式。第一种是"板块式结合"，即在原来大一统的计划统制的旁边，出现一块"计划外"的市场调节。第二种是"渗透式结合"，即上述计划和市场两个并行的板块，各自渗透了对立面的因素：计划调节这一块要考虑价值规律的要求，而市场调节这一块则要受宏观计划的指导和约束。第三种是"胶体式结合"，即计划与市场不再是分别调节国民经济不同部分的两个并立的板块，而是有机地融为一体，在不同层次上调节国民经济的运行：计划主要调节宏观层次，市场主要调节微观层次的经济活动，但是宏观平衡要以市场供求变动趋势为依据，而微观活动又必须接受宏观计划的指导。我认为，这几种计划与市场相结合的模式，与其说是互相排斥的选择目标，毋宁说是互相衔接的发展阶段，即（1）从原来大一统的计划统制模式发展为（2）改革初始阶段出现的计划与市场的板块式结合；再发展为（3）改革深入阶段出现的两块的渗透与重叠；最后发展到（4）计划与市场在整个经济范围的有机结合。目前我国的改革大约处在第（2）向第（3）阶段的过渡中。当然，这是极其简单的抽象图式，实际进程远为错综复杂。根据中国国情吸收各国经验，设计中国经济运行机制的改革目标、探明向新的计划与市场有机结合机制转换的途径，仍然是中国经济理论研究的一个重大课题。

六、对于中国经济改革的长期性、艰巨性的重新认识

从刚才讲的抽象的模式转换上可以看出中国经济体制改革的长期性和复杂性。现在再回到实际进程上来看。从1986年开始，中国进入"七五"计划时期（1986—1990）。1986年召开的第六届全国人民代表大会第三次会议的决定，要求在"七五"期间或者稍长一点时间内，通过企业机制、市场机制、国家管理经济的机制三个相互联系方面的改革以及有关配套改革，基本上奠定新的经济体制的基础和框架。由于1984年第四季度到1985年上半年工业超高速增长造成的经济过热的后果尚未消除，1986年采取了继续上年开始实行的加强和改善宏观控制的方针，在改革方面，采取了巩固、消化、补充、改善的方针。原来设想，在1986年宏观经济环境改善的基础上，从1987年起，以生产资料价格的较大幅度的调整为中心，在价格、税收、财政、投资、计划等方面采取比较大的改革步骤，推进经济运行机制的转换，以便进一步实现"七五"计划原定的改革目标。但是由于迄今未能从总体上改变宏观经济不平衡状况，1987年财政预算收支将继续上年发生较大的赤字，货币流通和物价情势也潜在着危险。在经济环境紧张

问题未获解决的情况下，1987年继续采取了压缩总需求的政策，原定以生产资料价格调整为中心的大步改革不能出台。由此人们对于"七五"计划原定的改革目标，感到未免过高过急。在此背景下，对中国经济体制改革的长期性和艰巨性有了进一步的认识。在中国这样一个商品经济极不发达而经济发展又极不平衡的大国，要建立适合社会主义有计划商品经济发展的新型经济体制，是一个史无前例的大试验和极其复杂的系统工程，受到的制约因素很多。为建立新型经济体制所必不可少的市场经济的发育、人的素质的提高、思想观念的更新、管理经验的积累等，均非一朝一夕所能完成。所有这些，决定了中国经济体制改革的艰巨性和长期性，对此我们必须有充分的认识，同时锲而不舍地根据中国社会经济条件的可能，不失时机地迈出实质性的改革步伐，使改革形成不可逆转的势头。

七、经济改革与经济发展的关系：改革的经济环境问题

"七五"计划关于这个问题的提法是这样的："经济改革与经济发展要互相促进。从根本上说，经济改革是为经济发展服务的。但是从当前说，为了顺利推进经济改革，经济发展的安排就要有利而不是有碍于经济改革，这也是说要为改革创造一个良好的经济环境。"这几年的经济发展与改革的实践，使改革的环境问题重新引起人们的讨论。过去，经济学者大多认为改革需要一个比较宽松的经济环境，既总供给略大于总需求的有限买方市场，以增强企业对于改革的动力感和压力感，并能保证有一定的财政物资后备以支持改革。因此，他们主张在经济发展上要着重采取控制社会总需求的政策，为改革创造一个比较宽松的环境。近两年出现另一种意见，认为宽松的经济环境不能是改革的前提

而只能是改革的结果，因为短缺是旧体制的固有特征，改革只能在供不应求的紧张状况下进行，并通过改革来消除短缺的体制原因。有些经济学者还认为，中国正在进入一个以结构变动为中心的新的高速成长阶段，广大人民的消费正在从温饱型向选择型转变，农村劳动力正在加速向非农业部门转移，个人收入和消费基金必然迅速增长，并且中国固定资产已进入全面更新时期，投资额的加速也不可避免。因此，总需求超过总供给的增长是中国经济进入高速增长阶段的内在要求；并且经济体制改革本身涉及各方面利益关系的调整，这也要求经济有一定的增长势头，"把馅饼做得大一点"，比较主动。所以，与前述一种意见相反，后一种意见认为人为地抑制投资和消费需求的政策，是不符合中国当前经济发展和经济改革的要求的。

从实际情况看，前几年中国的经济体制改革，的确一直是在总需求与总供给不那么平衡、经济环境不那么宽松的条件下进行的。我们不能等待出现了全面稳定的宽松环境之后再着手进行改革，那样不符合群众迫切要求改革的愿望。但另一方面，在经济紧张的条件下进行改革，往往会产生种种摩擦，效果不好，例如前一时期的价格改革，是在宏观经济不平衡情况下进行的。一方面价格不合理的状况有所改善；另一方面又不能不因需求过大而引起物价过度上涨，反过来阻碍价格体系的进一步理顺。在经济不稳定中要周期性地进行较大的经济调整，经济改革往往进两步退一步，成为旷日持久的事情。虽然在改革的过渡时期因有许多不确定因素而难以出现稳定的宽松环境，但我们不能因此而放松缩小短缺紧张扩大宽松势态的努力。除了通过体制改革逐步消除导致需求膨胀的体制因素外，我们还要在发展方针方面采取有限度的战略目标和明智的政策措施，以利于控制投资需求和消费需求的膨胀，缩小并力争消除总需求经常超过总供给的局面，创造一个相对好的改革环境。这种认识和努力稍一放松，就会为通货膨胀政策打开方便之门，这是不利于改革的开展和深入的。

八、关于双重体制

不管经济学者们喜欢不喜欢，新旧两种体制并存已是当前中国的实际。双重体制并存表现在过渡时期经济体制的一切方面。企业机制、市场机制、国家管理经济的机制，无一领域能摆脱双重体制并存的局面。企业有了一部分经营自主权，但它们仍被部门的和地方的各种行政绳索捆住，因而不得不像科尔奈教授讲的那样，用一只眼睛盯住市场，另一只眼睛盯住上级。国家在减少对经济的直接控制的同时，间接的宏观控制手段还不能有效地启用，因而不得不同时并用直接的行政手段和间接的参数手段。这样就出现了企业行为的双重性和国家经济管理行为的双重性。

在双重体制并存现象中，十分引人注目的是同种产品的计划内价格和计划外价格并存即双轨制价格现象。这是计划管理上的双重体制和物资流通上的双重体制的集中表现。计划内产品实行较低的计划价格，计划外产品实行较高的协议价格或市场价格，这种情况的存在在过渡时期有着它的必须性与必要性。它是中国经济体制改革过程中创造的一种风险性较小、兼容性较大的特殊的价格转换方式。但是双轨制也有不少弊病，如冲击国家计划项目的物资保证，造成生产流通和核算管理上的某些混乱，还给投机倒把非法牟取暴利以可乘之机，于社会风气不利，等等。鉴于双重体制并存引起经济生活中众多的矛盾和摩擦，影响经济运行的效率，因此一些经济学者主张早日结束这种双重体制对峙的状态，尽快过渡到新体制居主导地位的局面。

但是，由双重体制并存过渡到新体制为主，受着许多主观客观条件的制约，其中特别重要的还是前面提到的经济总量平衡的因素。只要总需求超过总供给的短缺问题没有消失，有限的买方市场没有形成，就难以很快地摆脱双重体制和双轨制价格的局面。看来双重体制将要存在相当长的时间，当然在这过程中新体制要逐渐取代老体制而占主要地位。在一定时期内，还有必要利用双重体制并存的格局进行改革，在价格改革上还要沿着双轨制价格的路子，根据不同情况，实行"调（整）和放（开）"相结合的方针，随着宏观经济平衡条件的改善，逐步缩小国家计划调节部分的范围，扩大市场调节部分的比重，使双轨价格趋于接近，最终在合理的水平上统一起来，形成计划指导下的市场调节体系或者像近来不少中国经济学者常说的："国家调控市场，市场引导企业"的新的运行模式。

九、下一步改革的不同思路

如前所述，因为宏观平衡的困难没有解决，原定在1987年实行的以生产资料调价为中心的经济运行机制较大步子的改革不得不推迟。根据赵紫阳今年春天在全国人民代表大会上的报告，今年经济体制改革的主要任务是以增强企业特别是国有大中型企业活力为中心，着重改革企业经营机制和内部领导体制，继续发展横向经济联合，适当加快金融体制改革的步子，进一步扩大生产资料市场，逐步改革和完善企业劳动工资制度和固定资产投资管理体制，并积极为下一步各方面的配套改革做好准备。对于下一步改革的路子怎么走，基于对当前经济形势的不同估计，各方面的想法也不一样，大体有以下几种：

第一种是认为，现在经济环境比较困难，改革难以迈出大的步子，主张在保持现有体制的基本框架下，落实已有的改革措施，做些小的补充和完善。有的同志认为，前几年改革中放权放过了头，应当在适当集中的前提下加强宏观管理，即宏观经济调控能力达到什么程度，微观经济放活到什么程度。这种设想的步子比较稳妥，但是双重体制并存的矛盾摩擦难以有效缓解，有可能不必要地推迟改革的进程，使改革出现旷日持久，使经济陷入进退维谷的困境，因此多数同志不赞成这种比较消极的主张，而主张进一步推进改革。

第二种思路认为要摆脱当前经济的困难，就要采取坚决措施，不惜用人为的行政手段，大力压缩社会总需求，造成一个宽松的经济环境，随即推进企业经营机制和价格、税收、财政、金融、投资等主要方面的配套改革。这种思路的好处是配套性较强，如果行得通的话，就有利于缩短双重体制胶着对峙的时间，使新经济体制尽快发生整体效益。但这种思路步子迈得大，风险和震动过大。由于紧缩过猛，有可能导致经济萎缩，能否形成一个设想的宽松环境，人们还有不少疑问。

第三种思路是，以深化企业改革，搞活企业为出发点和落脚点，特别是搞活国有大中型企业为中心，着重通过承包、租赁等各种经营责任制，以及试行股份制，实现所有权与经营权分离，转变企业内部机制，同时着重抓紧投资体制的改革，逐步理顺国家与企业、中央与地方的关系，并在价格、金融、投资、财税等方面，相应推出小步改革措施，使整个经济运行机制逐步转变。这种以投资体制改革为重点、以深化企业改革为中心的改革思路，着眼于为市场机制的运行和国家宏观管理向间接调控为主的转换提供相应的微观经济的基础，即能对经济参数作出灵敏反应的企业，而这正是前几年改革的一个重要不足之处。因而，明后两年把刚开始的企业经营机制的改革继续向深度发展，把改革重点放在投资体制的改革上，对国有企业实行各种形式的名副其实的经营责任制，看来是必要的和可行的。

当然，企业内部经营机制的改革必须同企业外部的经济运行机制改革配套进行，这样既可以保证企业机制改革的深入和成功，又可以提高其他方面改革的效果，加快经济运行机制的转换。总地看来，这一改革途径可控性较强，风险较小，但体制转换所需时间比原来"七五"计划设想的要长些，并且这一改革思路的可行程度和实际效果，还要看宏观平衡状况如何。如果投资和消费需求膨胀压不下去，整个经济不稳定的情况有所加剧，那么这种方案也难以综合配套进行，只好在不受宏观平衡等外部条件影响很大的企业内部管理体制的完善上按照上述第一种改革思路做点文章。所以，决定今后经济体制改革的路子的选择和实施效果的关键问题，还在于"七五"计划提出的能否为进一步的改革创造一个相对平衡的适宜的经济环境。

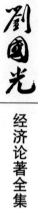

刘国光

经济论著全集

第

7

卷

在改革中丰富和发展社会主义学说*

——《瞭望》周刊记者专访

（1987年9月14日）

现在有"两化"要反对，一是要反对资产阶级自由化，一是反对思想僵化。思想僵化是改革、开放的重大障碍，尤其是对社会主义的一些僵化的、片面的，但又十分流行的看法，如不加以纠正，势必影响改革和开放的进程。

在对社会主义的认识上，僵化主要表现在两个方面：一是把不是社会主义的东西附加给社会主义；二是把不是资本主义专有的东西，硬说是资本主义专有的。

哪些东西是附加给社会主义的呢？刘国光作了具体的分析：

（1）公有制是社会主义的最基本特征之一，但由于过去对这一条的理解过于僵化，以至于在所有制问题上一直有一种看法，认为所有制越公、越大、越纯就越是社会主义，认为只有全民所有制才是社会主义，并以此为标准来构造我国的社会主义所有制。其实，我国目前仍处于社会主义初级阶段，生产力还很不发达，还远未达到发达国家的水平，因此，不可能产生成熟的社会主义生产关系。在这种条件下，追求所有制的"公、大、纯"是不现实的。在社会主义初级阶段，所有制形式虽然仍要以公有制为主体，但多种所有制形式和多种经营方式共存也是必要的。

（2）所有权与经营权的关系问题。传统的说法是，公有制

---

* 本文系记者林晨、虚仲云专访，发表于《瞭望》周刊海外版。

必须实行所有权与经营权的统一，二者不能分离。20世纪60年代，批判经济学家孙冶方关于扩大企业经营自主权的主张时，一个重要论据，就是认为两权分离是资本主义的东西，所以，孙冶方的正确主张被说成是搞资本主义。

（3）计划与市场的运行机制问题。过去认为，在公有制基础上只能实行计划经济，不能有商品经济，即使有点市场调节，作用也是微乎其微。计划性越强，越是社会主义；而对于计划经济，又认为其唯一标志就是指令性计划，指令性越强、集中程度越高，社会主义也就越标准。因此，统一分配、统一调拨、指令到底、集中管理，就似乎成了社会主义经济管理天经地义的模式。其实这也是一种对社会主义的误解。

我国的计划经济模式基本上是沿袭苏联的。而苏联的计划经济、高度集中则是在战争和备战的环境中形成的。在帝国主义的包围中搞经济建设，需要集中，这是战备的需要。

新中国成立初期，我们也遇到类似情况，因而强调指令性计划，高度集中，搞调拨，配给是必要的。但这并不是社会主义所固有的。在和平条件下，不一定要沿用战争时期的办法。

因此，社会主义经济应当集中与分散结合，计划与市场结合。

那么，资本主义经济有没有计划呢？也不是完全没有，不过方法不同。如英、美、澳大利亚等国，都是通过财政政策、货币政策等经济手段，对市场进行宏观控制。也有些资本主义国家编些计划，但不是计划经济。日本有的经济学家认为：中国实行的是真正的计划经济，而日本则不过是经济计划。这是由于所有制不同所决定的。

当然，这不等于说，计划经济是附加给社会主义的东西，而是说，高度集中，通过行政性强制手段，以指令的方式贯彻经济计划并不是计划经济的本来意义。现在我们讲的计划经济，与上述那种计划经济的含义不一样。现在是有计划的商品经济。这就是说，计划只是体现在宏观指导上、总量控制上，是经济发展方向、经济结构变化的一种指导，这种指导不是通过强制性的行政手段，而是更多地采用经济的方法、市场的方法，通过价格、利润、税收等经济杠杆来实现的。

关于市场，含义也与过去不一样。过去否认市场的调节作用。尽管社会主义国家都或多或少地有一点市场，但那是"被遗忘的角落"，根本起不到调节的作用。

现在市场的内涵大大丰富了。除了生产资料进入市场之外，更重要的是，过去根本不承认的生产要素市场也陆续出现了，如资金、劳务、技术、房地产等，而且范围还在继续扩大，这是一个趋势。现在看得很明显，如果没有这些生产要素市场，扩大企业自主权就没有意义。

关于分配问题，过去认为，社会主义社会是公正、平等的社会。这些无疑是正确的。但也不能不承认，这是一个理想。如果把社会主义的平等和平均主义等同起来，这就弄错了。

在我们这个国家，小农经济思想根基很深，历史上农民起义"均贫富"的思想影响，更使平均主义观念深入人心。认为平等就是平均主义，就是吃"大锅饭"，就是社会主义。在所有附加给社会主义的东西中，这种看法是最顽固、最有害的。

其实，马克思主义讲的平等，是指在劳动面前人人平等。社会主义是承认差别的，而按劳分配就是差别。要是承认这一项原则的话，也就等于承认劳动收入可以有差别。还要让一部分人靠劳动收入，靠正当的经营收入以及资产、资金收入先富起来。但按劳分配应当是主体。

要去掉附加给社会主义的"大锅饭"意识，就当前来说，有两个难题需要解决：一是分配上的平均主义。现在奖金在很多企业已失去奖励作用，"变质"了，而且攀比风严重。这也是消费基金难以控制、物价上涨的重要原因。另外，平均主义不破，让一部分人先富起来就很难实现。二是收入上的不公平。多劳的不一定多得，一些投机倒把分子却大钻空子，收入颇丰。这很不合理。现在抓市场整顿也正是要解决这个问题，当然，也要看到，在商品经济不发达的初级阶段，在双轨制的条件下，加上市场管理跟不上，宏观失控，这种现象是很难避免的。

在认识上还有另外一个问题，那便是把并不是资本主义所独有的东西，硬归之于资本主义。这主要表现在以下几个方面：

——商品经济不是资本主义的"专利"，但我们过去实际上是把商品经济与资本主义等同起来了。

我们现在认识到，只要存在社会分工，存在利益主体之间的差别，商品交换就是不可避免的。商品经济最早是由两千多年前两个原始群落之间的简单的物品交换产生的，不但不姓"资"，甚至也不姓"私"，那时还是原始共产主义社会。社会主义社会也有分工，也有利益差别，自然也就会有商品经济。

——社会化大生产也不是资本主义特有的。因此一些社会化大生产所带来的经济现象，也不能看成是资本主义的。如资金市场、技术市场，其他生产要素市场，又如债券、股票、承包、租赁等，都是商品经济和社会化生产的产物，过去我们视之为异物，那是僵化造成的错误。

——在分配上，过去我们一直把非劳动收入视为剥削，认为是资本主义的东西，社会主义社会不能容许它存在，这也是片面的。企业家由于经营水平高而获得的经营收入，是一种复杂劳动的收入；在竞争中正常的风险收入、机会收入，就不属于劳动收入，也应当允许存在，以鼓励大批社会主义企业家的成长；此外，储蓄和债券的租息收入，股票的红利收入等，对我们积聚资金、发展社会生产力都是有利的，也应当承认。就像我们承认社会主义初级阶段可以有多种形式的所有制共存一样，也应当相应地允许以按劳分配为主体的各种分配形式的共存。

到底如何判别什么是社会主义的和社会主义社会所允许的呢？

判断是否是社会主义的，是否为社会主义社会所允许的标准，还是要看是否有利于社会生产力的发展。

生产力作为评判标准并不是机械的，而是要和生产关系结合起来综合考察。社会主义的政策、理论、方针，必须符合发展社会生产力的需要。如果不利于社会生产力的发展，就不能说是社会主义的。这一点必须明确。那么，这是不是等于说，凡是有利于生产力发展的，都是社会主义的呢？我认为，这要区分几种情况：

第一，确实是社会主义的东西，符合社会主义方向。

第二，是社会化大生产和商品经济所共有的，资本主义可以用，社会主义也可以用。

第三，确实是资本主义的东西，但有利于我们社会生产力的发展，如外资企业，有雇用劳动和私人经营等，这些肯定是资本主义的东西，但有利于社会主义生产力的发展。它们处于社会主义公有制的汪洋大海中，不会改变我们整个经济的社会主义性质。只要服从我们的法令，我们就可以允许并且鼓励它发展。

第四，资本主义的丑恶的东西。资本主义原始积累时期，会靠欺诈、暴力、强制等手段，靠掠夺使大批劳动者成为无产者，从而"造就"了一批资产所有者，很快地发展了生产力，如英国17世纪的"圈地运动"；再如，不顾人的死活，大批使用童工，只顾牟取暴利的办法等，虽然于生产力的发展或资金的积累不无作用，但社会主义绝对不允许靠这些手段发展生产力。

属于商品经济和社会化大生产的东西，以及资本主义的一些于我有用的东西，都可以拿来为我所用。但是，绝不能照搬资本主义那一套，"全盘西化"是行不通的。

我们要根据社会主义公有制的条件，根据我国国情，朝着共同富裕的目标，有选择地利用。过去，我们过多地强调了我国的特殊性，将一些可以利用的东西拒之门外，自然有很大的片面性。但是也不能从一个极端走向另一个极端。现在理论界有个倾向，就是只强调共同性，主张"拿来主义"的多了。确实，商品经济和社会化大生产，无论在资本主义社会还是在社会主义社会，都具有共同性，但是共性的东西，是通过个性、特殊性表现出来的。同样，商品经济、社会化大生产在不同的国家，不同的社会，就会有不同的表现。人们在借鉴时，要结合各个国家的具体情况来考虑取舍，不能采取简单化的"拿来主义"。马克思主义的灵魂就是具体情况具体分析。所谓"具体"，就是特殊嘛！社会主义国家与资本主义国家不一样，社会主义各国之间也不一样。这个不一样，如在发展商品经济和社会化大生产上表现出来，也一定会是各有各的特色。所谓"趋同论"是一种资产阶级思想，我觉得我们不必赶这个时髦。

中国的改革之路*

——《光明日报》记者专访

（1987年10月20日）

记者（张吉林）： 九年的改革，给人们带来了希望，但在改革之初又有多少人为之惊愕和困惑：我国的改革似乎是在与社会主义道路背道而驰，有人甚至发出了这样的感叹："辛辛苦苦30年，一夜回到解放前"。

刘国光： 出现这些疑虑是必然的。长期以来，我们一直未能把握现实社会主义的基本关系，在对社会主义的认识上存在着许多僵化观念。一旦认识了社会主义的基本特征，就能打消人们的疑虑和偏见，更坚定地在改革的路上走下去。

改革是一个显影过程，在改革实践中，科学社会主义的基本轮廓逐渐清晰，我们对社会主义的理解日益深化。

（1）认清了我国改革的基本环境——社会主义的初级阶段。明确了这一点，对于改革和社会主义的发展至关重要。它是我们建设有中国特色的社会主义的立脚点和出发点。

（2）确立了改革的理论前提——目标模式不是唯一的。由于社会主义各国现阶段生产力水平参差不齐，社会主义经济的组织和运行不应该只有一种模式，而应该从各国基本经济关系的实际出发，设计适合于本国情况的改革的目标模式，走自己的路。

（3）深化了对社会主义本质关系的理解，破除了对社会主

---

* 原载《光明日报》。

义的僵化认识。这种僵化认识主要表现为把不是社会主义的东西附加给社会主义，把不是资本主义的东西硬说成是资本主义。

记者：传统的观念一直把我们的社会主义束缚在一个固定的模式里，这个模式在效率和优化发展方面存在着相当大的缺陷，造成了社会主义经济发展的迟缓，甚至使人们对社会主义制度的优越性产生了怀疑。

刘国光：经济发展的怠滞并不是社会主义制度本身的问题，而是我们一直未能找到与建立起和现实的生产力发展水平相适应的实践模式和经济体制。

马克思把社会主义理论从空想变成了科学，我们今天的改革实践则把社会主义从抽象的理论王国引向了丰富多彩的人间。

（1）我国所有制结构的发展，越出了国家所有制和集体所有制的模式，出现了多元所有制结构的趋势。随着以公有制为主体的多种经济形式、经营方式共同发展格局的形成，随着各级国家行政管理部门简政放权，企业的地位发生了变化，具有了程度不等的经营自主权，过去那种过度集中的决策权力结构已经开始向多层次的决策结构过渡。

（2）我们的市场过去只存在于被遗忘的角落，现在，不仅生产资料进入了市场，各种要素市场也在逐步发展。随着市场机制作用的强化，国家对经济的管理也开始由直接行政管理向间接经济管理过渡。

（3）随着企业对国家和企业内部各种承包责任制和上缴利润改为上缴赋税制度的逐步推行，工资奖励制度的逐步改革，过去那种吃"大锅饭"的平均主义分配制度也开始向收入分配同经济效益、劳动贡献联系起来的动力利益结构转换。

（4）对内开放，突破了地区、行业、部门的界限，出现了许多企业集团、群体及协作区；对外开放，把我国纳入了国际分工体系，逐步形成了特区、沿海城市、开放地带、内地的经济层次。

（5）经过九年改革，我国的经济体制发生了相当大的变化。但是，我们的改革还处在初级阶段，新的经济机制还没有完整地建立起来，旧的经济体制的作用也远没有退出舞台，在改革的实践中暴露了许多需要进一步解决的问题。

记者： 解放以前，中国是一个后进大国，虽然近代史上不乏改革者的足迹，但都没能摘掉后进大国的帽子。现在，我们的改革进入了胶着状态——新旧体制相互摩擦，矛盾错综复杂，您认为前景如何？

刘国光： 解决这个问题的出路只有一条，改革。

历史的惯性把中国推到了改革的路上，我们别无选择，唯一的希望在于——改革。

从旧体制到新体制有两种不同的转换方式，一种是"一揽子"式的转换，另一种是渐进式的转换。我国是一个生产力发展水平比较低下，经济上存在着二元结构的国家，再加上地大人众、经济发展极不平衡、管理人才和经验严重不足，不可能采取"一揽子"式的改革方式，只能走渐进式的道路。走这条路，势必要产生"交通规则错乱"的问题，左侧通行的和右侧通行的各行其是，新体制和旧体制同时并存，这就必然使我们的经济运行产生许多错综复杂的问题。

解决这些问题的道路也有两条。一条是倒退，回到原来的体制上去，但这不是一条出路，不改革旧的经济体制，中国经济就无法起飞。另一条，也是唯一的一条，就是改革。这才是我们的根本出路。只有把改革推进到底，使双重体制变成一重体制，让新体制在社会经济中占据主导地位，发挥其整体效用，我国经济运行中的矛盾才能解决，社会也才能进步。所以，深化改革，加快改革，是党的十三大的中心议题。这就意味着，不仅原有的经济领域的改革要深入，还要开辟新的改革领域，并且要进行政治体制改革，以推动社会主义的发展。

关于社会主义初级阶段
和农业问题

——在畜牧业发展对策研讨会暨第五次畜牧业经济研究会年会上的讲话
（1987年12月）

由中国社会科学院和农牧渔业部联合召开的畜牧业发展对策研讨会暨第五次畜牧业经济研究会年会今天开幕了。我们这次会议是在党的第十三次全国代表大会胜利召开的大好形势下举行的。参加这次会议的有研究农业和畜牧业经济理论的专家、学者和全国大多数省、市、自治区农牧业主管部门的负责同志以及从事畜牧业经济实际工作的同志和中央有关部门、新闻单位的同志等共180人。许多同志来之前都作了比较深入的调查研究，写出了不少质量比较高的调查报告和学术论文。中共云南省委、省政府和省畜牧局、省社会科学院为大会的胜利召开做了大量的工作，为我们创造了很好的工作和生活条件。在此，我代表会议领导小组向云南省委、省政府以及有关部门表示衷心的感谢。我今天准备讲三个问题：（1）充分认识农业在社会主义初级阶段中的重要性；（2）正确认识畜牧业经济在我国经济发展战略中的重要作用；（3）关于如何开好这次会议的问题。

一、充分认识农业在社会主义初级阶段中的重要性

不久前结束的党的第十三次全国代表大会在我国的历史上具有划时代的意义。从理论上、路线上和组织上保证了建设具有中国特色的社会主义的胜利。

赵紫阳在十三大的报告中指出："正确认识我国社会现在所处的历史阶段，是建设有中国特色的社会主义的首要问题，是我们制定和执行正确的路线和政策的根本依据。"在这个问题上，我们党作过许多有益的探索，取得过重要成就，也经历过多次曲折，付出了巨大代价。现在，我们党已经有了明确和正确的回答了。我们党关于我国社会正处于社会主义初级阶段的理论，为我们正确认识本国的国情和从本国国情出发，把马克思主义基本原理同中国实际结合起来，为实践中开辟有中国特色的社会主义道路指明了方向。在这里，我想着重讲一下社会主义初级阶段和农业与畜牧业的关系问题。

赵紫阳在报告中强调指出："我们必须经历一个很长的初级阶段，去实现别的许多国家在资本主义条件下实现的工业化和生产的商品化、社会化、现代化。"他还说："我国社会主义初级阶段，是逐步摆脱贫穷、摆脱落后的阶段；是由农业人口占多数的手工劳动为基础的农业国，逐步变为非农业人口占多数的现代化的工业国的阶段；是由自然经济半自然经济占很大比重，变为商品经济高度发达的阶段。"这里提到的我们在新社会主义的初级阶段中的历史任务，在很大程度上同我国的传统农业的改造任务还远没有完成这一事实有关。传统农业的特征是：规模狭小、技术停滞、劳动生产率低下、商品率低，执行一个主要为满足家庭自给自足需要的生产功能。由于传统农业的广泛存在，使得农

业不能为工业提供更多的粮食、肉类和原料；由于农业的商品率低，农民购买力（包括购买农业投入和日常生活用品）也就低，因而不能为工业的发展提供广阔的国内市场。由于农业劳动生产率的低下，农业不能为工业的发展提供大批的劳动力，特别是经过一定的教育和训练的劳动力。所以，研究如何改造传统农业的问题，是一项带有战略性的历史任务。也是当代发展经济学的一个重要的组成部分。可以这样说，只要农业的商品化、社会化、现代化没有实现，也就不会有全社会的商品化、社会化和现代化，从而没有全社会的工业化。

我们过去由于不认识我国的农业是处于社会主义初级阶段的农业，即它在生产技术、组织化程度和生产的目的等方面带有相当浓厚的传统农业的特征，在指导农业的工作中犯过一系列的错误，主要是：（1）忽视发展生产力，以为只要不断改变生产关系，传统农业就会自然而然跟着改变为现代农业；（2）不承认社会主义经济具有商品经济的属性，长期以来对农业执行着一个不合理的工农业产品交换比价政策；（3）搞清一色的公有制，把自营经济和私人经济统统当作资本主义来批判；（4）禁止农村劳力外流。通过口粮制度、工分制度和户籍制度把大批剩余劳力禁锢在原来的土地上；（5）忽视人力资本投资，致使大批的文盲和半文盲存在，劳动力素质很低。由于这些错误的做法使得我国农业的商品化、社会化、现代化的程度至今仍然很低。特别是由于这些错误做法延续的时间较长，加之农业人口在近20年来在事实上经历了"人口爆炸"，因此，使得我国传统农业的改造任务变得更加艰巨。

党的十一届三中全会以来，我们党从农业改革开始，进行一系列的新的探索，逐步认识到社会主义初级阶段存在的客观必然性，即我国原来的工业化和商品化、社会化、现代化程度低的落后状况，并不因为社会主义革命的胜利而一下子全部改观。生产力的低下只能通过发展生产力的方法来解决；传统农业的改造只能通过提高农业的商品化、社会化、现代化的水平来解决。除此而外，没有任何别的捷径可供选择。所不同的仅是我们是在社会主义条件下去实现许多国家在资本主义条件下实现的工业化和生产的商品化、社会化、现代化。

我国的农业自十一届三中全会以来，由于在农牧业生产中广泛地推行了联产承包责任制和其他改革措施，使10亿人口的绝大多数过上了温饱生活，部分地区开始向小康生活前进。但是，我国农业还存在不少问题，主要是：农业商品化、社会化、现代化的程度仍然比较低；由于缺少现代化投入，农业基本上还是靠手工操作搞饭吃；经营规模离合理化的程度还有较大的差距；农业的抗灾能力比较低等。我们目前在某些地区出现的粮食和肉类供应的短缺现象，和我国农业的商品化、社会化、现代化的水平低有着密切的关系。因此，加速我国传统农业改造的步伐是贯彻党的第十三大精神的一项重要的战略任务。

二、正确认识畜牧业经济在我国经济发展战略中的重要作用

赵紫阳在党的十三大报告中的第三部分关于经济发展战略，提出了我国经济建设分三步走的部署。指出20世纪末要达到第二步战略目标即人民生活达到小康水平。农业对实现这一战略目标是极端重要的。赵紫阳说，在社会主义初级阶段我国农业生产条件比较落后，发展还很不稳定，加强农业建设尤为迫切和重要。"我们必须重视粮食生产，争取在今后十多年内粮食产量有较大增长，这是实现到20世纪末战略目标的一个基本条件。"赵紫阳在这里虽然没有直接提到畜牧业生产，但是，实际上它是包含在农业中的。它是农业的一个重要组成部分，对农业和整个国民经

济的发展起着重要作用。

第一，发展畜牧业是解决粮食问题的一个不可缺少的重要组成部分。国外经济发达国家的经验以及我们新中国成立三十多年来的正反两方面的经验都证明，实行农林牧副渔多种经营，无论在提高经济效益、增加收入方面，或是在克服自然和价格波动的风险方面，都比粮食的单一经营好；同时，实行农牧结合，有利于建立合理的耕作制度，例如实行轮转作倒茬、扩大豆科作物播种面积、增施有机肥，促进粮食的增产增收。另外，发展畜牧业可以通过植树造林种草，促进生态平衡，为粮食生产提供一个较好的自然环境。因此，似乎可以这样说，畜牧业生产搞不上去，粮食生产也就搞不上去。而要想把粮食产量搞上去，就必须同时把畜牧业搞上去。虽然发展畜牧业要消耗一定数量的粮食，这对于解决粮食问题可能会带来一定的影响，但是，它对于增加粮食产量所起的促进作用要比耗粮大得多。所以，我们不能只看到畜牧与人争粮的一面，同时也应看到两者相互促进的一面。因此，粮食越少越要抓畜牧业，而绝不是相反。

第二，发展畜牧业有助于减轻粮食生产的压力。我国北方有2.2亿公顷草原，南方有0.47亿公顷草山草坡。两者加在一起，约比我国的耕地面积大1.7倍。这些土地资源由于雨量相对较少，无霜期相对较短，不太适合粮食生产，但可以植树造林、播种牧草，发展畜牧业。国际和国内的经验都证明了对于这类土地资源只要确定合理的利用方向，并经过较长期的连续努力，是可以收到增产肉类和奶类产量的效果的。过去由于利用方针不够明确，对于草原的开发利用走过一段弯路，例如毁草开荒种粮；盲目追求牲畜存栏头数，把牲畜年末头数作为考核指标，造成草原超载放牧；由于草原利用缺乏责任制，吃草原放牧"大锅饭"，只放牧，不改良；还有乱挖药材、打樵柴，对草原的破坏也很严重。所有这些都给草原的建设和利用带来了很大的损失，例如，草原的退化、沙化现象比较普遍。

但是，近年来无论在北方草原或在南方草山草坡，出现了许多植树造林、围栏放牧、改良草地，达到畜牧业高产的家庭牧场和牧业村。它们为市场提供的商品肉类和奶类在日益增多。这说明我国的草山草坡还是有一定潜力的。只要合理开发利用，对于增加我们的食物供应将会起到越来越大的作用。

第三，发展畜牧业是实现经济发展战略的直接保证。如果说在经济发展战略的第一步，是解决人民的温饱问题，即解决吃饱肚子的问题，那么第二步即到20世纪末达到小康水平，则是要解决吃好的问题。而为了吃好，就必须大力发展畜牧业等副食品生产。我们不可能设想，当人民达到小康水平时，依然维持现有的以吃粮为主，吃肉不多的水平。或为了满足人民对肉类的需求，而不得不依靠从国外大量进口肉，如果那样就糟了，因为我们不可能有那么多的外汇从国外进口肉类。当然，目前在学术界关于进入小康生活究竟要吃多少肉才算满足了要求存在着争议。一种意见从我国人均粮食产量出发，认为既然到2000年我国人均占有粮食都维持在现有水平即400千克，因此，到小康生活也只能维持现有的水平，即人均年占有肉禽蛋产量26.5千克。另一种意见从满足人的营养需要出发，认为既然我国到2000年要达到小康水平，那么人均蛋白质消费就应当达到满足营养需要的基本水平，或经济发达国家的最低标准，即人均每日摄取蛋白质70克，其中动物蛋白约占1/4。约相当于人均年占有肉禽蛋产量50千克，即比现有水平增加89%。我们暂且不论50千克的水平是否能够达到，即使按现有的水平，要能够维持得住，特别是要改进目前肥猪肉多瘦猪肉少、牛羊肉类更少的状况，仍需要付出巨大的努力。近年来，由于粮食产量不够稳定，加上粮食进口减少，造成粮食供应平衡出现缺口，使猪肉产量出现下降趋势，这种情况值得引起重视。据统计，由1978年到1984年，我国粮食产量从

30 477万吨增长到40 731万吨，加上进口，实际年占有量从31 173万吨增加到41 463万吨，增加33%。而从1985年至1986年，粮食产量分别只有37 911万吨、39 151.2万吨，加上进口减少，我国在这两年的粮食实际年占有量分别只有37 640万吨、39 158万吨，大大低于前几年，粮食生产是畜牧业发展的基础。由1978年到1984年，由于粮食产量增加，猪牛羊肉总产量由856.3万吨增加到1540.6万吨，增加近80%。自1985年以来，虽然肉类产量仍然有所增长，但是发展速度显著放慢。特别是近年来因粮食供应减少，引起粮价逐渐上升，猪肉和粮食的比价逐步下降，即由原来的1∶6降低到1986年的1∶5及目前的1∶3.5。影响了农民发展畜牧业生产的积极性，使得在一些地方出现肉类供应紧张的情况。此外，畜牧业的发展还同其他一些因素有关，例如，畜牧业结构有待作进一步的调整，草原的建设利用有待于进一步加强，畜牧业的流通体制有待于进一步改革。所以，不能以为肉类产量达到了一定高度就可以维持不变了。猪随粮食产量的波动而波动，而粮食产量又受到自然的影响出现周期性的波动。因此，猪及其他畜牧业生产会经常出现波动。我们要保持肉类供应的相对平衡，就要付出一定的努力。至于要按照后一种意见，即人均占有肉禽蛋产量50千克，显然需要付出更大的努力。

总之，发展畜牧业在实现经济发展战略中的作用是十分重要的。我们要从理论和方针政策上认真地加以研究，以便完成党的第十三次代表大会提出的战略任务。

三、关于如何开好这次会议

这次召开的畜牧业经济年会是第五次会议，如果加上1978年5月在内蒙古召开的牧区畜牧业经济规划会议，则是第六次会议。前几次会议由中国社会科学院经济所、农业经济所（现在改名为农村发展所）和农牧渔业部畜牧局以及有关的省、自治区联合召开。这次改为由中国社会科学院和农牧渔业部联合召开。参加具体筹备工作的除了中国社会科学院农村发展所、农牧渔业部畜牧局外，增加了农牧渔业部政策法规司。另外，还有云南省委、省政府和有关部门。上几次召开的全国畜牧业经济研究会，先后讨论过畜牧业经济结构调整、畜牧业发展中长期规划、草原畜牧业经济、畜产品流通等问题，取得较好的成果，对畜牧业经济的发展起了作用。今天到会的同志有许多是上届或历届会议的参加者。这次会议距离上次会议即1983年5月在武汉市召开的第四次讨论会，相隔时间较长。从那时以来，形势又有了很大的发展，特别是召开了党的十三大。加上大家做了比较认真的准备，相信一定能够开得更好。为了把这次会议开好，我提出以下几点意见。

（一）发扬理论联系实际的学风

党的十三大为我们树立了榜样。赵紫阳在报告中说："马克思、恩格斯的伟大历史功绩，在于把社会主义从空想变成科学。科学社会主义从学说到实践，从一国建设社会主义的实践到多国建设社会主义的实践，到当前世界社会主义国家改革的实践，都是对社会主义再认识的扩展和深化，都是科学社会主义理论同各国实践和时代发展的结合。在这个过程中，必须要抛弃前人囿于历史条件仍然带有空想因素的个别论断，必须要破除对马克思主义的教条式理解和附加到马克思主义名义下的错误观点，必然要根据新的实践使科学社会主义理论得到新的发展。"我想在农业和畜牧业经济理论研究领域中，对马克思主义的教条式理解和附加到马克思名下的错误观点不仅过去而且现在也是有的。例如，长期以来在农业畜牧业生产中搞清一色的公有制，在产品分配中推行产品经济分配办法等，都不能不说是属于这种影响，虽然经过十三大，我们在总的理论方面有了新的突破，但是如何将这些总的正确的理论运用于农业和畜牧业部门经济中，对于目前阻碍农牧业发展的因素提高到理论高度作出科学的分析，却仍然需要付出艰苦的努力。希望我们这次会议在这方面能够带个好头。

（二）要重视生产力的研究

赵紫阳在十三大的报告中说："一切有利于生产力发展的东西，都是符合人民根本利益的，因而是社会主义所要求的，或者是社会主义所允许的。一切不利于生产力发展的东西，都是违反科学社会主义的，是社会主义所不允许的。在这样的历史条件下，生产力标准就更加具有直接的决定意义。"我们过去有些研究方法，往往采取先入为主的办法，在确定对某个问题研究之前，先在脑子里假定它是否符合"社会主义"，如果符合，不管它是否对发展生产力有利，也要研究；如果不符合，就不予研究，尽管它确实能促进生产力的发展。所以，我们要深刻领会赵紫阳关于要重视生产力发展的观点，形成重视研究生产力的风气，树立一切从有利于生产力发展出发的观点。一切科学的东西，无论在过去或是现在或是将来，都不可避免地会遇到来自保守的习惯努力或形而上学观点的反对。树立一切从有利于生产力发展出发的观点，实质上是向人民负责的观点。我们要发扬献身精神，为捍卫人民的利益而斗争。

（三）发扬团结战斗的精神

这次会议的议程，除了学术讨论以外，还要协商选举新的畜牧业经济研究会理事会。所以，我们的任务是很重的。希望大家发扬团结战斗的精神，为把这次会议开好而努力。

"社会主义再认识丛书" 序

（1988年2月）

　　江苏人民出版社决定出版一套"社会主义再认识丛书"，要我参与其事，担任主编，我是乐意接受的。因为这符合党的十三大的精神，适应了坚持四项基本原则和坚持改革、开放的需要。对社会主义的再认识是当代一个激动人心又影响历史动向的大问题。在新时代的挑战面前，我们必须对迄今为止的社会主义实践和理论进行反思，并大胆探索，这是马克思主义者不容推卸的责任。

　　党的十三大是一次历史性的盛会，十三大通过的中央委员会报告是一份历史性的文献。这份文献不仅是指导社会主义现代化建设的伟大纲领，并且以它的理论魅力给我们以启迪和鼓舞。十三大开辟了现代化建设的新阶段，也可以说，同时开辟了社会科学研究的新阶段。关于社会主义初级阶段的理论，既是制定基本路线和各项方针、政策的理论依据，又是我们研究和发展社会科学各种理论的重要指针。但是，社会主义初级阶段的理论是怎样产生的呢？应当认为，它是十一届三中全会以来，经过拨乱反正，对社会主义进行再认识的结果。

　　有的同志对社会主义的再认识问题感到不很理解，甚至顾虑这会不会离开或"修正"马克思主义。这是完全不必要的。十三大报告指出："马克思主义是在实践中不断发展的科学。马克思主义需要有新的大发展，这是现时代的大趋势。"其实，我们坚持实践是检验真理的唯一标准和认识世界的唯一途径，经常运用"实践—认识—再实践—再认识"的公式，就是以实践为出发点，以再认识为落脚点，从而完成一个又一个的飞跃。没有这个再认识，认识只能停留在初始阶段或某一阶段，必然会陷于僵化和越来越僵化。按照马克思主义的基本原理和科学方法，通过实践，反复进行再认识，正是人们不断深化认识，从掌握相对真理逐步逼近绝对真理的必由之路。对待一切事物是如此，对待社会主义的理论和事业也不例外。对社会主义的再认识绝不是离开社会主义的方向和道路，相反，恰恰是坚持了社会主义，并在实践中发展了社会主义，是把社会主义事业推向前进和取得胜利所不能缺少、不能中断的持续过程。

这个道理十分简单，然而，悟出和懂得这个道理，却走过了不少弯路，付出了很大代价。社会主义从一种学说、一种理论变成一种实践、一种运动，经历了漫长的时间。其间几度消长、几番成功，都与在不同时空条件下认识的僵化或深化有联系。中国的革命和建设同样如此。新民主主义革命的胜利，作为第一次飞跃，是马克思主义与我国实践相结合的产物，也是从我国实际出发对马克思主义的革命理论进行再认识的产物。新中国成立以来，我们的建设事业虽然取得了巨大成就，但是也有不少挫折，重要的原因就是对社会主义的认识不同程度地僵化了。十一届三中全会以来，实现第二次飞跃，开始找到一条建设有中国特色的社会主义道路，仍旧以对社会主义的再认识为前提。十三大报告中列举了哲学、政治经济学、科学社会主义等方面发挥和发展了一系列科学理论观点，都是对社会主义的再认识。由此可见，对社会主义的再认识，对于推进社会主义事业的成功是十分重要的。

革命导师把社会主义从空想变成科学，为我们提供了科学的宇宙观和方法论，也包括对社会主义进行再认识的思想武器。

马克思早说过："我不主张我们竖起任何教条主义的旗帜。"马克思主义的若干基本原理是放之四海而皆准、传之百世而不惑的。但是，这些基本原理本身也要随着实践的发展而发展。至于对经典作家的某些具体观点，更有必要给以具体分析。例如，个别论断，由于历史条件的限制，当时就带有空想的因素；一些论断，在特定条件下是可行的，在条件变化后就不可行了；还有一些论断，随着时代的前进，今天有必要也有条件给以补充和充实。至于本来不是马克思主义的观点，只是由于人们作了教条式的理解，或者附加到马克思主义的名义下，现在应当给以澄清。还有实践中逐步涌现出来的新事物和新经验，不该要求前人预言一切、洞察一切，更是理所当然。因此，实践在前进，认识要深化。我们不能循着一般理论原理去塑造世界、塑造生活，而只能在实践中去反复认识世界、认识生活，再据以不断校正我们的实践，才可望抵达彼岸。

十一届三中全会以来，转瞬十年，对社会主义的再认识已有了丰富的积累。但是参照无限复杂的客观实际，已有的认识仅是一个初步轮廓。无论是物质文明建设或精神文明建设，无论是经济发展或经济改革，我们对其规律性的认识，还是知之不多、知之不深。十三大报告提出"伟大的实践需要伟大的理论"，是对所有理论工作者的亲切呼唤。同时，伟大的实践又为伟大理论的诞生提供了取之不尽的源泉。实践的重点和难点，正是理论研究的重点和难点。也可以说，这些重点和难点的出现之日，就是理论研究终将突破之时。我们相信，随着对社会主义再认识的不断深化，建设有中国特色的社会主义的道路将越走越宽广。

这套丛书的内容包括哲学、政治经济学、科学社会主义和其他学科，作者中既有老一辈的专家，又有年青一代的新秀。本着探索、开拓、创新的要求，各抒己见，不可能每一论点都是正确的；但是，通过相互切磋，肯定对社会主义再认识的深化会有所裨益。它的陆续问世，如果能够引起各界人士的注意，在或大或小的程度上有助于社会科学的逐步繁荣，这是我的希望和期待。

双向协同　稳中求进[*]

——中国经济体制中期（1988—1995）改革纲要
（1988年2月）

　　把稳定经济和深化改革结合起来，是设计中期改革的基本指导思想。经济不稳定，不但极不利于经济发展，而且大的改革措施也很难出台，甚至在新旧体制相持中有可能使旧体制的因素重新抬头。因此，要以稳定经济的措施来保证改革的推进；在推进改革时对改革措施要有所选择，对出台时序要巧为安排，用深化改革促进经济稳定，做到"双向协同、稳中求进"。

　　稳定经济必须作为一项长期的方针。这是因为：（1）经济发展"快了还要求快"的数量驱动和扩张冲动还普遍存在，形势稍趋好转便会走向"过热"。（2）改革放权，使地方、企业有了归自己支配的财权和财力，形成了新的膨胀主体。预算外投资已经成为社会固定资产膨胀的主力，工资、奖金、津贴以及集团购买力也由此而难以控制，不断猛增。（3）结构失衡和总量膨胀互为因果，循环推动。因为当地方政府和企业成为新的投资主体之后，利润高低已对投资起引导作用，而价格仍旧扭曲，这便引导投资涌向价高利大的"短平快"项目，而能源交通等"瓶颈"部门则更加短缺，中央政府被迫以更大规模投资于"瓶颈"

---

*　在国家体制改革委员会要求下由九大单位分别做出中期改革纲要，这是其中之一，系刘国光、张卓元主持"中国社会科学院经济体制改革纲要课题组"组织编写，主要执笔人有戴园晨、沈立人、陈东琪。原载《80年代中国经济改革与发展》，经济管理出版社1991年版。

部门，面多加水，水多加面，加剧总量膨胀。（4）传统的宏观调节手段已经弱化而新的调节手段尚未形成。这些都使得总量膨胀成为不断萌生的常态，因而必须始终坚持适度紧缩的宏观政策，而不是作为短期的危机治理手段。

稳定和改革是有机辩证的统一，因而必须正确设计改革的思路，不能够越改越不稳定，而是要通过改革形成有利于经济稳定的新的机制。这就要做到：（1）要通过机制转换来调整利益关系，而不是单纯的放权让利搞利益刺激。否则，加了钱却仍旧是传统体制在起作用，徒然分散了资金，增加了总需求膨胀的危险性。（2）经济体制改革是一种权力分解，我国前几年一方面给企业——市场分权；另方面又给地方——行政分权，双向分权中向行政方面倾斜较大，地方权力强化。改革时期出现的经济波动，与政府特别是地方政府行为短期化紧密相关。要形成促进经济稳定的机制，需要弱化行政性分权，强化经济性分权。（3）微观基础改革和经济运行机制改革是互相联系的连环套，因而必须把这两条主线结合起来，使之互相促进，单线推进往往难以取得好的效果。故改革思路可以概括为："机制转换，经济分权，双线推进"。

按照上述思路分阶段进行改革，对前三年和后五年应有区别。由于目前经济生活中存在着不稳定的因素，在前三年要花力气治理环境，消除不稳定因素，重点是紧缩通货，控制通货膨胀。在改革措施上要从实际出发，有选择地进行，那些有可能引起社会震动的如大步价格改革不宜在这期间进行；在扭曲价格尚未理顺、竞争性市场尚未形成时，企业改革也不可能真正深化，当前只能主要从推行承包制来改善企业经营机制。但是前三年改革的内容仍是很丰富的。（1）改善宏观调控机制，包括政府职能的分解和转换，机构的精简，财政复式预算的推行，财政赤字不再向银行透支而用债券弥补，中央银行独立地位和职能的强化，专业银行企业化等，都可以加快步伐。（2）在企业改革方面，重点是深化承包制并为从承包制过渡到股份制做好准备，实行利税分流、推行税后还贷和税后利润分配；在承包中要形成新的企业家选拔和评价机制；按照政府的宏观经济调控职能和财产所有者职能分离的原则，建立国有资产管理机构，并建立相应的国有资产管理制度，进行资产清理评估以摸清家底。（3）在市场改革方面，虽然对价格改革不可能采取大的动作，但局部范围的调和放仍需进行，同时要积极推进市场发育，建立市场规则，尽快形成生产资料市场，并筹建农产品期货市场，设置农产品特种基金以发挥国营商业蓄水池作用，资金市场包括短期拆借市场和股票债券市场要加快发育，劳动力市场特别是农村劳动力市场可以逐步推开，住宅商品化和房租改革也要在试点基础上加快步伐。（4）在农村改革方面，主要是推动农村土地的相对集中经营，对于农村土地的产权制度要在认真研究基础上作出变动，鼓励出租转让，使土地集中，发展合作农场、合股农场和家庭农场，改革农村流通体制和金融体制，以促进农村商品经济的发展。对于乡镇企业也要改变其对乡镇政府的依附地位，实现自主经营和股份制。

后五年的环境应该比前三年好，经济中的不稳定因素应该已基本得到消除，一些大的动作可以在这个阶段陆续出台，使新体制逐渐占主导地位。主要是：（1）价格改革有了较好的条件，要抓紧时机分产品系列分步通过价税财金联动，把扭曲的计划价格调过来，然后按"先调后放"的思路放开价格，变价格双轨制为市场单轨制。同时，进一步推动资金、土地、劳动力等要素市场的发育。（2）随着扭曲价格基本理顺，企业自主经营自负盈亏的外部条件得到改善，可以使企业从承包制过渡到股份制，明确界定产权，实现企业经营机制的根本转变。（3）在市场和企业两项改革的基础上，宏观经济管理的改革也可以深化，各项间接调控的制度可望在这个阶段实现。随着经济状况好转，原来以分担困难为出发点的地方包干、部门包干可以逐步改变，如财政体制由"分灶吃饭"改为分税制，外贸体制由地方包干改为企业自负盈亏，煤炭等部门承包改为企业承包并转向股份制。

我国经济和社会发展极不平衡，东部、中部、西部的商品经济处于不同的发展层次上，需要采取不同的办法改革旧体制建立新体制。东部沿海地区具备了创立新体制新机制的较好条件和环境，应当早日走上市场化轨道，实行"区域决战、梯度推进"的改革部署。东部地区加速开放以后，可以尽快跻身国际分工行列，从而为中西部腾出一大部分国内市场。由于中西部对目前已经放开的政策利用得还很不够，只要解放思想，发展商品经济，仍然可以取得较快的发展。东中西部贫富差别的扩大确是问题，但不能再靠抽肥补瘦的传统做法解决，而要从发展商品市场经济中去寻找逐步走向共同富裕的新路。

引进与消化的重要成果*

——评《西方管理思想史》
（1988年2月）

　　最近读了山西人民出版社出版的孙耀君所著《西方管理思想史》，我认为它是一本具有特色和有用的书。我国在坚持改革、开放和进行社会主义建设的过程中，加强管理的实践和研究是重要的一环。我国自古以来就有着富有启发性的管理思想，应该继承和发扬；新中国成立以后，特别是党的十一届三中全会以来，我们积累了并在继续创造出许多管理经验，必须予以总结；与此同时，我们还有必要借鉴国外，特别是西方的管理经验和管理思想。因为，毕竟是西方在人类历史上首先发展机械化大生产，建立高度发达的商品经济并积累了丰富的管理经验。因此，近年来我国引进和介绍了许多有关西方管理的经验和理论。这些都是有益的，但较为系统全面地论述西方管理思想发展的著作，在我国这还是第一部。

　　本书的特色，我认为体现在较好地做到了以下三个结合上。第一个结合是史和论的结合。本书以有条理的方式用大量史料（包括一些在我国首次披露的史料）清晰地描述了西方管理思想的发展过程；同时又以马克思主义观点对西方管理思想作了恰当的评论和分析。第二个结合是把对西方管理思想发展的横向剖析和纵向剖析较好地结合了起来。本书不仅对每一阶段的西方管理

---

*　原载《中国图书评论》1988年第2期。

思想作了横向剖析，而且选择了四个有代表性的西方管理思想流派作纵向剖析。这样纵横结合能够比较清晰地提示出西方管理思想史的实质内容。第三个结合是把对西方管理思想发展的研究同中国的管理实际相结合。我们研究西方管理思想发展，目的在于借鉴其经验以便改进和提高我国的管理。本书注意了这点，尤其在后面的纵向剖析部分，能够联系到中国的实际来考察西方的管理思想。虽然做得还不够，但这种注意加以结合的努力是值得称道的。

　　本书的不足之处是视野还不够广阔，着重于就管理思想来论述管理思想。其实，管理思想涉及政治、经济、社会、法律、哲学、宗教等各个方面。只有把它放在这样广阔的背景下来考察，才能更清楚地掌握其发展变化的规律性。此外，在同中国的实际相结合方面还不够。这些，都是我希望作者今后进一步改进的。

"稳中求进" 地深化改革*

——《人民日报》记者专访

（1988年3月8日）

中国之大，问题之复杂，是改革先行的任何一个社会主义国家所不可比拟的。我国的改革显然比那些国家难度要大。这就要求我们更应讲究改革的策略性、技术性和计划性，尽量避免改革中的重大失误。

深化改革离不了稳定经济

深化改革必须立足现实，对形势要有一个正确的分析和判断，才能避免思维走入过于理想化的道路。

老专家和我们共同研讨了前九年改革的成就。概言之：从农村看，打破了集体"大锅饭"体制，建立了初级形式的农村商品经济体系；从城市国有企业看，开始形成以承包为主要形式的"两权分离"格局，活力有所增强；从市场发育看，产品市场已初具规模，要素市场已有局部试点；从宏观管理看，以指令性计划为依托的资金、物资行政性统配制已逐渐改变，市场协调有所发展。当前，从中央和国务院的最高决策人到普通的乡民和市民，改革热情高，信心足，思想认识一致，为深化改革提供了较好的主客观条件。

---

* 本文系《人民日报》记者陈东琪、董焕亮专访，发表于该报海外版。

然而，喜中亦有忧，主要是经济生活中存在不稳定因素，表现在，农业不稳定，粮食生产后劲不足；工业生产增长过速，产品结构问题突出；经济效益仍差，亏损面增加；社会购买力与商品可供量之间的差距继续扩大，物价特别是食品价格上涨过快，等等。有鉴于此，中央重新提出稳定经济的方针是完全正确的。稳定经济，才能给深化改革提供一个比较适宜的环境。

改革的道路绝不像天安门前的长安大道那样平坦而又笔直，必会经过一系列的曲径和台阶。从1988年起，应"双管齐下"，即通过承包提高效益，增加供给；通过宏观政策控制需求，遏制通货膨胀，防止经济像"空中飞人"那样在软着陆中老是着不了陆。这样，以切实有效的措施，达到稳定经济的目的，为深化改革开辟道路，铺垫阶石。

头三年：以稳为主，稳中求进

在前三年以稳定经济为主，改革的步伐相对小一点；后五年改革的步子可以迈得大一些。

他特别强调从1988年到1990年，为了稳定经济，改革需要有选择地推进。他认为对改革措施的选择原则主要有：①少花钱或不花钱；②不会加剧市场紧张和需求膨胀；③有利于提高经济效益和改善结构。

有些同志对价格"双轨制"带来的问题很担心，主张忍受短期"阵痛"，迅速变为以市场价格为主体的"单轨制"。这种心情可以理解，但在供求矛盾突出，在没有建成一个严格的货币供应量控制体系的情况下，全方位地放开价格，恐怕风险太大。如果我们能够花两三年时间稳定经济打好基础，再用几年分步过渡的时间，过好价格改革关，表面上看慢了一点，实际上是快的。

有些同志认为整个经济改革成败的关键，不在于以价格改革为中心的经济运行机制的改革，而在于以所有制改革为中心的企业机制的改革。其实，这个问题在十二届三中全会关于经济体制改革的决定中已经作了回答：企业改革是经济改革的中心环节，价格改革是整个改革的关键。目前突出企业经营机制的改革，这并不是因为理论风向改变的结果，而是宏观失衡的客观条件逼得我们不得不这样做，当然这也是为转向间接的宏观调控提供一个适宜的微观经济基础所必需的。

在企业改革方向上，不少同志主张大中型国有企业主要搞股份制。这作为长远目标模式不是没有道理的。但在三年稳定时期，在价格改革步子放慢的情势下，不能有大的动作。这三年中，只能在经营权变革上做文章，实行以不牺牲国家所有者利益为前提的多样化承包经营责任制。在目前条件下，这是比较现实的选择，可以在强化经营权的基础上出一些效益。同时，在深化和完善承包制时，要为以后逐步过渡到多种形式的股份制准备条件。

诸如农村土地管理和使用制度的改革，乡镇企业的改革，城市国有中小企业以租赁承包为主要形式的改革和大中型企业实行承包经营责任制的改革，以及与解决食品问题有关的价格补贴制度的改革等，都可以抓紧出台。特别是为了稳定经济，宏观调控机制的转换，包括政府职能的分解和转换、机构的精简，中央银行独立地位和职能的强化、专业银行企业化以及投资体制、物资体制、外贸体制等改革，需要加快步伐。这些就是"稳中求进"中的"进"。

后五年：配套改革，全面转轨

有了前三年稳定经济作基础，创造了一个比较宽松的国民经济格局，并且在一些方面改革得到进一步深化，今后八年中的后五年改革就可以迈出更大的步子。在"八五"计划期间，以价格改革为中心的市场运行机制的改革，以国有大中型企业股份制为

「稳中求进」地深化改革

中心的所有制关系的改革，以及以结构改革为中心的农村第三步改革等，都可以有较大的动作。

后五年改革的内容十分丰富，将成为中国经济体制全面转轨的关键时期。

1. 农村改革方面，进一步推动农村土地的相对集中经营，诱导农民搞合作农场、合股农场和家庭农场，培养较高一级农村商品经济体系中的市场主体，大面积地进行农村就业结构和产业结构的改造；改革农村流通体制，对粮、棉等主要农副产品分两步进行价格调整。

2. 企业改革方面，国有企业从承包制为主逐步转向股份制为主。根据股份制原则和法规改造企业内部组织形态和内外关系。可以先在非垄断性的大中型企业推行，以中型企业为主，然后推及垄断性大型企业。

3. 价格改革方面，着重解决"双轨制"问题。可分步进行，如头两年放开紧缺程度较小的竞争性较强的生产资料价格，然后再用三年时间放开其他主要生产资料价格，使80%的生产资料价格实行市场调节。

4. 宏观调控方面，进一步深化三权（行政权、所有权、经营权）分开的改革，基本完成政府职能的转换，并使之进一步法律化、制度化；进一步深化财税体制和金融体制方面的改革，在充分发挥中央银行对宏观总量独立而行之有效控制的同时，基本完成从宏观直接控制为主转向间接控制为主。

两个钟头的采访就要结束了，我们感谢国光同志阐发了对改革的总体构想和有益思路，同时请他谈谈对中国改革前景的总看法。老专家信心百倍地说："只要我们的步子迈得稳，加上有新的法制建设作保证，从而为经济体制改革创造一个良好的思想环境和社会环境，我们完全能够排除阻力，绕过暗礁，达到改革的既定目标。"

中国经济体制中期
（1988—1995）改革纲要*

——稳定经济和深化改革有机辩证结合的思路
（1988年3月）

　　历时九年的中国经济体制改革，突破了传统的僵化模式，为国民经济带来了勃勃生机，为发展和改革积累了丰富经验。现在，改革经过初始阶段，进入新旧体制根本转换的关键时期，及时制定一个目标、内容和阶段性比较清楚，防范措施比较充分的改革纲要，并同最终的目标模式衔接起来，是必要的也是可能的。我们的思路，在改革与发展的关系方面着眼于稳定经济和深化改革的有机辩证结合，即"双向协同，稳中求进"；而在深化改革方面，要求是微观基础的改革和运行机制的改革相互配套，即"两条主线"同步改革。

一、"双向协同，稳中求进"的指导思想

（一）设计下一步改革，应当立足于现实，对形势有全面估计

　　九年来，我们已经取得了巨大成就；进入龙年，确实面临着良好机遇。1987年，全国的生产、建设、流通和外贸等情况都比预料的好，开始出现了增长与稳定相统一、微观搞活与宏观控

---

* 原载《80年代中国经济改革与发展》，经济管理出版社1991年版。　　　　*83*

制相促进的某些势头。更令人兴奋的是，党的十三大后，上下一致，励精图治，对发展和改革的热情越来越高、信心越来越足。主客观形势都为稳定经济、深化改革创造了有利条件，我们必须顺应形势的逻辑进程，把发展和改革一步一步地推进到新的台阶上。这是研讨"三、五、八"中期改革纲要的基点。

在分析形势时，既不能过分强调当前存在的某些矛盾和困难，甚至把矛盾和困难委过于改革，要求推迟改革或暂停改革；也不能无视前进中出现的问题，肯定一切都顺利，要求进一步提高发展速度，不顾客观环境强求在近几年内基本实现改革的目标，这都有片面性。

正如中央和国务院领导人所指出的，在取得巨大成就的同时，整个经济中的不稳定因素虽有缓解，但未根本消除；当前存在的突出问题是物价上涨过多，部分城市居民的实际生活水平有所下降。我们认为，之所以出现这些问题，不完全是由于旧体制的作祟或者来自改革过程中难以避免的摩擦，也同发展战略的具体执行和某些政策的具体实施有着密切的关系。当前必须充分注意的问题是：农业后劲不足，生产不够稳定，粮、棉、猪等主要农副产品的产量连年低于历史最高水平，与人口增长和需求增长的趋势不相适应；工业生产增长过速，按总产值计算超过原定计划的一倍，并不是正常的，而且产品结构不能认为是已经趋于协调了；经济效益不佳，生产成本和流通费用上升，亏损企业和亏损额增加，财政收入的增长大大落后于总产值。归根到底，则是经济工作中急于求成的倾向依然存在，通货膨胀带来需求膨胀，物价不稳定反映经济不稳定，整个经济环境仍旧相当紧张。一位日本经济学家对我国经济形势的判断是，1984年年末出现的"过热"，至今没有冷下来。我们认为，原来决定的紧缩对策是切合时弊的，可惜未能很好贯彻。

这几年的实践告诉我们，经济发展和经济改革必须相互协调、相辅相成。经济发展的波动往往会导致经济改革的挫折。一旦发生总供需及其结构的严重失衡，就会使通过改革、利用市场机制来优化资源配置的作用受到削弱乃至失败；而通货膨胀的压力，又会迫使人们采用行政手段来控制经济生活，使改革陷于停顿或倒退。中央关于稳定经济、深化改革的方针是完全正确的。相反，如果离开稳定经济、深化改革的方针而片面强调加快发展和加快改革，其结果最终将既不利于改革，也不利于发展。因此，我们主张"双向协同，稳中求进"，也就是以稳定经济的措施来保证改革，同时也要用深化改革的办法来稳定经济。

（二）要确立"双向协同，稳中求进"的改革思路，就要进一步正视当前的通货膨胀问题

我国1984年以来存在通货膨胀是无法否认的客观现实。稳定经济的核心是稳定物价。物价的基本稳定是经济稳定的重要标志。稳定物价的方针绝不能放弃。稳定物价不等于冻结物价，它并不意味着各种产品的相对价格不能变动，也不意味着物价总水平不能变动。在严格控制通货膨胀的前提下，改革价格和理顺价格结构会使某些物价适度上升，但调整之后的价格在稍高的新水平上仍可以达到相对的稳定。1987年并没有采取任何有意识的大的调价行动，政府调价行为只影响零售物价总水平上升0.9%，但零售物价指数却在前两年连续大幅度上涨后又上涨7.3%，这种状况不能只用结构性的原因或者局部产品的供求关系来解释。客观事实是1987年货币供应量的增长率和银行贷款总量的增长率虽比1986年下降，但是仍旧大大超过了当年国民生产总值的实际增长率，不能否认通货膨胀是这几年物价持续上涨的基本动因。应当看到，作为通货膨胀的根源，这几年出现的投资"过热"和消费"过热"，从而形成的总需求膨胀，还有着十分复杂深刻的新背景。

第一，改革放权，形成了新的膨胀主体。传统体制是中央集权，投资膨胀的根源主要是软预算约束所造成的"投资饥渴"，以国家计划高指标的形式表现，由中央干预的行为决定。只要拧紧财政预算这个"龙头"，就能逐步"消肿"。这几年随着"分灶吃饭"财政体制的推行和国有企业经营自主权的增大，使地方、部门、企业拥有的预算外资金越来越多，并随着投资决策权的分散化，使预算外的投资规模和项目不断增加，成为投资膨胀的主因，非传统的办法所能控制。同时，在传统体制中，工资基金由国家用计划规定，主动权在国家手里，长期以来是积累挤消费，没有出现消费膨胀。这几年国家虽然仍在控制工资基金和工资标准，但是由于企业有了归自己支配的留利，行政和事业单位也都有各种名目的小钱柜，就使多种形式的奖金、补贴和滥发钱物增加很猛，集团购买力也如脱缰之马，形成了新的消费膨胀主体，再用传统办法来控制很难奏效。

第二，结构失衡和总量膨胀互为因果，循环推动。当前结构失衡在相当大程度上是一种体制现象，并且相当尖锐和突出。地方政府和企业成为新的投资主体，注意的是追求本体利益，但当前的市场经济参数是扭曲的，诱导投资涌向价高利大的家用电器和轻纺等"短、平、快"项目，而能源、交通、原材料工业等"瓶颈"部门则由于计划价格偏低，对投资缺乏吸引力。两者结合，造成在投资膨胀的同时，投资结构失衡并导致产业、产品结构失衡。另一种倾向是地方政府追求区域福利和区域生产一体化，追求"门类齐全"和"人有我有"，相互攀比发展速度和发展规模，不仅无限扩大投资，而且出现地区之间的产业结构趋同化倾向，降低了分工优势和规模效益。与此同时，中央政府被迫以更大规模和速度发展"瓶颈"行业，以财政和信贷支持受到资源约束的地区建设资源基地，并导致地方和企业进一步扩张加工业和实行资源封锁，形成结构失衡推动总量膨胀、总量膨胀又加剧结构失衡的循环。

第三，传统的宏观调节手段已经弱化，新的宏观调节手段尚未形成。在高度集中的传统体制下进行紧缩，向来是由中央政府采取指令性行政手段，采取关停并转等办法，能够在一定时期内缓解总量矛盾，调整结构失衡，使经济关系得到暂时的治理。现在，中央政府虽然不得不沿袭传统手段，而调控能力已经是今非昔比了。这集中表现在指令性计划的范围缩小，财政占国民收入的比重下降，调控的余地有限；特别是直接掌握的投资和物资有限，并且这些财力、物力又是短线所需，实际上不该也无法再紧缩。另一方面，在新的调控体系中，银行信贷手段越来越重要，但是还有一系列问题有待解决。例如，财政赤字仍旧直接向银行透支，专业银行企业化的盈利动机与控制贷款的职能尚无有效的协调机制，税前还贷使银行和企业的借贷责任和风险约束大大削弱，利率的僵化和利息的软约束也削弱了通过利率调节资金供需的作用。在这种情况下，不得不仍旧采取信贷指标直接控制的办法，实行"一刀切"，结果往往是既压缩了固定资产投资，又压缩了流动资金；既压缩了长线部门，又压缩了短线部门，最后又不得不再度放宽指标控制。

（三）稳定经济，为深化改革创造良好环境

保持经济的稳定增长，是使改革得以逐步深化的基本条件。因此，这不仅是1988年的现实方针，并且应当成为今后的一个长期方针。经济不稳定，大起大落，形势好时搞膨胀，形势不好时搞"急刹车"，"一松一紧"轮番交替，既不利于经济发展，使结构恶化、效益下降，又使比较全面的配套改革无法做到有序地出台，阻碍着改革的深化。

在现代经济发展史上，没有在经济不断地出现周期性波动而且波幅很大的条件下迅速转到经济起飞轨道，并使改革取得实

质性进展的成功事例。曾经受过严重战争创伤的联邦德国和日本之所以在战后不久经济就迅速起飞，除了其他因素外，更是由于两国始终采取了长期稳定发展的有效政策。南斯拉夫20世纪60年代中期的改革和匈牙利1968年的改革之所以获得突破性进展，也是由于有稳定政策作保证。20世纪60年代末以来，南、匈两国的改革步履维艰，发生种种经济病，很大程度上是由于他们未能把改革置于经济长期稳定的基础上。我国的情况与南、匈不一样，但是多次的"先膨胀、后紧缩"和未着陆又起飞的历史经验也证明，频率过繁的经济波动不仅有损于发展，也有损于改革。今后深化改革，不可能在老是紧张的不稳定气氛下顺利进行。

稳定经济，治理环境，首先必须稳定物价，紧缩货币发行，控制通货膨胀。要做到这点，就必须稳定经济的增长速度，控制投资需求和消费需求总量，消除超常规的周期性波动。当然，从长期看，我们应当争取有较高的增长速度，以保证经济实力逐步增强，劳动就业逐步扩大，人民生活逐步改善。特别是工业发展速度，要比发达国家高，才能实现工业化和工业现代化，最后赶上发达国家。但是，到底多快才合理，是不是越快越好，大家的认识和行动并不一致。从最近十年的情况看，发达国家的国民生产总值年增长率一般在3%～5%，亚洲"四小龙"在起飞后一般不超过10%。我国平均计算已经达到10%左右，显然是不低的。但是，有一个重要事实被忽视了，就是在稳定的程度上有区别。拿日本来说，最高年份为5%，最低年份为2%，幅差为|3|；而我国则起落幅度仍然相当大，高的年份接近20%，低的年份不到5%，幅差在|10|以上。这种滑浪式的强波动，无论在高速增长期或在低速下降期，都以浪费资源和牺牲经济效益为代价，实际上是一种"低效增长速度"。这也是为什么经济增长率很高而企业税利增长率不相称、物价持续上涨、环境始终紧张，终于在1987年第一次比较大面积地出现部分城市居民实际生活水平下降的症结所

在。特别是在这样的紧张环境里，包括价格改革在内的整套改革方案是无法出台并奏效的。还有，1984年以后，我国农业发展速度放慢，而工业则超高速增长，这必然会因农业发展缓慢的制约而难以持续下去，并可能导致又一次的工农业比例关系的失调。

深化改革需要长期稳定的经济环境。为了做到这点，必须"双管齐下"：一是在供给方面，通过完善承包制来提高微观经济效益，通过调整产业结构和产品结构来提高宏观经济效益，实现供给的有效增长；二是在需求方面，关键是紧缩货币发行，要通过制定和执行财政货币政策、产业政策、消费政策来提高对需求、供给、结构的管理能力，通过改进控制方法，用分类（投资需求或消费需求、集团消费或个人消费）、分层（政府、企业或个人）、分点（单项工程、单个区域或局部市场）来提高控制水平。现在，把今后五年的国民生产总值年增长率计划在7.5%左右，是恰当的。只要坚持执行这样的计划，实施恰当的经济政策，防止超高速增长及其必然带来的大起大落，加上正确地推进体制改革，就能基本上实现经济稳定和物价稳定，为改革的深化创造必要的有利条件。

（四）深化改革，推动国民经济的稳定增长

经济不稳定的造成，除了战略上和政策上的原因外，一个重要因素是传统体制的弊病和双重体制的摩擦。只有通过深化改革，才能从根本上逐步消除经济不稳定的体制因素，达到稳定经济的目的。但是，并不是任何改革都自然地符合稳定经济的要求，只要各项改革全面铺开，就能使经济趋于稳定。相反，一定要审时度势，对改革措施有所选择，分清轻重、缓急、先后，才能真正有利于国民经济的稳定。在当前经济不够稳定的情况下，那些花钱较多而非财力所能承受的改革，不利于控制需求的改革，只能刺激数量增长而无助于效益提高的改革，都不

宜于进行；例如大步的价格改革措施目前不宜出台，资金、股票市场的开拓不宜过快，企业改革中一切可能诱发或强化短期行为和消费膨胀的办法也不宜推开。近期能够推进的，主要是不花钱或少花钱的改革，不会加剧需求膨胀和市场紧张的改革，以及有助于提高效益、改善结构、增加有效供给的改革；例如农村经济体制的改革（包括适当提高农产品合同收购价格），城市国有小企业的"租""卖"形式的改革，在住宅商品化中出卖旧有房屋的改革，建立市场法规和整顿市场秩序，特别是宏观调控机制的改革，包括政府经济职能的分解和转换、机构的精简以及中央银行独立地位和职能的强化、专业银行的企业化等，都应当加快进行。

这样，改革与发展协同行动，就是"稳中求进"，也是我们考虑中期改革纲要的基本思路和指导思想。

二、深化改革的基本思路

（一）改革的总体方针与阶段性策略

稳定和改革是有机辩证的结合，既不能把改革停下来搞稳定，又不能离开稳定谈改革。今后我们一方面要稳定经济，特别是治理通货膨胀，实现经济的协调发展和有效增长；另一方面要深化改革，不断推进体制的转换。

考虑到形势的阶段性发展，今后八年中，改革的步伐前后有所不同。前三年，由于要在调整和校正宏观政策指导思想的基础上，消除或稀释前期改革和发展过程中产生的经济不稳定因素，所以这个时期的改革从总体上看，只能着力推行那些有助于稳定经济的改革，采取"稳中求进、以稳为主"的阶段性策略。前三年主要有两个基本任务：一是有选择地深化本期的改革，二是为后五年改革大步推进创造一个有利的环境。后五年，仍要坚持长期稳定方针，但阶段性策略的重点是由"稳"转"进"，在"稳中求进"总的思想指导下，改革步子可以迈得大一些、快一些。这五年应当是中国经济改革的大推进时期，或者叫体制模式的大转换时期。当然，这要由前三年创造一个供需总量基本平衡、国家财政及市场供应不那么紧张、通货膨胀得到基本治理的相对宽松环境来保证。

（二）改革的两条主线

今后改革本身应当按照什么样的思路来推进？这需要对前期改革经验和问题有正确的理解并准确把握今后改革的趋势。

中国经济体制改革的长远目标，是要建立有利于发展社会主义商品经济的体制，使企业成为独立的商品生产者和经营者，建立统一的市场体系，主要运用经济手段控制国民经济的运行，形成"国家调节市场，市场引导企业"这样一个"三位一体"的新体制模式。但是，怎样才能实现这一长远目标呢？这几年体制改革的实践和理论提出了三个基本问题：（1）是走以利益刺激为主的道路，还是走以机制转换为主的道路？（2）是强化行政性分权，还是强化经济性分权？（3）是绕开价格改革和竞争性市场形成，只强调企业改革的单面推进，或撇开深化企业改革只推进价格改革和市场形成的单面推进？还是把企业改革同价格改革与市场形成两条主线统一协调起来？

第一，关于利益刺激与机制转换。体制改革的核心是进行制度创新，实现机制转换，根本改变传统理论建立起来的、不符合社会主义初级阶段要求的传统的生产和分配制度，在商品经济基础上建立新的生产和分配制度。我国农村第一步改革基本上走的是这一条道路，而不是单纯的利益结构调整，也不是国家参数的单纯结构变化。虽然农村家庭联产承包经营制度取代传统的人民公社体制的过程也包含利益结构的改变，但是这一改变寓于机制转换之中，即不是就分配来改革分配，不是在体制不变下单纯提高农民收入，而是从生产制度革新和机制转换入手，把农民从"大锅饭"的自然经济推向自负盈亏的商品经济，通过经济体制的变革来实行利益分配的变革。把分配改革寓于经济改革之中，利益调整寓于机制转换之中，正是我国农村第一步改革成功的秘密所在。

与农村相比，我国前期的城市改革基本上走的是利益刺激为主而不是机制转换为主的路子。例如，在减税让利上做了不少文章，而企业经营机制并无根本性变革，企业还不是自主经营自负盈亏的独立商品生产者和经营者；在工资分配上加了不少钱，而工资形成的机制并无变化。总的来说是偏重于利益刺激而利益约束不起作用，这正是机制没有转换的表现。如果说改革后农民的收入多少和经济利益大小主要取决于农民自己的生产经营好坏，而不是取决于他同生产队集体的各种形式的"讨价还价"，那么改革中城市国有企业的利益获取，一开始就往往取决于企业同政府在分配过程中的"讨价还价"，因为不完全机制转换的改革事实上给企业留下了"利益谈判"空间。只有实行根本性机制转换，不留"利益谈判"空间，完全自负盈亏，国有企业改革才算达到了走向深化的目的。所以，前期城市改革的根本问题在于缺乏制度创新，缺乏积极的机制转换，形不成自我约束机制，而单纯的"利益启动"，则出现了前面所说的种种影响经济稳定的体制现象。据调查，1987年许多企业从留利中提取的生产发展基金只占20%，其余80%被用于发给职工作为奖励和福利。这就是缺乏机制约束造成消费基金失控的后果。因此，我们认为改革思路的第一个线索应当是：从利益刺激为主转向机制转换为主。

第二，关于行政性分权与经济性分权。从决策的角度看，我国前期改革可以概括为"双向分权"，一是给"企业—市场"分权，二是给"地方—行政"分权。这种"双向分权"，对于打破传统的中央集权模式有一定的积极意义，但是从改革的深层要求来看，仍然存在很多问题。尤其是，如果"双向分权"向行政性分权倾斜，地方权力强化，政府对企业的直接干预权不是迅速弱化，而是从中央政府手里分解到地方政府手里，那么这种分权化改革是与企业自负盈亏、自主发展及市场取向的目标相悖的。据了解，到1987年止，中央直接计划管理的工业品只有原来的50%，中央统配物资只有原来的10%；但是，人财物和产供销决策权真正落实到企业的不到40%，还有60%左右的权力企业得不到，其原因是中央给企业和市场下放的权力有很大一部分被地方政府截留了。因此，可以认为，前期"双向分权"改革的轨迹是向行政性分权严重倾斜的。

在我们这样一个大国，地方政府在经济的宏观协调上没有一点权力也是行不通的；但是地方政府干预企业的权力太大，其弊病同中央政府直接干预企业没有什么两样。而且，由于企业对地方政府的依赖比对中央政府的依赖更直接，如果地方政府干预权力太大，企业更难成为独立的商品生产者和经营者；另外，地方政府过多地卷入宏观调节，有可能像南斯拉夫那样强化区域分割和地方意识，从而妨碍全国统一协调的市场体系的形成和发展。因此，下一步改革思路的第二个线索是：改变"双向分权"结构，逐渐弱化"地方—行政"分权，强化"企业—市场"分权。

第三，关于单面推进和两条主线结合。近年来，我国理论界就改革策略的选择问题展开了相当广泛的讨论，大体有两种观念：一种是"企业所有制改革中心论"。持这一论点的同志认为，面对近期市场紧张、通货膨胀不可能得到治理的经济环境，只能绕开价格改革，集中精力于加快企业以产权制度转换为中心的所有制内涵的改革；另一种是"市场价格改革关键论"。持这一论点的同志认为，企业改革的每一步推进，如包、租、卖、股等所有制关系的改革，以及把企业推向自负盈亏的道路，都必须以市场的健全和发育为条件；特别是要有比较合理的价格体系作保证，新的企业制度不可能产生于被扭曲了的价格结构状态之中。因此下步改革应集中力量大步推进以价格为中心的市场改革。看来，这两种观点就其自身逻辑来看都有道理，但是都过分强调单面的推进。实际上，两者是互为因果、互有联系的连环套，两者没有一个"谁领先、谁在后"的问题。企业产权制度转换要求作为外部条件的价格改革和竞争性市场的形成同步，价格的理顺和放开又要求企业行为机制发生相应的转换。当然，深化经济体制改革的中心环节是增强企业活力，把企业改造成为独立的商品生产者和经营者，其他改革措施也要围绕这一中心环节进行，这样看来，"企业中心论"似乎有理。但是，把企业改革看成是重新塑造市场主体，要企业"学会在商品经济海洋中游泳"，那么这就包含两个意思：其一，"企业成为独立的商品生产者和经营者"意味着我们实际上是在塑造市场活动主体；其二，"商品经济海洋"是"游泳"的场所和环境，没有这个场所和环境，不转换价格模式和形成竞争性市场，即不进行市场—价格改革，企业就不可能成为真正的商品生产者和经营者。这就清楚地说明，企业—所有制改革和市场—价格改革如同一个硬币的两面，不可偏废。从东欧和我国前十年改革的经验来看，只有使两个方面改革协调配合地进行，改革才有可能深化。因此，我们认为，深化改革的基本思路还在于同时抓住两条主线，坚持企业—所有制改革和市场—价格改革，即通常所说的"所有制关系改革"和"运行机制改革"有机辩证地结合、协调配套地进行。当然在不同时期和不同情况下，这两者的侧重点可以有所不同。如近三年国民经济不稳定因素尚严重存在，不得不侧重在企业机制改革上做文章，而在基本消除了不稳定因素的后五年，则可在继续深化企业机制改革的同时大步推进价格和市场方面的改革。

上述基本思路是立足于企业和市场这两个体制基石上，目的是强化市场发育成长，推动企业自负盈亏。这就是"两条主线相结合的改革思路"。这是又一种"双向协同"。

（三）按照党的十三大确定的"国家调节市场、市场引导企业"的目标模式，改革的设计和建设应当是"三位一体"

就是说，除了"市场"和"企业"这两块以外，还应考虑"国家"或"政府"作为国有企业的所有者和作为调节市场宏观经济管理者的行为机制的改革问题，也就是应考虑政府职能的转换问题。但是，宏观调控机制的转换只能服从于企业和市场这两条主线改革的需要。所谓"国家调节市场"并不是国家模拟市场，不是人工制造市场，而是反过来，政府行为决策应按价值规律办事，遵循市场法则。一般来说，国家对企业行为调节不是下达直接指令（除极少数具有产业和产品垄断特征的政府企业外），而是通过产业政策和市场参数的校正、调整来实现。因此，我们在设计宏观调节体系的改革时，要紧紧围绕着"企业"和"市场"来展开。当然，有些经济参数如价格其改革进程表现为宏、微观同时推进，把行政定价改造成为市场定价，实际上就是把经济调节中的宏观参数改造成为微观参数。但是，这一改革的目的是形成市场，是为了建立包括企业自负盈亏在内的社会主义市场经济运行体制。从这个意义上来说，宏观调控机制的转换过程必然服从和依赖于企业和市场的改革过程。

（四）改革的近、中、长期的衔接和统一

在明确了改革的长远目标和近期、中期的主线之后，还要考虑如何使近中期改革的步骤和措施同长远目标衔接起来。看来，需要把握两个基本原则：一是近期（头三年）改革的措施不能为中期（八年中的后五年）改革进展设置障碍，近期做法不能同中

期目标相矛盾，而应当是近期改革为中期改革准备基础、创造条件；二是中期改革不能和长期目标相矛盾。因此，从近期经中期到长期的改革过程应当表现为时间序列的渐次发展过程，表现为逐渐向长期目标逼近。只有这样，近、中、长期的改革才能真正逻辑一致地统一起来。

根据人们最近的议论，有的同志担心近期铺开的企业承包制有可能固化旧体制因素并且加大中期（主要是后五年）改革难度。这是因为，近期承包制有两个主要弱点：一是它可能强化行政机制而不是强化市场机制，所谓"指令承包""内定承包""关系承包"就属于非市场操作；而在目前市场竞争机制本身不发育的情况下，在承包制中引进和强化竞争机制也是很困难的。二是它难以达到把企业推向自负盈亏、自主经营、自我发展道路的目的，企业与政府行政官员的经常的"讨价还价"必然诱使谈判双方的行为短期化并加剧需求膨胀。但是必须看到，承包制与原来的企业体制比，在一定程度上有利于开始突破政企职责不分的旧模式，有利于推进所有权与经营权的分离从而在一定程度上增强了企业的独立性和活力，而且承包制在全国推广现在已经成为既定现实，我们就应因势利导，找到积极办法使近期出台的承包制在不断完善的过程中，同企业改革的中期改革目标即逐步推开股份制衔接和统一起来。

运行机制改革也有一个近、中、长期的衔接和统一的问题。例如，对已经放开的价格，在市场供求紧张时，不要急于收回来重新实行集中管制，而可以采用短期数量调节的办法。如果把已经放开的价格部分地收回来，这会导致"双轨"范围扩大而不是缩小。要达到统一的市场价格，就必须逐渐放开，而不应当时放时收，造成运行机制的紊乱。

三、前三年（1988—1990）改革任务

（一）今后八年改革和发展的总方针是稳中求进，但还需要有阶段性策略，大体可分为前三年和后五年两段

这两个阶段中都需要把稳定经济和深化改革有机辩证地结合起来，但基于条件不同，具体措施应有所区别。

1987年我国经济形势是好的，它比过去不是更加紧张而是朝着逐步好转的方向发展。但是由于整个经济中仍然存在着不稳定的因素，前三年改革步骤的安排应当有利于调整结构、增加供给、抑制需求、稳定物价，从而通过治理，消除不稳定的因素，为进一步改革和发展创造一个较为有利的环境。这就要从实际出发选择适宜于在前三年进行的改革措施，而把那些有可能引起较大经济震动的改革措施，留到后五年进行。

经济发展中的不稳定因素，历来总是和"求快求大"的数量驱动扩张冲动相联系，在经济增长比较乐观时往往又去加大油门推波助澜，因此稳定经济必须有严格的总量控制。（1）控制工业生产增长速度，根据今后五年国民生产总值年增长率在7.5%左右的既定规划，我们认为今后工业生产增长率稳定在平均增长8%~10%比较适宜，1988年头两个月工业生产增长率达到18%，不能认为是正常的，也是难以为继的，如果其中没有水分，它将会因资源约束而使经济出现波动，因而必须加以控制。（2）严格控制通货膨胀，要把因通货过多而引起的物价上涨率压到3%以下，然后才能为进行结构性价格改革腾出余地，使总的年物价上涨率控制在低于定期储蓄利率的水平。如果连这个低标准也达不到，那么扭曲的价格难以理顺，群众的不安难以消除，已有的储蓄随时可能被提取冲击市场，改革也难以推进，遑论深化。（3）控制货币发行，现在的货币供应量实际增长率不但大大超

过经济实质增长率，而且比经济增长率加计划的物价上涨率两率之和还要高，实质上是继续"放松"银根，这就使物价上涨率不但不能降低而且还进一步提高。今后货币供应量应予适当"紧缩"，将其增率控制在低于两率之和，如降到12%左右的水平上。（4）对经济效益指标难以逐一厘定，但是，财政收入增长幅度一定要高于物价上升幅度，实际生产成本和流通费用要有所下降而不是逐年上升，这应该是最起码的要求。我们认为，强调总量控制和治理环境，绝不意味着对改革持保守观望态度，相反正是为了改革的深化，避免在改革中打打停停出现反复。

（二）稳定经济首先要加强宏观经济管理，同时也要进行制度改革，为稳定创造必要的条件

1. 财政不稳定是经济不稳定的重要原因，因此，在前三年必须努力创造条件使财政走出"谷底"，那种减税让利使财政收入占国民收入比例下降，以及向地方让利使中央财政收入下降的改革措施，在这个阶段绝不能再搞了。为了提高财政预算的透明度，需要实行复式预算。按照财政收入和支出的不同性质分别编制政府经费收支预算，资本收支预算、融资收支预算、社会保险基金收支预算。财政收支发生赤字，不再采取向银行透支办法，统由发行债券弥补；同时借债不再列作收入，以反映财政赤字的实际状况。改变传统体制下反映统收统支的国家编制方法，实行分级预算，中央预决算和地方预决算分别编制，各自向同级立法机关负责。

2. 改革货币发行管理。稳定经济的重要一环是把货币发行量长期稳定在一个科学的水平上，这在既定的传统财政、银行体制下是难以做到的，用行政命令的办法"紧急刹车"至多只能起到一个短期效果，而且短期命令过后又会"旧病复发"，因为旧体制模式在币制上的"内在不稳定器"仍然存在：财政

出现赤字时会向中央银行透支，专业银行贷款失控时会要求中央银行再贷款，中央银行只好发票子。因此，需要改革旧的货币发行体制，彻底改革中央银行作为中央财政的钱库和出纳部的传统体制，中央银行职能独立化，制定银行法和货币发行法，由全国人民代表大会确定并监督货币供应量一般增长速度和短期发行数额，通过立法机关的制衡机制以减轻货币发行中的行政随意性。

3. 压缩集团购买力，改革公费开支体制。我国目前消费品市场紧张，很大程度上不在于居民消费偏差。导致消费品市场供求关系紧张在需求方面的一个主要原因，是集团消费增长太快。1987年，全国集团购买力553亿元，相当于全国职工工资额1 866亿元的30%。这一现象在世界上恐怕是罕见的。应当认识到这是一种体制现象。从改革和发展的要求来看，我们应当把控制集团购买力的增长作为一项长期方针。这就需要从体制上找到解决的办法。不仅是用冻结的办法来制止小汽车等集团购买的大头，还要彻底改革带有供给制色彩的公费开支体制。

4. 慎重对待部门包干和地区包干。这几年在改革中推出了一些以部门和地区为范围的包干办法，包括铁道、石油、石化等部门实行的部门上缴税利承包，广东、上海等地先后实行的财政收入基数承包以及最近实行的外贸地区承包。部门、地区承包的总的思路是千斤重担共同挑，把部门、地区的建设改造投资和部门、地区的收入增长结合起来，把地区发展外贸和提高外贸经济效益结合起来，确有一定的效果。但是，这种行政性分权的办法，由部门和地区对国家承担经济责任，往往强化部门和地区的行政干预，阻碍了政企分开使企业成为独立商品生产者的进程；并且以部门和地区为承包对象，往往强化部门和地区的主体意识，推动投资膨胀和消费膨胀，加剧结构失衡。因此，对于这种行政性分权的做法需要适当限制，并创造条件为今后向经济性分权转化准备条件。如部门包干应为逐步转到企业自负盈亏做准备，地区包干应为逐步转到分税制做准备。

5. 推出一些能够回笼货币的改革措施。在前三年由于经济中还存在不稳定因素，改革的步伐相对要小一点，但是有些改革措施如把一些小型企业出售给个人，如向个人发售股票债券，如对高收入者强化征收所得税，如实行住房商品化出售一批旧房，如对城市地产实行有偿使用并允许转让出售等，这些措施不会加剧市场紧张，相反能够回笼货币，有利于稳定经济，并促进市场竞争，推动大中型企业的改革，可以早日出台。

（三）以完善承包经营责任制为中心推进企业经营机制的改革

从1987年以来，承包制在城市有很大发展，到1987年年底预算内工业企业的承包面已达75%，其中大中型企业已达76%。承包制是在价格扭曲状况下，绕开价格改革而用高低不等的承包基数的办法，在一定程度上实现了所有权和经营权的适当分离，减少政府对企业的随机干预，保证国家财政收入，增加企业留利和职工收入，调动企业和职工积极挖掘潜力。但是，承包制有怎样承包和向什么方向发展的问题，搞得不好，不仅得不到上述好处，还会成为深化改革的障碍。为此，需要从以下几方面来完善承包制。

1. 实行利税分流。企业对国家的财政上缴任务是企业承包的重要内容之一。但目前的税收制度，把国家作为政权机构的收入和作为所有者的财产收入混淆了。实行承包时，企业对国家实际上既包利又包税。税收是政府通过行政权力对企业提取的收入，它不同于资产经营收入，是不应当包的。为此，需要对现行税收制度进行改革，取消调节税，降低所得税税率，税利分流，使税收真正体现政企之间的分配关系。企业对国家承包，主要承包资产收益和固定资产增值，余下的利润全部归企业所有，并相应实行用交所得税后的利润还贷和进行利润分配的制度。利税分流的难度，在于由此要减少国家财政收入。因此，必须同时改变国家对经营性亏损全包下来的不合理状况，除了对政策性亏损给予定额补贴外，对于经营性亏损要宣布一个停止补贴的期限，在此以后再有严重亏损的企业要通过破产兼并的途径解决，不再由国家补贴。与此同时，还要合理确定承包基数，鉴于连年物价上涨，承包基数不能只规定绝对额或绝对额递增百分之几，而应使承包基数同物价上涨率挂钩，年物价上涨多少，承包基数相应按比例增加。还要分行业规定资产收益平均值与最低值，作为计算承包基数的参照系数，以利于促进承包制的规范化和保证财政收入的稳定。

2. 明确发包主体。目前，承包企业的发包主体很不统一，有的是企业的主管部门，有的是经委或财政部门，有的是政府的几个部门，也有的是行政性公司。而且，我国机构正在进行改革，由于机构的变动可能使发包主体消失，为了明确和稳定发包者，也为了向今后实行股份化经营过渡，当前，可由有关的几个部门参加谈判，由政府或财政部门和承包者签订承包合同。政府的财产管理机构成立以后，最好由它或它管理的投资公司作为发包主体，代表国家和承包者签订承包合同。

3. 形成新的企业家选拔和评价机制。我国企业最薄弱的环节是管理，最需要的人才是企业家。推行承包制时要使企业家们脱离国家干部的行政官员评价系统，逐步形成企业家的评价系统和竞争机制。为此，必须改变目前"官本位"的职务序列与评价标准。目前提出的把竞争机制引进到承包责任制中，通过招标投标选拔厂长经理，这从打破"官本位"的传统人才选拔制度来说是一种可行的办法。但是从长远来说，企业家人才主要不是从招标投标中产生，而应当从运营资产的实际成绩的竞争中产生，应当从健全企业内部管理的实际成绩的竞争中产生。

4. 克服短期行为的倾向。目前多数企业的承包期为三年至五年，承包者多有新官上任"三把火"的心理，企业职工也有急于得到实惠的强烈愿望。由此，企业容易产生短期行为的冲动，急功近利，甚至采取掠夺式经营手段，追逐最大利润，增加消费基金。这种苗头在很多地区已经出现。例如，到1987年9月底，合肥市的承包企业上缴利税下降53%，企业留利增长了2.7倍，职工工资总额也增长16.3%；郑州、襄樊市的承包企业上缴利、税下降9.1%和1.3%，而企业留利和工资总额却大幅度增长。为了克服承包企业的短期行为倾向，除要适当延长承包期外，更重要的是要把承包和企业的中长期发展规划结合起来。在承包时，要把企业中长期规划的主要内容，如产品发展方向、科研和新产品开发、技术改造项目、固定资产增值等作为承包目标，写进承包合同，以强化企业的自我改造和自我发展的长期行为，把企业和职工的长期利益同短期利益更好地结合起来。

5. 为从承包制过渡到股份制准备条件。承包制有一个向什么方向发展的问题，由于承包制并未从根本上改变传统国有企业产权制度中的先天性弱点，因而企业改革还必须朝产权关系重组的方向即股份制的方向发展，目前的承包制应当为此准备条件。只要能够承担对原发包者的经济责任，原发包者不能干预企业之间的联合、兼并、改组，以利于企业承包企业、企业兼并企业以及企业间组织联合经营等形式的发展，并利于在承包企业里发行股票筹集改造和发展的资金。

在此期间，要建立国有资产管理机构并建立相应的国有资产管理制度，独立行使财产所有者的职能。成立机构以后的第一步工作是清理资产并重新评估，以摸清家底，使推行股份制有据可依。

（四）价格改革的步子要稳重

应该看到，与传统经济运行的行政协调方式相比较，经济体制改革的重点始终在于放开市场，利用市场机制来调节资源配置，使经济运行转向"国家调节市场、市场引导企业"的轨道。要做到这一点，关键在于要理顺价格。在价格严重扭曲的状况下，在价格双轨制造成市场信号、行为、功能紊乱的状况下，不可能有效地发挥市场机制作用，也不可能完善市场体系。但是前三年为了稳住市场，控制物价上涨，不能不暂时推迟以价格改革为中心的大改革方案的出台。

关于从价格双轨制向单轨制的转变，有两种可供选择的设想。一种是对新投产企业产品以及老企业增产的产品一律实行市场价，逐步扩大市场价的适用范围，缩小调拨价的范围。这样做，震动较小，但是实现新旧体制的过渡将成为旷日持久的拉锯战。另一种是用价税财金联动配套改革的办法，使国家制定的价格接近市场价格，然后再放开价格，变双轨制为单轨制，我们认为，后一种设想似较理想。问题在于地方、部门、企业都已经成为利益主体，价税财金联动配套改革不能动已定利益格局的设想，在实际操作中有可能变成从提价中获得利益的要把利益归于本单位，而在提价中丧失利益的则要求国家补贴，增加财政压力，或者要求成品提价，形成连锁涨价效应。这样，在"急于求成"的发展倾向尚未转变或又有所抬头时，在还没有建立一个严格的货币供应量控制体系时，在还没有形成一个供求不太紧张的市场条件时，是不宜于将大步的价格改革措施推出台的。在条件不具备时，强行将双轨制转变为单轨制，风险太大。在我们这样一个大国，搞没有把握的激进式改革是不适宜的。

当然，不经过价税财金联动这一步，价格双轨制不可能转变为单轨制，因此，还要积极准备，花两三年时间在消除不稳定因

中国经济体制中期（1988—1995）改革纲要

素方面打好基础，把大的改革放到后五年去做。

当前群众对物价上涨意见很多，因而在发展与改革中必须把保持物价基本稳定作为一项重要的战略措施，但这主要在于控制货币发行而不是采用违反价值规律的方法。那种在总供需失衡以致在市场运行中出现物价上涨时，立即驾轻就熟地用旧体制的种种行政手段去对付市场，限制流通，恢复统购，限制价格，实行补贴，凭票供应，这些行政干预和控制的结果，给下一轮改革造成很大困难。因此，一定要坚持用市场、用价值规律来解决矛盾，不能走回头路。

为了防止物价特别是农副产品价格在较短时期内的起伏波动，可以考虑建立农副产品特种基金。因为，吞吐商品平抑物价的蓄水池，应当是政府职能而不能作为企业目标，是特殊调节手段而不是常态调节手段。政府应当对承担这一特殊责任的企业予以经济补贴。然后，才能在供大于求时仍能继续收购以保持一定库存，在求大于供时抛出。为了稳定生产者，还可以建立农副产品期货市场。

（五）培育和发展市场体系

我们主张对大的改革动作要稳妥一点，以价格为中心的市场大配套改革要推迟出台，不等于在推进市场化方面无所作为，而是应当积极地培育和发展市场体系。主要是：

1. 建立市场规则。经济体制改革要求把企业推入市场，由市场调节企业的生产经营活动，这就要求建立一整套规范化的市场运行的规则，包括制定《市场法》。而我国过去市场不发达，市场规则不健全，这就阻碍了正常的平等竞争和交易准则的形成，有的依仗各种形式的行政性垄断而干扰正常的市场活动，有的不是靠质量竞争和价格竞争而是靠回扣竞争取胜，有的任意撕毁合同和拖欠货款，使得经营活动中人为的风险超过了正常的风险。这些正说明建立市场规则和市场秩序的必要性，我们认为，前三年在这方面多下些功夫，对于以后市场的发育壮大是很有好处的。

2. 发展商品市场特别是使生产资料走入市场。可供考虑的设想是，除粮、棉、油等重要产品仍有一部分实行合同定购，口粮、食油等基本食品继续实行定量供应以外，所有农副产品和工业消费品放开，完全进入市场化经营和有管理的市场定价轨道。这样做的风险不太大。实践证明，只要真正按价值规律办事，充分发挥市场机制、价格机制在调节供求关系中的作用，目前一些紧缺的商品就会很快变得不紧缺，一些长线商品也会在市场竞争的压力下实现供求均衡。把国家的物资储备职能和物资企业的自主经营自负盈亏彻底分开，以推广石家庄经验为契机，以实现生产资料经营的全面贸易制为中心，把物资企业推上市场化经营的轨道，从而促进生产资料市场的拓展和物资流通体制的改革。全面放开技术市场，实行供需双方的对等自由交易和技术商品市场上的"技贸结合"。

3. 发展资金市场。近三年仍以短期资金市场为主，同时试验性地发展长期资金市场和非银行的信用机构，逐步开办外汇（调剂）市场。在大力推进专业银行企业化和发展多种形式信用机构的前提下，强化资金市场的竞争机制和利率调节机制。由于国有企业股份制的推行不可能很快，因此近三年的长期资金市场将主要是债券市场；再由于债券买卖的价格不能自由浮动，二级市场将主要是贴现。但尽管如此，仍应积极培育，为下一阶段做准备。

4. 发展房地产市场。在推进住宅商品化和尽快完成房租改革的同时，三年内完成房产市场的开放试点，逐步形成以城市土地国家所有，有偿期限使用和公开拍卖、招标、协议等为主要内容与形式的房地产市场，三年内试办企业资产转让市场，倡导企业间的兼并竞争机制，并在其后建立起规范化、法制化和产权关系明晰化的资产转让市场。

5. 推动劳动力市场的形成。目前在各项改革中劳动工资制度的改革是相对落后的，但这除了思想认识上的原因之外，也因为客观上确实存在着种种困难。看来这种状况在近三年不可能有根本改变，因此近期的改革，主要是开辟某些劳务市场，推行劳动合同制和招聘制，使工资与劳动生产率的提高建立一定联系同时也与物价指数的提高建立一定联系，并逐步扩大人才流动的试验。我们认为，劳动力市场的真正形成可能是整个市场体系中处于最后的，但是不少准备工作如建立社会保障制度等都应该着手进行。

（六）农村经济体制的改革

农村经济体制改革是整个经济体制改革的重要组成部分。鉴于发展农业生产对稳定整个经济具有重大作用，农村改革必须争取适当超前，在三年内取得进一步的突破。

对当前农村的经济形势，存在"乐观论""周期论""严峻论"等不同评价。无可争辩的事实是：一方面，包括乡镇企业在内的农村经济几年来持续发展；另一方面，农副产品的增长不能适应国民经济增长的需要。农副产品供给始终紧张，生产后劲明显不足。粮、棉、猪等主要产品未超过历史最高水平，人均占有粮食量还在下降。这表明了近年来农村经济发展没有阶段性的超越，并且潜伏着二元经济结构反差进一步扩大的危险。首先，传统农业没有得到实质性的改造，在增长过程中生产力新质形成不充分，特别是土地经营过于分散，缺乏集中机制。这不仅在近期内，丧失了规模经营效益；而且从长期看，妨碍了农业的技术改造，成为农业现代化的障碍。其次，在双重体制下，城乡之间的利益结构没有得到根本调整，特别是主要农产品粮食的价格回到谷底，比较效益下降。这严重地影响了对农业的投入，加上国家支援的减少，使水利、农机、土质等农业生产条件恶化，扩大再生产的能力不强。再次，农村的市场发育缓慢，在政社合一的旧体制解体后，并未真正解决政企不分的问题；在统购、派购宣布取消后，并未真正解决靠变相的指令性计划来安排生产、流通和投资的问题。这同样使包括劳动力在内的农村生产要素不能自由流动和合理组合，农村经济结构的优化也步履维艰。最后，虽然乡镇企业异军突起，蔚为壮观，但是地区之间发展很不平衡，多数地区吸收剩余劳动力还不很多，发达地区的经济效益下降，经营难度增加。

因此，今后八年的深化改革，农村仍旧是一个需要强攻的阵地。农村改革的目标模式和基本原则，与城市一样，也必须与发展目标结合起来，抓住微观基础和运行机制两个主要方面，逐步实现经营单位的企业化、农村经济的市场化和宏观控制的间接化，促进农村资源的合理配置和农副产品的稳定增长，促进传统农业向现代农业转化，促进二元经济反差的消除。在中期改革中，着重解决农村的土地制度，基本理顺农副产品价格，推进农村市场体系的发展，真正做到农村基层的政企职责分开。

第一，完善家庭经营，实行土地使用权、经营权的商品化。

由于农业的生产特点和我国的国情，家庭经营将在相当长的时期内成为我国农业的基本经济组织形式，并与以合作经济为主体的多种经济形式互相依存、互相补充。农民家庭的职能，过去主要是消费主体和生产主体；在实行联产承包责任制后，又成为生产要素组合和再组合的主体。但是，其积累机制和自组织机制还未充分显示出来，根本原因是作为农业基本生产资料的土地，其所有权更加弱化，财产关系更加模糊。一方面，农民对土地传统地内在强烈的占有要求，习惯于小块平分；另一方面，至今没有得到法律上的承认，经常怕政策变。于是，土地零星分散，限

中国经济体制中期（1988—1995）改革纲要

制经济效益；追求短期效果，投入的积极性不高；滥占土地，导致耕地急剧减少。解决的办法是及时改革土地制度，以完善家庭经营，使劳动力和土地的结合更加紧密，形成土地集中经营的机制。

土地制度的改革，当前存在"国有制""私有制"等多种主张，有待进一步探索。近中期可行的方案，首先是明确土地使用权和经营权的商品化和市场化，实行租赁等多种经营方式。主要内容是：（1）以立法形式承认土地的使用权和经营权的商品化，除了一部分作为口粮田按农户进行分配外，其余是商品田，运用市场机制进行配置；（2）商品田的使用和经营，一般采取招标出租办法，通过适当竞争，使向种地能手集中，诱导农民办合作农场、合股农场和家庭农场；（3）以契约规定较长时间的租赁关系，规定经营土地的权利和缴纳地租的义务，地租分等论价，把级差地租大部分收归国家所有；（4）相应建立土地信用制度，在规定租期内，允许承租者自行转租或转让（但要保证土地集中的不可逆性）；（5）强化国家对土地管理的机构，进行土地使用权和经营权的评价，办理租赁手续，征收地租和转租、转让的交易税、增值税，仲裁土地纠纷。

第二，改革农村流通体制，基本理顺农副产品价格。

目前，农副产品的流通实行双轨制，一方面是不同产品之间，有的已放开，有的没有放开；另一方面是对粮食、油料等重要产品的流通采取合同定购和市场收购并存。这种"死一块、活一块"的格局，造成放开产品和未放开产品的比价不合理，合同定购和市场收购的差价悬殊，不仅使各种抢购大战、地区封锁和强迫命令等旧体制的弊病有增无减，而且由于信号不明，价格上下差距很大，导致生产忽起忽落的周期性波动，影响农业生产的稳定性。出路是按照价值规律办事，把农副产品真正看作是商品，逐步放开市场和价格。几年来少数地区（如经济特区和广东省）和某些产品（如花生、水产、水果）的经验证明，放开市场和放开价格是行得通的，有利于增产稳产，调节供求。最近，有的地区已经准备对猪禽蛋和蔬菜等放开，给职工以明贴代替暗贴，把死的一块缩小到只有粮、棉、油等少数基本产品。看来，在今后三五年的改革中，基本理顺农副产品价格，既有必要，又有条件。

具体的做法是：（1）选择适当时机，在适当地区，分期分批地确定农副产品的放开品种和范围（当前，广东等省先行一步，几乎把全部农副产品放开，预计对其他地区会引起积极的连锁反应）；（2）在粮食的流通中，逐步缩小合同定购部分，扩大议价收购部分；从非口粮到口粮，从发达地区到次发达地区，逐年压缩统销量，以减轻财政补贴，进而为对合同定购价的微调创造条件；（3）总结深圳等经济特区的经验，在财力比较宽裕的地区，扩大放开粮价、取消统销、给以补贴的试点（按照城市人口每人平均定量25斤计算，每一职工补贴8元左右就够了）；（4）对已经放开的农副产品要坚持市场调节，不能因为出现问题就恢复统制，但要筹集储备，善于掌握，以使生产者和消费者对价格起伏在心理上逐步适应；（5）国营商业（包括粮食）部门要实行企业化经营，把合同定购、储蓄调节的政策职能与自由购销的商品职能严格分开，直至最后取消垄断性的国家收购部门。

第三，发展民间经济组织，推进市场体系的发育。

在家庭经营基础上，随着农村改革的深化，有必要逐步发展各种合作形式的民间经济组织，代替日益淡化的"统分结合，双层经营"旧体制，以提高农村的市场组织程度，使农户从小商品生产的地位完成向商品生产者的转化。这是把家庭经营与市场联系起来的经济组织，有利于推进农村市场体系的发育和完善。农村市场体系不是封闭的，应与城市相沟通、相对称，既包括工农业产品市场和农业生产资料市场，又包括农村金融、农村劳动力、农用土地使用权和经营权以及农业技术等其他生产要素市场。在逐步理顺农副产品价格后，家庭经营走向企业化，将从市场获得充分的、不扭曲的信号，以此为依据组织生产，并选择适当的产品结构和产业结构。不言而喻，鉴于农业生产受自然因素的影响大，农副产品供给的价格弹性大而需求弹性小，国家必须运用税收、利率、地租等经济杠杆，调节农副业生产及其生产要素的流动，建立产品稳定机制和风险分担机制。

在农村市场体系中，金融市场对农村经济的稳定发展起着十分重要的作用。这几年，已经出现了多种信用形式和多种融资方式，产生了一批民间金融组织，信用社和农业银行作了一些改革，以拆借为主的金融市场也逐步形成。但从总体看，还没有突破性进展，特别是农业银行一身多任，目标多样化，职能模糊化，不能促进金融市场的更快成长。今后的改革是：（1）把农业银行的开发职能和扶贫职能分离出来，使它成为只具有单一经营性职能、以经营农村信贷业务为己任的商业银行，真正实行企业化经营；（2）组建非营利性的农村投资开发公司，实施农村产业政策，引导农村经济的长期发展；（3）进一步扶植农村民间金融组织，使它规范化，成为农村金融市场的主体，与农业银行、信用社展开平等竞争，并放开利率管制，把农村金融市场搞活；（4）中央银行对农村金融经营部门实行信贷投向指导，通过抽紧或放松银根来调节投资规模和投资结构，并畅通城乡之间的资金融通渠道，进而为其他生产要素市场的成长以及各生产要素之间的流动和组合提供条件。

第四，实行农村基层的政企分开，改革乡镇企业体制。

农村实行政社分开，尽管取消了"公社—大队—生产队"体制，但取而代之的却是政企不分的"乡—村—组"体制。集中表现在经济比较发达地区的乡镇企业，继续沿袭"社办社有、队办队有"的原则，被称为"半全民"或"政办""官办"企业。这不仅使乡镇企业不能成为真正的集体所有制经济，影响了它的内在活力和职工的积极性，并且导致企业之间的画地为牢和过度竞争，是造成乡镇企业重复建设、盲目生产以及规模小型化和技术低级化的重要原因。因此，进一步按照政企职责分开的要求来厘清农村经济关系，改革乡镇企业的所有制，成为促进农村商品经济发展和农村组织建设发展的迫切需要。可以设想，取消乡一级的经济组织，把它归并到乡政府，成为名副其实的政府管理经济的机构，不再插手企业的生产、经营和分配；同时，在各行政村设立村公所，在各自然村由村民直接选举产生村民委员会，就能使原来社、队或乡、村办的企业脱离"母体"而独立，进而落实其财产所有权和经营自主权。

当前，乡镇企业发展很不平衡，各种"模式"差异也大，主要有以"集体所有制"为主的苏南模式和以户办、联户办为主的温州模式。但是，不论哪种模式，其发展前途应当是逐步转化为真正的合作经济，包括企业职工群众的集体所有制和社区居民群众的集体所有制，并以推行股份制为目标，使资产关系明确起来。从现行体制走向股份制，可以通过下述方式：（1）原来属于集体积累部分，在群众赞同下，或保留公股，或折股还民；（2）原来属于本企业积累部分，在保留部分公股后，其他按职工的劳动贡献（以历年工资为基数），折股给职工；（3）新办企业或向社会集资，都采取股份制形式，发行股票，并在一定条件下允许转让、买卖；（4）实现上述改革后，企业与乡、村行政组织没有任何隶属关系，真正成为独立的商品生产经营者，但政府有关部门应当对它的生产、经营进行适当的协调和监督；（5）提倡乡镇企业在市场环境里本着自愿、平等、互利原则，组成专业性、区域性和跨区域的经济合作组织或联合组织。

四、后五年（1991—1995）改革任务

经过前三年在改革和建设的过程中积极治理环境，我们设想到"八五"计划开始时，经济生活中的重大不稳定因素可以基本克服，货币流通渐趋正常。这样，在后五年便有可能在改革中迈出有决定性的步子，促进机制的转换，在后五年末期形成新体制占主导地位的基本框架。

1. 作为改革中有决定性的步子，首先是价格基本理顺和价格形成机制基本转轨。因为价格机制是市场机制，乃至整个经济运行机制的核心。价格不能转轨，整个经济运行机制也转不了轨。所以价格改革的成败将会决定经济体制改革的成败。广义的价格改革包括商品价格和利率、汇率、工资、股息、房租等方面的改革，是经济体制改革中极其重要的方面，是绕不开的。

价格改革需要在货币流通基本正常的条件下进行，这个道理是不言自明的。我们设想在后五年可以迈出较大步子，其前提是货币的非经济发行已经消除，货币供应量（M1）的增长已经得到控制。但是结构性价格改革也会引起物价上涨，所以还得进行分解，按产品系列（如木材系列、钢铁系列、能源系列等）有步骤地进行，并且采取"调放结合、先调后放"的做法。在调价时要进行价税财金联动，以适应已有的利益格局，减轻对国家财政的压力。除了口粮特别是大中城市的口粮看来还不能完全放开之外，其余的商品只要条件允许，要争取在后五年基本上把价格理顺。通过联动改革，使双轨价格大体接近以后，便可以放开价格，变双轨制为单轨制。

在扭曲的价格基本理顺的同时，需要按照价外间接税的思路改革流转类税收制度。这些年对流转类税收的设计思路，是在价格不作大的变动时缓解价格不合理的矛盾。在价格基本理顺以

后，要从发展与培育市场的角度，对流转类税收作新的改造。明确流转类税属于间接税体系，把原来实行的价内税的做法改革为价外税，税款由购买者负担，要在发票上注明税款的负担。对流转类税经过整顿，保持营业税，把产品税逐步改为征收增值税，并且对特定产品开征消费税。流转类税税率的统一，关系到公平竞争和形成统一市场。因此，随着流转类税改革为价外间接税，同时也把税收的减免权收归中央。在财政体制改为实行分税制时，流转类税应属于中央税收。

随着扭曲价格的理顺，有些产品的价格补贴可以取消。腾下来的粮食和食油补贴应从仅仅对消费者的单向补贴，改为既对消费者又对生产者的双向补贴。对生产者补贴可以刺激供给增加，减少对消费者的补贴可以抑制不合理的消费需求，从而在生产与消费这两极共同作用的双向协调下，形成一种有效的补贴机制。

在理顺商品价格方面迈出较大步子的同时，本阶段还要加快发育资金、劳动力等要素市场，对利率、汇率、工资、股息、房租等方面的改革也可以经过先调后放，逐步引入市场机制。但股票、债券等长期资金市场、外汇市场、劳动力市场在本阶段还是处于培育的过程之中，需要在此后继续深化。

2. 从承包制逐步转向股份制，通过划分产权，使企业真正成为自主经营、自负盈亏的独立商品生产者和经营者。目前推行的承包制是在不改变原有财产关系格局条件下所采取的一种较好的经营方式，它可以使所有权和经营权适当分开，减少行政干预，改变了企业的经营机制。但承包制是采用"一对一"的谈判方式建立起来的，承包基数的确定没有一定的客观标准，由此强化了行政协调，不利于企业平等竞争条件的形成；在承包过程中发生供销条件和价格变动时不得不变动基数，风险责任也仍旧由国家承担。因而，承包制的推行虽然取得了一定成效，但由于国有制企业产权关系模糊化的状况迄未解决，旧体制的国家是全民所有制企业的唯一所有者，国家政权的行政职能、经济调控职能和所有者职能"三位一体"，国家与企业之间的行政隶属关系和经济关系混杂不清；企业没有独立的产权，对其使用的资产既无支配权力，也无增值责任，企业盈利了国家要抽肥，亏损了国家可以补瘦，"父爱主义"和软预算约束使企业缺乏活力，这些问题在承包制中并未完全解决。因而，要通过从承包制转向股份制，重组产权，确认所有权的权利和经营权的权利，改变企业在经济上对国家的信赖关系和依附关系，承担一个法人对财产应负的责任。原来由于价格扭曲状况尚未改变，价格双轨制尚未转向单轨制，亏损不完全是企业本身经营的问题。那时既有大量的亏损企业又有厚利企业，不考虑条件只要求企业自负盈亏，必然会造成严重的苦乐不均，不得不采取变通的承包办法。所以在价格基本理顺的基础上，应当积极推动企业摆脱行政依附，实现完全的自主经营，并且改软预算约束为硬预算约束，从而把企业从"一只眼睛盯着上级，一只眼睛盯着市场"，转为完全推向市场，在市场竞争的压力下改善经营、提高效益。

企业由承包制转向股份制的具体做法，当前议论较多，不妨从长设计。有一些思路是值得重视的，例如由个人承包逐步转向以个人为代表的集体承包和法人承包，由外部承包（对政府有关部门的承包）转向内部承包（对股东或董事会的承包），推行企业之间相互投资、参股等。这都要经过试点，逐步推开。

当前推行的外贸承包经营责任制是一种按地区的行政性分权办法，它虽然改变了统负盈亏的状况，可以缓解出口创汇与财政补贴间的矛盾，但是外贸企业仍然依附于各级地方政府，不是自负盈亏的市场主体，直接控制和行政干预的状况仍不能转变。在后五年随着扭曲价格的理顺，随着企业改革的深化，随着外向型发展战略的实施，外贸体制改革也要进一步深化。主要是有步骤地使外贸企业转为自主经营、自负盈亏的市场主体；把外贸经营权逐步下放给生产经营企业，使它们能直接参与国际市场竞争，从对外贸易中获得比较利益。当然在这时，国际市场价格和国内市场价格仍然会有较大差距，因而还要通过许可证招标、配额拍卖、定额补贴、出口退税、关税、出口信贷等办法加以调节，并通过组织对外联营集团等措施提高联合对外的水平与机制。外贸企业通过自负盈亏成为真正企业的步子，相对地说，要比一般企业慢些。

3. 在宏观经济的管理方面，后五年要使宏观控制机制的改革发展到一个更高的层次，进一步推进国家行政权与资产所有权的分离以及资产所有权与企业经营权的分离，基本上完成政府职能的转换。进一步使经济体制改革与政治体制改革相互结合、相互推进，使政府职能进一步法律化、制度化和高效化。

在企业改革深化以及市场体系基本建立以及价格基本放开的基础上，各项间接调控的制度建设可望在这个阶段陆续实现，从而基本上实现向指导性计划为主的转换。指导性计划的调节体系主要表现为政府在市场内参与、市场外调节。政府的参与主要表现为调整市场要素的进出数量，如购买和出售股份资产、采购某些稀缺资源，等等。市场外调节表现为对货币供应量调节、经济参数调节和法规约束。在步骤上应当保持市场发育成长与宏观调控体系转换的同步性。为此，还要靠制定和实施产业政策、财政货币政策和指导消费政策。

随着改革的深化，行政性分权终究需要向经济性分权方向发展。其中一项比较重大的改革是财政"分灶吃饭"体制向"分税制"过渡。"分税制"是指中央和地方关于税收立法和管理权限的划分，而不是税收收入的分配。实行"分税制"的目的在于切断地方政府同企业资产运用的联系，抑制地方政府的投资冲动，划分中央和地方介入市场的方式和范围。实行"分税制"的难点是我国经济发展不平衡，有近一半省和自治区全部财政收入留归地方还要中央财政补助，如果没有价格体系、税收制度的较大变动，很难实现这一转变。目前财政收入少的省，多数是提供资源的基地。随着价格体系的调整，能源、原材料价格的上升，这些省的财政收入会有所增加。这样进一步要考虑的是设立新的地方性税种，其中最主要的是土地使用税和资源税，以改变目前地方性税种少，收入零星分散的状况，为转向"分税制"创造条件。

中央地方财政收支的重新划分，还需要明确地方政府财政开支的范围，这要结合投资体制进行配套改革。今后地方财政除了行政事业开支以及地区性的基础设施投资之外，不再投资兴办企业。只有确定这个前提，中央地方财政体制改革才能有所突破。

在新的宏观调控体系中，银行将起到越来越重要的作用。在此阶段要进一步完善中央银行的宏观调控机制，随着股票债券进入市场，银行通过资金市场调节货币流通的作用将会加强；而更重要的是要通过中央银行对专业银行的再贷款额度以及再贷款利率，改善中央银行的宏观调控功能。与此同时，实现专业银行企业化，并随着地方政府职能的转变，摆脱地方政府对银行信贷活动的行政干预；通过市场体系的完善，灵活地调节利率，发挥利率的杠杆作用，从而更有效地执行以稳定币值为中心的货币政策，使货币供应量的增长与国民经济增长之间保持大体同步的适应性关系。

如果到1995年能够完成以上这几项大的改革，新体制将在中国社会主义经济的组织和运行中占主导地位。这样，从八年的最终结果来看，改革的步伐并不慢，这一思路实际上是切切实实的加快改革的思路，因为它是以改革和发展相结合，增长与稳定相结合和改革的稳步前进为基础的。

五、区域决战，梯度推进

1. 根据"稳中求进"的思路，改革的深入，除上面三、四两节所述在时间和进度上要分步骤外，在空间和布局上也要分地区，实行"区域决战、梯度推进"的策略。这有两个主要原因：

一方面，我国是一个大国，不同于东欧那些小国，区域之间的经济发展很不平衡，商品经济的发达程度处于不同层次，呈现有差别的经济背景。这对发展和改革，都不能以一种办法来做平面推进，那样做不会收到切实有效的结果，而只能分别先后，有序展开，才能在稳定发展中求得逐步改革。商品经济比较发达的地区，比较多地具备了创立新体制、新机制的条件，不仅改革的进度可以适当超前，并且改革的程度也可以更加深入；商品经济欠发达的地区，各项条件不尽具备，改革的进度要放慢一些，改革的程度也要稍浅一些，待条件具备后再加快、深化。

另一方面，改革本身是一场持久战，十分复杂，十分艰苦，需要不断总结和积累经验，新体制才能一步一步地取代旧体制，渐占主导地位。因此，如果一下子就全面推进，势必增加领导和组织工作的难度和风险，有可能引起很大震荡，不利于国民经济的稳定发展。选择条件较好的区域，首先进行决战，就能集中力量，重点突破，不仅会减少风险，提高成功率，并且易于攻克难点，为后续改革开创局面，提供经验。这从近期看，似乎延迟了步伐；但从长远看，恰恰有利于逼近改革的目标模式，因而是可行的抉择。

2. 我国目前经济发展的区域布局，大致分为三大块：东南部沿海是发达区，中部是次发达区，西部是欠发达区。在一个大区内，也有不同层次，基本上从属于大区的格局。几年来的发展和改革，尽管认识上和行动上都在奋勇争先，其结果则是层次性越来越分明。

经济发展方面，先后有过"梯度论"和"跨越论"之争。前者主张承认梯度，首先充分利用沿海地区的现有基础，以促进整个国民经济的较快增长，即所谓"把馅饼做大一些"，才能更好地支持内地；后者主张在历史形成的梯度面前尽量使次发达区和欠发达区发展得更快一些，争取跨越，缩小相互之间的现有差距。实践证明，十年来东、中、西部地区都有空前的发展，但是由于基础不同，东部的发展仍然快于中部，中部的发展仍然快于西部。这符合让一部分地区先富起来的设想，也是今后走向共同富裕的必由之路。

经济改革方面，过去的梯度推进策略不很明确，初始阶段采取全面铺开的办法，出现了你争我赶的局面。这对冲击旧体制、探索新途径确有必要。但是经过几年的实践，也由于基础不同，在很多方面形成了梯度。特别是市场体系的发育程度，从消费品市场到生产资料、资金、技术等生产要素市场，沿海地区的进展较快，有的基本放开，有的初具规模，有的开始萌生。这对微观基础的重造和运行机制的转换，都是必要和有力的推动。当然，这并不否认在中西部，同样有不少改革创新。

几年来，对外开放突飞猛进，沿海地区开始实行发展外向型经济的战略，形成了"经济特区—开放城市—开放地区—内地"逐层开放的格局。这对改革又增加了新的推动力。首先，开放使沿海地区的经济活动逐步走向国际化，必须与国际市场的运行机制相衔接；其次，开放引入了外资、外技和外资企业，要求金融、技术、劳动力、房地产等市场迅速成长；并且，外资企业不同程度地参与了这些市场的竞争，对国有企业的体制改革有促进，有借鉴。这些都增加了沿海地区改革的紧迫感，对内地的改革同样有所牵动。

鉴于上述情况，深化改革在空间布局上也应当采取双轨制或三轨制的横向分解方案，或者叫作"东部决战，渐次西移"。这样做的好处是既积极又稳妥，在保持全国经济稳定发展的前提下，充分利用不同地区的改革资源，有可行的操作性和示范效应，使发展和改革都有较大的回旋余地，保证两者都能取得实质性的进展。

3. 区域决战，主战场应首先放在东南部沿海地区。该区的人口和劳动力、国民生产总值、工农业主要产品产量、财政收入、货币流通量、科技成果等，大多占全国的一半以上。这几年的改革，进展最快。例如深圳等经济特区，在企业、市场和宏观控制上都先行一步，不少适用于内地，并已在内地推广；广东省最近经中央批准的十项政策，使改革步伐显著加快，有的专项改革已逼近目标模式；新建的海南省，作为全国最大的经济特区，采取更加特殊、更加开放的政策，改革有可能后来居上。其他沿海省、市，直至辽宁，在城市和农村的改革中都有自己独特的突破性成就。

沿海地区的中期改革，分别情况，大体上有三种要求：一是全国中期改革的既定目标，在整个沿海地区，必须按期实现；二是某些方面，可以争取提前实现，进一步巩固下来，为后续改革提供更加成熟的经验；三是在一定范围内，可以再超前一步进行试点，为中期以后的改革探索新路。

在前三年，沿海地区的改革着重于：（1）所有制和企业改革，小型企业基本上完成"包""租""卖"，大中型企业在完善承包制的基础上，力争有1/3左右实行不同形式的股份制。（2）市场改革，消费品市场达到基本成熟；生产资料达到大部分进入市场；在短期金融市场全面形成后，长期金融市场也有较大开拓；其他生产要素市场都争取初具规模。（3）宏观控制改革，基本上实现间接化，经济法规大体完备。（4）农村改革，在发达地区要求解决现存的主要问题，保证农业生产迈上新的台阶。

在前三年，沿海地区还可以进行若干试点：（1）除经济特区外，在其邻近地区的适当范围内，超前实行价税财金联动，把价格全部放开、理顺。（2）对企业和地方的各种承包制，力争基本突破，走向规范化，包括在财政上缴省、市推行分税制。（3）在外贸和利用外资、引进技术的有关体制上，要进一步创新，以适应发展外向型经济的需要。这些，同时是后五年改革的重要内容。

沿海地区在全国有举足轻重的影响，率先改革要求做到"精心设计，周密部署，有序协调，决战必胜"。为此，必须保持全国经济的稳定发展，防止"过热"，并掌握适当的财力、物力储备，以便必要时的策应和支持。另一方面，沿海地区改革先行一步，也要充分考虑它的示范效应和影响，特别是要注意防止影响经济的稳定。

4. 在东部决战的同时，中西部地区改革并不是停下来，而是根据当地条件，采取"稳定发展，稳定改革"的战略。所以宜缓不宜急，主要是考虑到商品经济的发展还较原始，市场体系的发育还较幼稚，不可能很快就全面开放市场，充分运用市场机制。当然，中西部地区内也不平衡，城市和农村、大城市和中小城市同样处于不同层次，要因时因地制宜。中期改革的目标，少数城市（如武汉、重庆等）应当基本上与全国的平均要求一致；有的地区（小城市以下）可以保持适当的滞后度。这不是人为地推迟改革进度，而是坚持从实际出发、区别对待。

中西部地区的改革和发展，在前三年，首先着重于环境治理和基础建设，逐步排除发展商品经济的各种障碍，并培养包括企业家在内的改革人才。应当看到，这些地区本身也有很大优势，例如资源丰富、三线工业强大等。沿海地区发展外向型经济，将腾出一部分国内市场对内地发展商品经济大有好处；沿海地区率先改革，可能会有正反两方面的经验，内地将取得后发性效应；沿海地区经济发展加快后，对国家的贡献增加，也有利于内地在形成"造血"机能后，继续得到全国的支持和各地的协作。能否设想，在前三年，中西部地区的改革虽然走小步，但是一方面吸收沿海地区的成功经验；另一方面从本地情况出发进行创新，仍旧有不少事情好做，例如：（1）所有制结构的改革，城乡个体经济和私营经济的比重可能高于全国平均水平；（2）市场的发育，有的脱壳于半自然经济不久，必有其不同于沿海地区的特色；（3）由于市场机制还不健全，在宏观管理上从直接控制为主转向间接控制为主，要有更多的方式和步骤。

从全国看，三个地区的发展和改革又是相辅相成的，应当处理好它们之间的关系。当前，沿海以加工业为主，不少原材料来源于内地，在共同发展中的矛盾日益尖锐，要防止发生贸易壁垒现象，并调整供产销之间的利益关系；与此同时，要通过东南部地区的结构优化和产业转移，使中西部地区获得资金、设备、技术等补偿，带动它的经济增长和结构调整。在区域决战、梯度推进中，随着价格放开，也有可能形成自南向北、自东向西的冲击波，对中西部地区的生产者和消费者有不同影响，要对计划、财政、信贷实行适度紧缩，把物价上涨幅度控制在财政和居民可以承受的范围之内。预计经过八年努力，三个地区的发展和改革都会取得新的成绩，不平衡的差距也将逐步缩小，形成比目前合理得多的空间布局。

稳中求进的改革思路[*]

（1988年3月）

　　研讨中长期中国经济体制改革的规划，是一件十分重要的事。中国之大，问题之复杂，是任何一个先行改革的社会主义国家所不可比拟的。中国人口为南斯拉夫的50倍，为匈牙利的100倍。我们的改革难度显然比他们大。这就要求我们更应该讲究策略性、技术性和计划性。单靠"试错法"、撞击反射，看来是远远不够的。尤其是，考虑到改革时期经济发展的部署，更需要有一个目标、内容和阶段性比较清楚，防范措施比较充分的改革纲要。这样，改革效果会更好些，也可以尽量避免改革工作中的重大失误。

　　改革初战阶段，我们不是没有搞过规划，但主要是年度性的。我们也搞过一些时间跨度比较大的改革规划，但不大便于操作，而且没有充分考虑到改革和发展、政策和体制的结合。现在，我们要研究拟订中期改革规划，并且分几个阶段来设计，就要考虑采取什么策略和战略，使经济政策选择和经济体制转换两方面结合起来；还要考虑如何分步过渡，把阶段性改革同最终目标模式衔接起来。下面讲几点看法。

　　* 本文系在一次研讨会上的发言，原载《财贸经济》1988年第3期。

一、认清形势——首先要稳定经济

设计下步改革，首先必须立足现实，对形势作出正确的判断。搞超越现实、脱离形势的改革规划，我们的思维就有可能走上过于理想化的道路，规划的可行性就会不大。硬要照着去做，可能走上邪路。因此，形势分析很重要。

前九年的改革，我们取得了很大成就。从总指数看，1986年和1978年相比，实现了工农业总产值、国民生产总值、国家财政收入和城乡居民收入这四个方面的翻番；从农村看，打破了集体"大锅饭"体制，建立了初级形式的农村商品经济体系；从城市国有企业看，"两权合一"格局开始受到以承包为主要形式的"两权分离"机制的改造，活力有所增强；从市场发育看，产品市场已初具规模，要素市场已有局部试点；从宏观管理看，以指令性计划为依托的资金、物资行政性统配制已逐步改变，通过市场进行间接调控有所起步。1987年，在深化改革和双增双节方针的指导下，经济发展形势比较好。与1986年相比，预计农业总产值增长4%以上，包括乡镇企业在内的工业总产值增长15%左右，全国的生产、建设、流通和外贸的情况都比预料的好，经济体制改革也有较大的进展。总之，改革和发展的总体形势是好的。这是客观方面的形势。此外，从上到下，从中央和国务院的最高决策人到普通的乡民和市民，改革热情高，信心足，思想认识一致，十三大以后更是这样。可见，主观方面的形势也不错。这种主客观形势为深化改革准备了较好的条件。

但是，正如大家知道的，目前我国国民经济中还存在着不稳定因素，这是我们在搞改革规划时必须充分注意的问题。一是，虽然1987年粮、棉、油和水产品略有增产，但肉、糖类减产，粮食尚未恢复到1984年的水平，人口则已比1984年增加了3 000多

稳中求进的改革思路

123

万人，而且目前生产后劲不足，农业不够稳定；二是，工业生产增长过速，产品结构矛盾突出，以"长线产品"为龙头的总量膨胀制约着结构转换；三是，经济效益不佳，可比产品成本上升，亏损企业和亏损额增加；四是，市场比较紧张，物价特别是食品价格上涨较多、猪肉等一些副食品恢复凭本供应，居民待购力很强，社会购买力与商品可供量之间的差距继续扩大；五是，财政赤字居高不下，通货膨胀压力有增无减。1985年以来，年物价上涨率平均在7%以上，超过了年平均利率，使实际利率成了负数。据有关单位测算，1988年物价上涨率不低于1987年。由于这些客观不稳定因素，特别是由于市场紧张、物价持续上涨造成的居民心理不稳定状态，更应该引起大家注意。

　　根据上述形势分析，我认为，中央最近重新提出稳定经济的方针，是完全正确的。我以为，稳定经济不仅是1988年要实现的方针，而且是"七五"后三年都要强调的方针，以后还要不断注意经济稳定的问题。其实，稳定经济的方针，1984年经济"发高烧"后就提出来了。中央关于"七五"计划建议，对于"七五"计划期间提的主要任务，第一条就是要为经济体制改革创造一个良好的经济环境。现在这一条首要任务人们不大再提了。但我觉得"建议"提的这条首要任务是正确的，现在还适用。要为改革创造一个比较良好的经济环境，就必须坚持稳定经济的战略，首先争取把经济稳定下来，在稳定中求发展，求改革的深化，因为如果经济不稳定，不紧缩通货，不控制过旺的需求，结构问题、效益问题就很难有效地解决，从而难以达到有效发展的目的。如果没有稳定的经济环境作基础，深化改革这篇文章就不大容易做好。

　　近年来，由于宏观失衡的问题没有解决，推迟了有些原定的具有关键意义的改革，使企业改革不能很好地同价格改革，同市场竞争机制的形成紧密地配套进行，价格改革停滞不前，这本身也制约着企业改革的真正深化，不利于企业成为真正自负盈亏的商品生产者和经营者。看来，今后深化改革也不能老是在紧张的不稳定的气氛中进行。所以，在目前的经济形势下强调稳定经济，是十分必要的。

稳定经济，治理环境，首先是稳定物价，紧缩通货，控制通货膨胀。这里，我想就这个问题顺便谈谈近两三年理论界流行的一些观点：有同志认为，要为改革创造一个相对宽松的经济环境不现实，改革只能在求大于供的紧张状态里进行，需求大于供给的紧张状态是社会主义初级阶段的"常态"，我们应当学会在求大于供的环境中搞改革，搞建设。还有的同志根本就不赞同1984年以来是存在着总需求膨胀的，他们认为恰恰是因为"需求不足"，应当用通货膨胀来刺激需求，促进经济的发展；另一些同志虽然承认短期需求膨胀，承认要通过紧缩来"软着陆"，但当紧缩措施刚出台，就惊呼出现了什么经济萎缩和"滑坡"，要求停止紧缩，重新开口子。结果我们的经济还没有软着陆又飞起来，这些观点和看法，从各自的立论来说，都有一定的道理，但是，不管主张者的本意如何，客观上却起着这样一种效果，就是会使人们对社会主义经济中长期形成的失衡和紧张的格局找到一个可以宽容的理由，从而放松对于解决这一"老大难"问题的决心和努力。这几年我们的经济有点像"空中飞人"那样在软着陆中老是着不了陆，这跟上述理论认识和心理状态不能说完全没有关系。我认为，这些观点有的是对形势的判断问题，有的则是搬用至多只对一些工业发达国家短期有效的政策主张，有的则属于对环境和改革关系的认识问题。当然，我们不能要求马上有一个长期稳定的供大于求的市场态势，谁也不会幼稚到认为要等到出现这种态势之后才能进行改革，但改革指导思想必须着眼于创造一个相对的供求大体平衡的良好环境，因为短缺经济本身就容易产生需求生长过旺。宏观政策稍有偏差，通货膨胀就会如脱缰野马，急速奔驰，难以控制。而且通货膨胀政策如同鸦片，一吃上瘾，是很难摆脱的，许多国家尤其是发展中国家的经验教训证明了这一点。如果在价格改革大的措施还没有出台的时候，就出现了物价持续上涨的通货膨胀局面，居民就会对物价上涨在心理和物质上承受不住，那么只要是由于总需求超过总供给引起的物价上涨的通货膨胀持续下去，我们的价格改革大的配套方案就永远也出不了台。这就会无限期拖延改革过程。反之，如果我们下大决心在一个不太长的时期里，坚持需求紧缩政策，把市场搞得比较宽松一点，把货币供应量控制住，把价格稳住，反倒可以在较早的时候使具有实质意义的价格改革措施出台，使之与企业改革的措施配套进行，这样才可以真正加快和加深改革。因此，稳是为了进。对这一点，我们必须有明确的认识。

怎样才能稳定？我认为要"双管齐下"来解决。一是在供给方面通过如目前采取的承包制等办法提高企业效益，用政策调整产业和产品结构，鼓励增加有效供给；二是控制需求。当前凭本供应的市场管理办法是不得已之举，不是抑制需求的根本之道。控制需求，关键还是紧缩通货。一方面要加紧制定三大科学的政策体系（财政货币政策、产业政策、消费政策），提高对需求、供给、结构的管理能力；另一方面要迅速改变控制方式，用分类（投资需求或消费需求、集团消费或个人消费）、分层（政府、企业或个人）、分点（单项工程、单个区域或局部市场）的办法，提高控制水平，防止"一刀切"。比如，当前的主要任务是压缩政府需求和集团消费，抑制低效益的加工工业的盲目发展，同时尽可能不要波及需要增产的产品和需要发展的企业。

稳定经济，必须有严格的总量管理。这里我提出以下几个指标仅供参考：第一，物价上涨前几年已达年均7%以上，其中主要是通货膨胀性的物价上涨，要有计划地逐年降低，比如说到1990年降到3%~4%。除了某些农产品价格的必要调整外，三年不采取大的价格改革措施，以便控制通货膨胀性的物价上涨。我以为逐步降低物价上涨率是应该的，而且是可以做到的。如果把1988年物价上涨率仅仅维持在不超过上年的增长率，而且又不规定以后进一步降低目标，有可能使通货膨胀性的物价上涨长期拖延下去。第二，货币供应量增长率过去已达20%以上，今后三年要降到年均为12%左右，相当于经济增长所要求的增长率6%~7%，加上经济货币化过程所要求的货币供应增长2%~3%，再加上物价上涨率3%~4%之和。至于后五年（1991—1995），由于有些价格改革要出台，应当基本上消除通货膨胀性的物价上涨，以便为价格改革腾出物价结构性上涨的空间。这样，由于价格结构调整所引起的物价上涨就可以维持在平均3%~4%的水平。第三，工业生产增长率，今后八年要控制在两位数以下，稳定在平均增长8%~10%。我看，达到8%~10%的增长率绝不能说是衰退，更不能说是萎缩，而是正常增长。农业生产要保持4%~5%的发展速度，粮食生产要再上一个台阶。如果实现了这几个指标，就可以基本上实现经济的稳定，从而可以为改革创造一个比较良好的环境。

二、从实际出发有选择地深化改革

我们讲当前强调稳定，并不意味着改革要停下来，或者全部放慢。不久前中央领导同志讲的两句话，非常之好：经济要稳定，改革要深化。这就是说，在稳定经济的同时，改革不但不能停顿，而且要进一步深入下去。我体会，这是因为，造成经济不稳定的种种因素中，传统体制遗留的弊病和双重体制的矛盾和摩擦都是重要的因素，如不从加深经济体制改革上来解决，稳定经济的目的也是难以达到的。

但是，对深化改革的含义要恰当理解。今后改革的深化并不

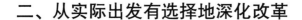

是在任何时候各项改革都要全面铺展，各项改革都要加快步伐，而是应当有所选择，有轻有重，有缓有急。在稳定经济为主的前三年，那些花钱多的改革，那些不利于控制需求的改革，那些只能刺激数量增长，不利于效益提高的改革，都不宜于进行。已经实行的应予重新考虑。而只应推进那些不花钱或少花钱的改革和不会加剧市场紧张和需求膨胀的改革，以及有利于提高效益和改善结构的改革。这应当成为前三年选择改革措施的准绳。

从总体上看，在前三年以稳定经济为主的阶段，改革的步伐相对要小一点；后几年改革的步子可以迈得大一些。前三年中，在宏观经济平衡达到基本稳定以前，大步价格改革措施不宜出台；资金、股票市场的发展也不能过快；企业改革中一切有助于诱发或强化短期行为和消费膨胀的因素都要尽可能防止；等等。但是，诸如农村土地管理和使用制度的改革，乡镇企业的改革，城市国有小型企业以租赁和拍卖转让为主要形式的改革等，应当加快。特别是宏观调控机制的改革，包括政府职能的分解和转换，机构的精简，以及中央银行独立地位和职能的强化，专业银行企业化等改革等，都可以加快步伐。如果按企业、市场、宏观调控三方面来划分，我认为这三方面的改革在总体上要配套，但短期内可以有所侧重。当前为了稳定经济，特别要注意实现宏观调控机制的转换和完善，当然也不排除采取必要的行政措施。在此前提下，要重点推进并深化国有大中型企业以两权分离为内容的企业改革；而为了稳住市场，控制物价上涨，这就要求暂时推迟以价格改革为中心的大改革方案的出台，相应地，市场化的步子也要放慢。总之，深化改革应当有选择地进行，要从实际出发。这个"实际"就是本阶段宏观经济的总态势，就是为着创造一个稳定的经济环境。

有些同志对价格双轨制带来的问题很担心，他们主张忍受短期阵痛，迅速变双轨制为市价单轨制，以减少双重体制摩擦，使社会经济运行迅速转到市场化的轨道，以避免重新回复到旧体制。这种想法可以理解。但是应当看到，没有改变"急于求成"的发展决策观念，没有建立一个严格的货币供应量控制体系，没有一个供求不太紧张的市场条件，就匆忙将大步价格改革措施推出台，全方位放开市场，强行将双轨制转为单轨制，恐怕风险太大。我们要记取东欧某些国家在这方面的教训，不要重走他们走过的弯路。在我们这样一个大国，搞没有把握的激进式改革，后果是不堪设想的。所以，以价格为中心的市场大配套改革，我认为还是准备充分一点、步子稳一点比较好。花两三年稳定经济打好基础的时间，再用几年分步过渡的时间，过好价格改革这一关，表面上看慢了一点，实际上是快的。

有的同志认为整个经济改革成败的关键，不在以价格改革为中心的经济运行机制的改革，而在于以所有制改革为中心的企业机制的改革。其实，这个问题在党的十二届三中全会关于经济体制改革的《决定》中已经作了回答，就是：企业改革是经济改革的中心环节，价格改革是整个改革成败的关键。我以为，党的十二届三中全会《决定》中这两句话是正确的，以所有制关系改革为中心的企业机制改革，同以价格改革为中心的经济运行机制改革，是整个经济体制改革不可分割的两个组成方面和两条主线，它们之间存在相辅相成的关系，而且后者的实质性进展是前者顺利推进的条件。当然，在不同时期和不同情况下，这两者的侧重点可以有所不同。目前，以价格改革为中心的经济运行机制这方面的改革之所以有所缓行（外国人主要从这一点看我们改革的进展），在实践中突出了另一方面即企业机制的改革，我看，这并不是因为理论风向改变的结果，而是因为宏观失衡的客观条件逼迫我们不得不这样做。当然这也是为转向间接的宏观调控准备一个适宜的微观经济基础所必需的。近一两年理论风向的变化不过反映了这一客观形势。但是不能不看到，以两权分开和理顺产权关系及强化经营权为主要内容的企业机制改革，如果没有以环境改善为前提条件，以价格改革为中心的经济运行机制改革的相应配套，前者是难以真正深化下去并获得最终的成功的。

在企业改革方面，不少同志主张大中型国有企业特别是大型国有企业应主要搞股份制。这作为长远目标模式不是没有道理的。但在三年稳定时期市场化步子放慢的形势下，不能有大的动作。这三年中，只能在经营权变革上做文章，实行以不牺牲国家所有者利益为前提的多样化承包经营责任制。在目前条件下，承包经营责任制是比较现实的选择，可以在稳定所有权和强化经营权的基础上出一些效益。但承包制是否可以作为大中型国有企业改革的目标模式，还需要研究。从长远来看，它可能是一种积极的过渡形式。在深化和完善承包经营责任制时，要为以后逐步过渡到多种形式的股份制准备条件。当然，以后也不会是股份制囊括一切，它不过是"以公有制为主体、多种所有制形式并存"模式中重要的一种财产组织形式。

总之，在今后几年改革和发展中，前三年应当坚持"稳中求进，以稳为主"。把稳定、改革、发展这三者有机地结合起来。稳定为了改革，改革为了发展，发展又要考虑到稳定和改革两方面的需要。企求发展和改革同时都加快的想法，恐怕是不现实的，也是难以做到的。

三、实现协调配套，把阶段性改革和目标模式衔接起来

有了前三年稳定经济作基础，创造了一个比较宽松的国民经济格局，并且在一些方面改革得到进一步的深化，今后八年中的后五年改革就可以迈出更大的步子。那时，稳定发展的思想还是不能放弃，在以模式转换为内容的整个改革时期，稳定经济的

政策都应一以贯之。只是后五年不会像前三年那样严峻。因为前三年要根治前期需求膨胀和通货膨胀的"后遗症"；而后五年只需防范本期通货过松和需求生长过旺。这样，后五年可以看成是改革的加快推进时期。因此，"前三""后五"都要坚持"稳中求进"，区别在于：前三年要"以稳为主"，而后五年可以比较全面地推进配套改革。在此阶段，以价格改革为中心的市场运行机制的改革，以国有大中型企业股份制为中心的所有制关系的改革，以及以结构改革为中心的农村第三步改革等，都可以有较大的动作。

后五年改革的内容更加丰富，这里举几个方面：

1. 农村改革方面，应进一步推动农村土地的相对集中经营，诱导农民搞合作农场、合股农场和家庭农场，培养较高一级农村商品经济体系中的市场主体；同时大面积进行农村就业结构和产业结构的改造；改革农村流通体制，以策应对粮棉等主要农副产品第二次较大幅度的价格调整，但不能像1979年那样一次提价过猛，可考虑分两小步进行，以免短期内政策性价格上涨太快。

2. 企业改革方面，要把大中型国有企业改革推到一个新阶段，即从承包制为主逐步转向股份制为主。根据股份制原则和法规改造企业内部组织形态和内外关系。先是在非垄断性大中型企业中推行，并且以中型企业为主，然后推及垄断性大型企业。但八年内很可能难以完成某些大型企业的改革任务，要留到"九五"计划时期去完成。而且企业改革大体完成时，有少数垄断性企业可能仍然是政府企业，但这些政府企业也不一定由政府直接操纵其日常生产和投资活动，也要采取适当方式，实行所有权与经营权的分离。

3. 在以价格为中心的市场运行机制的改革方面，本阶段应着重解决"双轨制"问题。如果经济形势能按我前面的设想发展，那么，较大步子的价格改革便可在此时出台，分步解决价格

"双轨制"。五年中头两年放开紧缺程度较小、竞争性较强的生产资料价格，在一些县和小城市放开非口粮性工业用粮和其他用粮的价格；然后再用三年的时间逐步放开其他重要生产资料的价格，使80%的生产资料价格实行市场调节，在大中城市放开非口粮性工业用粮和其他用粮的价格，口粮特别是大中城市的口粮，看来1995年前还不能完全放开，还需继续实行"双轨制"，到"九五"计划期间逐步扩大市场调节范围，争取在20世纪末实现把城市用粮补贴改为对10%~20%的低收入者给予福利补贴。不过，这要看今后粮食生产的发展和稳定情况。此外，本阶段资金、劳动力等要素市场可以加快发育，不仅要发展短期资金市场，而且要发展长期资金市场，但股票、债券等长期资金市场的发育不大可能在"八五"计划期间全部完成，还需在此后继续深化。劳动力市场的发育形成看来也是这样。

4. 宏观控制方面，后五年要使宏观控制机制的改革发展到一个更高层次，进一步深化三权（行政、所有、经营）分离的改革，基本完成政府职能的转换，使政府职能进一步法律化、制度化，在培育市场体系和价格逐步放开的基础上，基本上完成从指令性计划为主向指导性计划为主的转换，初步形成指导性计划和不完全市场相结合的调节体系，进一步深化财税体制和金融体制改革，在充分发挥中央银行对宏观总量独立而有效控制的同时，推动政府对经济的管理，基本上完成直接控制为主向间接控制为主的转换。

看来，"八五"计划时期的改革将成为中国经济体制转轨的关键一步。这一步也要走得稳妥一些，不能盲目冒进，具体改革措施的出台需要相机抉择。如果说前三年工作难点是根治通货膨胀，那么后五年的工作难点就是各项改革措施如何协调配套。当然，前三年也有一个配套问题，但那是小配套，主要是与治理环境有关的改革措施的配套。而后五年则是大配套。首先是改革要和发展互相配合、互相促进，实现良性循环；其次是改革的两条主线即以所有制改革为中心的企业机制改革同以价格改革为中心的运行机制改革的互相配套，互相促进。不言而喻，大配套的要求是更高的。在这方面，规划时要多作一些考虑。

另一个问题，是阶段性改革措施如何同最终目标模式衔接起来，这就要求改革设计者对最终目标模式胸中有数。我们经过几年的努力，牢固确立了中国社会主义经济运行和调节必须走计划和市场内在有机结合的道路，而不能停留在板块结合的状态。改革的最终目标模式"国家调节市场，市场引导企业"是具有中国特色的社会主义有计划商品经济模式。这个思想，经过十三大的阐明，现在大家是一致的了。但在作改革规划时，这个最终目标模式要具体化一些，作一些分解。这有利于在作近期改革设计时，头绪清楚，使近期目标和中长期目标相互衔接。我认为，目标分解还是要以"'七五'计划建议"讲的三大基本方面为依据。这就是建立合理的企业经营机制；建立发育正常的市场体系；从直接控制为主过渡到间接控制为主，这是一个三位一体的框架。这个框架很符合我们的情况。我们的改革理论要向前发展，同时也要有连贯性、稳定性，不要今天是这个说法，明天又是内容不同的另一种说法。我们常听说农民最怕的是政策变，外商也怕中国政策变。我们要给他们一个相对的稳定感，理论和实践都不能朝三暮四、左来右去。只要步子走得稳，加上有新的法制建设作保证，从而为经济体制改革创造一个良好的思想环境和社会环境，我们完全能够排除万难，达到改革的目标。

稳中求进的改革思路

社会主义市场经济为核心建立全新的经济政治体制：海南经济发展战略*

——《金融时报》记者专访

（1988年3月16日）

总体目标：以工业为主导，工农贸并举，以一、二、三次产业协调发展的外向型、综合型经济特区

海南经济发展的战略目标是：坚持以开放、改革促开放的方针，实行社会主义有指导的市场经济，最终建成以工业为主导、工农贸并举，以及一、二、三次产业协调发展的外向型、综合性经济特区。他说，根据海南的特定情况，应把海南建成自由经济区，力争用20年左右的时间达到人均国民生产总值2 000美元以上。为了实现这个目标，必须实现经济发展战略的转换，即从海南主要作为国防前哨转向同时作为建设前沿，从强调为国家做出贡献转向同时着重海南本身的开发和振兴，从与港台和东南亚对峙转向相互补充协作，从封闭的半自然经济转向开放的市场经济。为实现经济战略发展的转轨，在目前起步期的工作主要是：抓好农业和现有企业的改造；抓紧基础设施建设；大力引进外

134　* 本文系《金融时报》记者于宝刚专访，发表于该报。

资，积极发展"三来一补"；办一批内联企业，发展乡镇企业；着手改革经济体制和政治体制；健全法制建设；以及积极引进人才等。

经济模式：社会主义市场经济

在中国共产党领导下实行社会主义市场经济的自由经济区。他说，海南之所以要实行社会主义市场经济，是由它特定的情况和特定的目标决定的。海南目前经济水平较低，包袱较重，1986年按人口平均的国民生产总值是744元，只及全国人均水平的83%，全岛近1/6人口还处于贫困线下；经济结构原始，基础薄弱，经济效益低下，资金、人才缺乏。在这种条件下要在20年左右达到人均2 000美元的水平。这种起点低、目标高、落差大的非常规经济发展，必须采取相应的经济发展措施和制定相应的经济政策。实行社会主义有指导的市场经济，既和我国有计划商品经济的改革和发展的总目标相一致，又与国际市场的运行机制、运行方式相一致，有利于加入国际经济循环，同时又先于国内其他地区在经济体制改革上迈出更大的步子，对外将有更大的吸引力，以吸收更多的外资，加速海南的建设。谈到这里刘国光强调说，"自由经济区"是我们参照国际通行的自由港、自由贸易区等名称提出来的。我们建议在海南实行自由港、自由贸易区和出口加工区等某些国际通行做法，总括为"自由经济区"，是否合适还可以进一步探讨。具体目标为：

建立多元化的所有制结构，即国有经济、合作经济、外资企业、个体经济等多种成分相互竞争的多元化经济结构。这种经济结构的特点和发展趋势是：国有企业将主要限于基础设施和极少数关系国计民生的大中型企业，其比重将明显下降；其他中小型企业将通过拍卖、出售股权等方式，改变其所有制性质；合作经济将在真正自愿互利的基础上，有一定的发展；外商可以承包、租赁和购买当地企业；个体经济和私营企业将实行比内地更加灵活的宽松的政策，各种所有制互相渗透、彼此联合的混合经济将占有重要的地位，多种投资来源及其不同组合，将导致各种股份企业、企业集团和跨国公司的发展。

形成完善的开放型市场体系。发育和完善市场体系，让市场在经济运行中充分发挥其评价、选优、控制和调节作用。要把国家同海南之间的产品调拨关系逐步改变为商业贸易关系。完善和发育市场体系，关键在于放开价格，包括商品价格和劳务价格，以及利率、汇率、工资、房租和地价等。因此，要积极准备，周密设计，建立相应的资金和物资储备，早日结束双轨制的局面。

实行诱导性宏观调节。海南实行社会主义市场经济，政府对经济的管理和调节，主要是通过市场手段和法律手段对微观经济活动进行引导、协调和监督。政府职能在于制订指导性计划，提供权威性信息，规定政策，调节收入分配和货币流通等。提前实行国家调节市场、市场引导企业的新体制模式。

政治体制：小政府、大社会

为保障海南全新的经济体制正常运行，必须彻底改革旧的政治体制，建立与之相适应的政治体制。其改革的方向就是：转变政府职能，扩大社会功能。具体内容是：重新制定政府的行为准则与权力范围。政府在经济方面的主要功能应当是保障社会经济运行的外部环境，维护市场规则，进行经济预测和制订发展计划，开展公共协商对话，举办公共工程和保护生态环境等。刘国光强调指出，"小政府"体制的核心和关键在于转变政府的经济职能，要使咨询、决策和执行的职能相对分离和相对独立，政府的重大决策都要经过咨询机构的专家充分论证后，由领导集体讨论决定，做到决策科学化、民主化、程序化。

重建和完善"大社会"是海南政治体制改革的另一核心。刘国光说，只有充分发挥各种社会组织和机构的自主、自治和自我管理的作用，海南经济才能更加富有生机。

完成这一任务必须充分准备，整体转轨，逐步完善。具体分为准备、试运行、全面运行和巩固发展三个阶段，准备阶段的任务是制定政策规划、条例，设计全新的体制及相应的运行办法，用竞争机制选拔干部、人才等。之后进入试运行阶段，在发展中不断补充和完善新体制，解决新体制运行中出现的各种问题，总结经验，不断提高。同时要加紧解决旧体制遗留的问题，防止旧体制回潮。通过几年试运行，根据国内外形势和省内开放、开发的需要，巩固并发展新体制。

海南的改革、开放和开发、振兴必须以思想观念的转变为先导，要树立市场经济和民主法制的观念。思想的解放必将带来经济上的腾飞。只要我们发扬开拓创新和艰苦创业的精神，海南定会实现其宏伟目标，为全国改革积累经验，带动我国经济的全面发展。

社会主义市场经济为核心建立全新的经济政治体制：海南经济发展战略

略论海南经济发展的几个战略问题*

（1988年3月30日）

海南建省，并办成全国最大的经济特区，是中央作出的一项重大战略决策，反映了海南人民和全国人民的共同愿望，对于加速海南的开发和振兴，对于我国的社会主义现代化建设，都具有十分深远的意义。这里就海南经济发展战略中的几个重要问题，谈点意见。

海南岛为我国沿海第二大岛，它具有比较丰富的自然资源（热带作物资源、海洋水产资源、地下矿产资源及旅游资源等）和比较优越的地理位势。作为一个与大陆隔离而又邻近的海岛，海南最宜举办彻底开放的特区。但是，与沿海地区和广东省比，海南经济是落后的，它的劣势也是明显的，如经济水平较低，产业结构原始，基础设施严重不足，资金缺乏，人才过少，等等。

根据中央对海南建省的要求和海南的实际，我们认为海南经济发展的战略目标应当是：坚持以开放、改革促开发的方针，建成以工业为主导、工农贸旅并举、三次产业协调发展的、外向型的、实行社会主义市场经济的全国最大的经济特区，力争以20年左右的时间，达到人均国民生产总值2 000美元以上，相当于东南亚较发达地区20世纪80年代初的水平。

---

　　*　与李京文合写，原载《经济日报》。

发展外向型经济

海南经济发展战略目标的一个重要方面是发展外向型经济，也就是出口导向，积极参与国际经济分工和市场交换，在扩大进出口的同时大力利用外资、引进技术，做到大进大出，以人之长补己之短，促进经济的起飞。

但是，对于海南发展怎么样的外向型经济却存在不同的理解。有的同志认为，从海南当前的情况出发，海南发展外向型经济的目标应理解为"出岛型"，即只要海南的产品出岛比重很大就可以称为外向型。但是，"出岛"而不"出国"，其真正含义仍是"内销"，而非"外销"。实际上，海南的主要产品，如橡胶、铁矿石、蔗糖、盐等，多年来就是主要销往大陆，显然这种情况不能作为已经发展了外向型经济。

还有的同志主张，海南外向型的目标应理解为"进口替代型"。这是因为，海南的商品打出去困难，而许多海南产品又是国内紧缺需要进口的，海南实行进口替代也就是为国家节约了外汇。认为这种节约外汇型就是外向型。的确，在外向型经济的国家或地区中，并不排斥进口替代项目，但作为整体经济发展战略来讲，外向型经济的最主要的标志之一就是从"进口替代"战略逐步转变为"出口导向"战略。对于海南来讲，绝不能把起步时期搞的进口替代项目凝固化、长期化，否则就难以在国际竞争中奋起。

因此，海南经济发展的战略目标，应是以出口为导向的外向型经济。内向的本质是封闭，外向的本质是开放，即经济要素的顺畅流动和双向流动。具体来讲，商品贸易不是小进小出，而是大进大出；资本贸易不仅要引进内地资金，更要大量引进外资，而且随着经济实力的增长到海外直接投资；技术贸易，不仅要引进硬件，更要积极引进软件和人才。总之，要采取以国际市场为目标的战略，才能提高经济效益，有效地参与国际分工和国际竞争，较快地实现工业化、国际化和现代化。

从海南的实际情况出发，海南外向型经济的具体目标可以考虑为：

1. 出口值占国民生产总值的比重，目前约为5%，力争1990—1992年达到10%~15%，1995—1997年达到25%左右，2005—2007年达到40%以上。

2. 外资占全部投资的比重，目前约为8%，力争在中近期达到20%左右，长期达到35%左右，这样除本省积累不断扩大外，利用外资将逐渐超过国家和内地投资，成为省外资金的主要来源。

3. 与此相应，包括合资、合作企业在内的外资企业占全部企业的比重也将逐步提高。

4. 在扩大进出口的过程中，要实现包括非贸易收支在内的全部外汇收支平衡有余，即有一定的顺差。

以工业为主导，工农贸旅并举

海南经济发展战略目标的另一个主要方面，是产业结构的选择问题。对海南省应搞怎么样的产业结构，也有不同的意见。有的同志认为，应发挥海南的热带作物资源和水产资源的优势，把海南建成以热带作物为中心的现代化农业基地；有的同志主张利用海南的地理位置，以发展国内外贸易和金融市场为主，把海南发展成为国际贸易中心、金融中心；也有人突出海南的旅游资源，提出应以旅游业作为海南经济发展的中心，全岛都要围绕旅游来建设和发展，对此有碍或无关的产业都不应发展。这些主张，应该说都是有一定道理的。但是我们认为，以发展农业、贸易、旅游为主，都是从发挥海南现有资源优势出发的，如果采取单一结构模式，难以实现海南经济的发展目标。因为，海南是个大岛，它的开发，是一个全面的开发，要发挥大岛多样化的优势，在建立外向型的经济的过程中较快地实现海南经济的工业化、国际化和现代化，其核心则是工业化。因为海南经济目前尚处于落后的农业为主阶段，亟待完成工业化的历史任务，不完成工业化任务，只以农业为重点，或以贸易为重点，或以旅游为中心来发展海南经济，就难以奠定比较雄厚的经济技术基础，带动整个国民经济的成长和起飞，难以较快地实现国际化、现代化的目标。工业要与农业、贸易、旅游并举是因为：（1）海南农业所占比重虽较大（1986年占社会总产值的48.6%），但主要农产品单产低，总量也不多，不能适应工业、贸易和人民生活不断增长的需要，必须有一个很大的发展；（2）海南的内外贸易也不发达，必须随着工农业生产的发展而兴旺起来，才能从半自然经济转为商品经济，从封闭型经济转为外向型经济；（3）海南的旅游资源得天独厚，必须大力开发，成为本岛的优势产业之一。

与此相适应，海南要改变原来均衡分散的生产力布局，逐步建立以港口为依托，以沿海城市为枢纽，与国外和大陆密切联系，与岛内广大腹地相联结的各具特色的经济区和不同功能的环岛产业带。我们考虑全岛可规划为五个经济区，其中北部经济区重点发展机械、电子、轻工和第三产业；南部经济区要围绕旅游来发展，目标是建成一个国际旅游中心和临空型高技术产业区；东部经济区以发展农业、农产品加工、轻纺和仪表工业为主；西北经济区和西南经济区重点是利用金属和非金属矿产为主；西北经济区和西南经济区重点是利用金属和非金属矿产资源，以及天然气和石油，有计划地发展重化工、钢铁、建材等工业。由于海南岛地域较广，回旋余地较大，这样布局能使各地区充分发挥其优势，互相补充而不互相掣肘。在这些经济区中，必须实行分片开发、有序展开的原则，近期首先集中人力、财力开发北部经济区，其次是南部经济区，东西两翼相机量力而行。

实行社会主义市场经济

开发和振兴海南经济的起点低、目标高，两者之间有巨大落差。不能期望以常规的办法来创造奇迹，必须实行比其他特区更加特殊的政策。海南的振兴，改革是关键。必须彻底改革旧的经济体制和政治体制，建立健全新的经济体制和政治体制。我们提出在海南实行共产党领导下的社会主义市场经济体制。这种市场经济是有指导的，它也是一种有计划的商品经济模式，但是更加市场化、更加国际化，在提法上更易为国际市场所接受。这种社会主义的市场经济体制既有别于资本主义的市场经济，又能吸收融合其好的经验和国际市场一切通行的做法，比其他特区的"市场调节为主"向前推进一大步。这种经济体制模式的基本框架是：建立多种经济成分并存和平等竞争的多元化经济结构；形成完善的开放型的市场体系，包括资金（含外汇）市场、劳动力市场、商品市场、房地产市场、技术市场和信息市场等，让市场在经济运行中充分发挥其评价、选优和调节作用；实行诱导性的宏观调节以指导市场，提前实行"国家调节市场，市场引导企业"的新模式。这种新的经济体制，在保证与全国经济目标一致的前提下，与国际市场的运行机制、运行方式协调一致，既有利于大量吸引国外资金、技术和人才，又有利于调动岛内和国内各地区、各部门和企业、集体、个人的积极性，汇成开发海南的一股巨大洪流，支持海南的振兴。

有的同志建议，参照国际通行的做法，把海南岛开放为自由贸易区或实行自由港的政策。这对于海南的彻底开放是有利的。但是，海南省是一个大型的综合性经济特区，对国外来说，它不是单一的自由贸易区、自由港或出口加工区，而是兼而有之，因此，把它叫作自由经济区也许更为适宜。

略论海南经济发展的几个战略问题

紧缩中的矛盾与对策选择*

（1988年）

为时四个多月的调整紧缩，已在某些方面初见成效，但从整体上看，还只是开端，实际效果还有限，离预期目标相距尚远。最近，已推出的调整紧缩措施似有疲软之势，不但企业因资金紧张而要求放松信贷控制，而且地方、部门和经济理论界也开始出现了"防滑坡""反滞胀"的呼声，政策反弹和波动不是没有可能。继续坚持1987年9月中央工作会议提出的"治、整、改"方针，坚持在紧缩中使改革和发展"稳中求进"，对我们仍是一个重要的任务。

一、紧缩效果尚不明显

1988年，是改革时期继1984—1985年又一个"过热"发展的年份。从国民生产总值、工业总产值、国民收入、固定资产投资、进出口和物价等主要宏观指标来看，其增长幅度均超过1984年，总供求缺口比1984年扩大近一倍。1987年第四季度推出的"治、整、改"措施，压基建投资，降工业速度，砍楼堂馆所，控集团购买力，以及整顿流通秩序等，只是在一定程度上抑制了"过热"升级的势头，紧缩效果尚不明显。

---

* 本文由刘国光、张卓元主持，陈东琪执笔，参加本报告讨论的有经济学科片部分研究人员。原载中国社会科学院《要报》总800期。

常规经验表明，在竞争市场经济或集权计划经济的条件下，紧缩期经过6—11个月一般就能取得预期效果。但是目前在我国，由于双重体制并存，双向分权后，一方面集中控制能力减弱；另一方面规范式间接调节尤其是银行和法律调节功能不强，就使得我们目前的紧缩可能要经历较长的时间才能奏效。考虑到1988年比1984年"热源"更多，"热度"更强，"热组织"更为复杂，更应冷静分析形势，下决心多花一点时间切脓疮，割肿块，切不可使调整紧缩半途而废。目前的形势有以下几点值得重视：

1. 工业高速走势仍很强劲。1987年，我国工业增长速度逐季度上升，分别为16.7%、17.6%、18%和18.8%。初始紧缩后，1988年1月增长率8.2%，首季增长率估计为10%左右，较上年同季降5~6个百分点，但速度仍不算低。即使夏季再掉1~2个百分点，而到秋冬两季稍有松懈，则可能再度上腾。这样，8%的计划指标又将被超过。

2. 货币金融形势可能更趋紧张。1987年货币投放679.5亿元，为1949—1984年投放总额的86%，相当于1984—1986年的累计货币投放量。1988年1月已投放321亿元，月末市场货币流通量达2455亿元，比1987年同期增长58.1%。如果考虑到1988年进行必要的工资调整（1987年打算调的有一部分在1988年再也不能拖了），加上分散的基建摊子还在加速吸纳资金，以及大量通货急速变成居民手持现款，这都会造成社会上虚假性资金紧张，使得货币扩张的力量拉大。如果不坚持从紧的货币政策，那么1988年金融形势将更加令人担心。

3. 供求缺口仍然存在拉大势头。1987年，供求缺口2 243亿元意味着该年缺口增长率达42.6%。虽然初始紧缩估计可压300多亿元新增基本建设投资，减少部分控购商品范围内的集团购买力，但是造成总需求膨胀的因素，至少还包括：（1）在压缩基本建设投资时，地方和部门还抱观望、应付甚至抗衡的态度，新增基建投资还可能通过各种渠道上来，加上技术改造设备更新投资也在加速，就使得投资需求可能保持过快扩张的势头；（2）各级政府机关、企业和其他非营利机构的收入最大化行为和冲动，在短期内不但未能得到明显抑制，而且人们的高收入要求在通货膨胀条件下越来越强烈，形成和强化惯性收入膨胀；（3）由于存在惯性收入膨胀，加上居民对未来高物价的预期，在目前的负利率情况下，居民的消费需求仍将保持在过旺的水平；（4）集团购买力很大一部分转向控购之外，这是1987年集团购买力在控购情况下还增长20.3%的原因，因此市场上短期购买需求难以很快缩减。

4. 物价和市场形势不容乐观。由于1987年粮、棉、油全面减产，基础工业增长比加工工业增长落后12个左右的百分点，这势必影响1988年的市场供给。如果1988年的粮食不稳，基础工业和加工工业的速度反差进一步加剧，有可能诱发由粮食、能源和原材料牵头的短缺危机，推动物价加速上涨。目前物价涨势又出现了四个新动向：（1）结构推动。由长线越长、短线越短形成的结构性增长反差迫使涨价，因为要刺激短线的生产，除采取其他措施外，不得不调价。（2）区域竞赛。在有选择的结构性调价过程中，谁早提价、多提价便可早得益、多得益，因此实践中常发生区域间抢先涨价的竞争和攀比，推动物价总水平过快上涨。（3）预期作用。由于对未来高物价的预期心理，一方面是企业囤积物品；另一方面是居民加速购买，这两种行为势必使供求非均衡加剧，增大物价压力。（4）市场冲击。由于市场辐射面扩大，开始出现牌价追随市价的情形，过大的供求缺口促使市价提高，而高市价又推动牌价往上拉。因此，要使1988年物价上涨水平明显低于1987年，任务相当艰巨。如果将调整紧缩这根弦松一松，今年夏秋两季形势可能更为困难。

二、对滞胀理论的认识

最近，有同志宣传"反滞胀"论点，警告我们不要将国民经济引向滞胀的轨道。因此，对"滞胀"理论宜有正确认识。我国1984年以来工业一直趋高速发展，年增长率分别达16.3%、21.4%、11.7%、17.7%和20%。如果1988年真正降到8%，速度水平仍不算低，不能说是"工业停滞"。当然，工业速度如此大幅度下降，的确代价很大，从长期效益看，应当尽可能避免这种"大起大落"，在已经"大起"之后尽可能缓解"大落"。但须说明以下几点：

第一，我国经济波动的历史经验表明，每一次"大落"都是"大起"的结果，周期中低谷下沉的程度总是与高峰扩张的程度正相对应。因此，要紧缩必须首先限制扩张和膨胀，要避免"大落"首先要防止"大起"。这是今后长期发展中必须经常保持清醒的大问题。

第二，周期中的低谷，即暂时的衰退，是必然的、正常的、必要的。"大起"必然要由"大落"来纠正，"大落"不可避免，只能缓解，而"大落"不付代价是不可能的，只能尽量减少"大落"时的损失。

第三，紧缩期中出现的"暂时衰退"不等于停滞。现在有人不怕"胀"倒怕虚幻的"滞"。在过热的经济未降温前叫喊防止滞胀，停止紧缩，放松银根，乃是希望用新的通货膨胀来刺激新的上涨。但是在"滞胀"的环境下，不仅改革很难取得实质性进展，而且很可能陷入真正的持续性的"滞胀"。

第四，放弃"没有两位数的增长速度就不算繁荣"的观点。从长期来看，根据对我国1950—1988年经济增长过程及今后逐步转入内涵（以生产率、质量为主）发展趋势的分析，我们对经济增长区间作如下划分：（1）11%以上为超常规增长；（2）7%~10%为高速增长；（3）4%~6%为中速增长；（4）1%~3%为低速增长；（5）零值以下才是停滞和萧条。

第五，从结构调整角度看，要想在超高速、膨胀、过热的条件下对经济结构进行有效改造几乎是不可能的。这几年，我国工业的超高速发展是以牺牲农业为代价的，要调整结构就必须降低工业速度，增加对农业的投入，加快农业的发展。相反的，如果在怕"滞"的思想指导下继续让工业超高速运行，农业尤其是粮食增长将更为困难，这势必使产业结构进一步恶化。

总之，对目前流行的"滞胀论"应当有一个正确认识，不能在概念不准确的反滞胀呼声下改弦易辙，而应当坚持调整紧缩政策，直至达到预期目的。

三、设想与建议

我们的设想和建议是：坚持"稳中求进"，认认真真地搞好今明两年的调整治理工作，为20世纪90年代改革的大步推进创造有利条件。具体措施包括：

1. 收缩通货。目前应加紧组织专家确定一个货币（现金）发行量计算公式，不但前两年所用的"经济增长率加物价上涨率"公式应当放弃，而且不宜单用"比上年增长"概念来审定本年货币投放的合理与否，因为往往上年货币量已大大超发。货币计算至少考虑：（1）前期货币存量；（2）流通速度；（3）合理的价格水平变动；（4）经济货币化程度；（5）银行和货币资本使用规模的变动；（6）货币信用能力的收缩和放大的情况等。按此计算，预计1988年货币投放量应大幅度收缩。

2. 银行改革。包括：（1）中央银行归人大管，人大审定当年货币发行量并有法律备案，超发按法律程序追究责任；（2）

中央银行总行对分行垂直领导，撤销省级分行，全国建立8~10个中心城市分行；（3）中央银行系统的官员任命、职员就业及其收入和福利获取一律由中央政府优先决定；（4）各专业银行服从中行和本行上级双重领导，接受前者协调。

3. 提高利率。目前，利率对经济总量和结构的调节作用还不明显，在吸收存款和调节与抑制贷款时，利率这个杠杆还很疲软。去年9月10日开办3年保值储蓄，1988年2月1日又采取了提高利率措施，但力量不够。我们主张：（1）利率调整应当先于物价调整，利率应高于物价上涨率，让货币成为略有增值的货币资本；（2）近期开办半年期以上保值储蓄，待一段时间后实行正利率2%~3%（毛利率减物价上涨率之差）的原则，为增加长期储蓄，可考虑实行"1、2、3、4原则"，即定期存款一年期为正利率1%，二年期为2%，三年和三年以上的更高些。同时，还应大幅度提高贷款利率，可考虑对不同产品和产业实行差别贷款利率，贷款利率水平的确定以扣除存款利息和银行费用之后银行还略有盈余为原则。利率调整应有弹性，利率政策需与其他政策配合运用。

4. 有选择地提高投资税率。为了控制投资尤其是土建投资，紧缩期中可将建筑税改为有差别的投资税并较大幅度提高税率，比如土建投资税可从10%提高到20%左右，其他投资的税率可视情况略低些，但不能低于已有的10%。对企业留利用于再投资（尤其是技改投资）实行优惠税率。对外资企业可以酌情对待。对"假外资企业"应进行清理，取消优惠。

5. 拨贷限制。由国家计委（现国家发展和改革委会）同有关部委对产业、产品和企业发展趋势作全面核查，确定资金拨贷限制系列并发榜公布，对高能耗低效率的产业、产品和企业实行削减和停止直接拨贷办法，让其被吞并；而对一切高级楼堂馆所建设停止拨贷；紧缩期内限制用公款买小汽车等。

6. 收入限制。除对预算外收入继续征收10%的调节基金外，还应对近几年已获国家优惠的地区和部门征收高出平均水平的利润差额，或部分撤销其优惠。同时还应设法控制工资表之外的收入膨胀。

7. 消费市场调整。吸收烟酒的市场管理经验，撤销彩电、冰箱和其他高档消费品凭票牌价供应办法，采用放价、专营、收特种消费税三位一体办法，杜绝灰市交易，增加财政收入，用市场稳定市场。

8. 专款冻结。应将出售国有小企业、公房和有偿转让沿海地区部分地方的地产及发售国有企业股票等得到的回笼货币实行专款冻结、专户存储，在紧缩期内不得用作再贷款和再投资。

9. 均衡的产业政策。1984年以来我国出现的经济"过热"是由工业尤其是加工制造业超常规增长诱发的，农业（种植业）则是真正的停滞（连续四年徘徊或下降），而能源、原材料等基础工业则增长缓慢，因此实行的是向工业尤其是加工制造业和乡镇企业强倾斜的非均衡化产业政策。在紧缩中，要紧缩的是工业尤其是高耗的加工工业和低效的企业，相反，农业、能源等基础工业和高效企业应予加强和支持。

10. 削减政府开支。在紧缩过程中，政府必须考虑对本身的紧缩，将政府机构开支限制在国民经济发展所允许的最低限度上。我国如果抓紧实行"精兵（官）简政"，减少雇员30%，财政困难当可部分缓解。而且政府的工作效率将对企业效率起一个表率作用。

需要强调的是，在调整时期，改革并非无所作为，更不是停顿和后退，如果策略选择正确，完全可以将调整紧缩和制度改革（包括反对腐败现象和廉政建设）结合起来，使调整成为改革的契机。

谈海南经济发展战略*

——《瞭望》周刊记者专访
（1988年4月）

　　海南岛是我国仅次于台湾的第二大岛，具有丰富的热带经济作物资源、水产资源、矿产资源以及得天独厚的旅游资源。但是，过去我们只把海南岛当作国防前哨，对开发建设没有给予足够和全面的重视。在体制上，海南岛一直属于广东省，缺乏自主权。对外闭关锁岛，而岛内的行政体制又是分割的，如中央企业在岛上自成体系等，严重妨碍了海南的发展，致使海南长期处于落后状态。人均收入低于全国水平，有1/6的人口仍处于贫困线下。海南经济发展的起点低，目标高，因此形成的巨大落差，是海南发展中最突出的矛盾。要解决这个矛盾，就不能用常规的办法，而是采取超常的手段来实现超常的目标。这就要根据中央决定海南建省、给予更多的自主权、实行更加特殊、更加优惠、更加开放的政策，建立起全新的经济体制和政治体制。

　　海南可以在借鉴深圳、珠海、汕头、厦门四个经济特区经验的基础上，实行以国际市场为导向，在国家宏观经济指导下的市场经济。有指导的市场经济也可以说是一种有计划的商品经济，但比内地经济更加市场化，更加以国际市场为导向。这种经济体制不强调哪一种所有制为主，而是各种经济成分在平等竞争中互相促进，优胜劣汰。所有企业要在开放的环境中竞争高低，就必

---

* 本文系《瞭望》周刊记者陈江、胡浩专访，发表于该刊1988年第13期。

须彻底改革，成为真正自负盈亏的商品生产者和经营者。海南新经济体制的核心是形成和完善开放型的市场体系，让市场在经济运行中充分发挥其评价、选优、控制和调节作用。要把国家同海南之间的产品调拨关系逐步改为商业贸易关系，并大力培养包括资金、劳力、房地产、信息等在内的要素市场。政府对经济的管理和调节，主要通过市场手段和法律手段对微观经济活动进行引导、协调和监督。党的十二大提出的"国家调节市场，市场引导企业"的新体制模式要在海南提前实现。以国际市场为导向、在国家宏观指导下的市场经济，将与国际市场的运行息息相通。实行这种更加市场化的经济体制模式，既有利于大量吸引国外资金、技术，又有利于调动全国各地、各部门、集体、个人的积极性，汇成开发建设海南的巨大力量，促进海南经济的腾飞。

要实现海南经济发展战略目标，必须实行经济发展战略的转变，即从海南主要是作为国防前哨转为既是国防前哨，更是建设前沿；从单纯强调为国家做出贡献转向同时着重于海南自身的开发和振兴；从封闭的半自然经济转向开放的市场经济。据此，海南经济发展主要分为3个步骤，即起步期、成长期、成熟期。起步期大约需3至5年时间，经济超过全国平均水平，即比海南岛现在平均水平翻一番。成长期为5~7年，人均国民经济赶上和超过全国比较发达的地区，提前达到小康水平，即从现在起10年翻两番。然后，再花10年或稍长时间，超过全国发达地区水平，达到成熟期。

海南目前属于起步期，主要工作是抓好农业生产和现有企业改造，抓紧基础设施建设，大力引进"三来一补"项目，外引内联，发展乡镇企业，着手改革经济体制和政治体制，健全法制，引进各种技术人才，通过拍卖土地等方式集聚资金。

根据这一战略规划和海南岛资源分布及投资环境情况，海南岛的经济开发必须由点到面，逐步推开。坚持以港口为依托，以港口城市和有港口依托的城市为枢纽，岛外与国外及大陆有海运和空运联系，岛内以公路为纽带联结广大腹地，形成各具特色的经济区和不同功能的环岛产业带。具体来讲，全岛规划分为5个经济区，一是北部经济区，也称海口经济圈。重点发展轻工、食品、橡胶制品、机械电子和第三产业。二是南部经济区，即三亚经济圈。这一地区主导产业是旅游业，目标是建成一个国际性旅游区和高技术产业区。三是东部经济区，即加积、文城经济圈，以发展农业、农产品加工、食品、轻纺等工业为主，利用这个地区的侨乡优势，发展"三来一补"工业，以出口导向为目标，跻身东南亚地区国际分工行列。四是西北经济区，又称那大经济圈，建成石油化工、水产加工基地。五是西南经济区，又称八所经济圈，发展钢铁、水泥等重工业。

从海南目前的情况看，不仅基础薄弱，而且观念较落后。海南岛坚持改革和对外开放，促进岛内开发、振兴，必须注意思想观念的更新。从一开始就要两个文明一起抓。在加强政治思想工作，加强精神文明的同时，树立市场经济、民主法制、平等竞争、开拓创新、面向世界、面向未来，以及时间就是金钱、效率就是生命等新观念。我们相信，在党中央和国务院的正确领导下，在内地人民的大力支持下，经过海南广大干部和群众长期艰苦和踏实的工作，海南的开发和振兴一定能够达到预期的目标。

正视通货膨胀问题[*]

（1988年4月5日）

中央对1987年经济形势的估计，是符合实际的，1987年我国的经济形势是好的。当然，整个经济中仍然存在着不稳定的因素。其中突出的是物价上涨幅度过大的问题。要把1987年开始出现的稳定增长的势头持续发展下去，关键在于消除经济生活中存在的不稳定因素，特别是要解决因通货膨胀造成的物价持续上涨的问题。

"稳定物价"的方针和口号不能放弃

有些同志鉴于我国近几年物价大幅度上涨已形成事实，而且今后物价改革仍免不了要提高物价水平，主张物价工作和物价宣传中不要再提"稳定物价"的方针和口号，以免造成我们自己被动。

物价工作和物价宣传要不要坚持"稳定物价"的方针和口号？我认为还是要坚持。因为物价的相对稳定是整个经济持续稳定发展的一个重要条件；在物价水平剧烈变动中，很难设想整个经济能够持续稳定地发展。稳定物价的方针是整个稳定经济方针的主要组成部分。稳定经济同深化改革一样，不是一个权宜之

---

[*] 本文系1988年3月17日刘国光在中国共产党十二届二中全会上的发言，原载《经济日报》。

计，而是一个要长期执行的方针。所以，稳定物价也不能不是一个长期的方针，我们不能轻易放弃。

当然，对稳定物价不能机械地理解，稳定物价既不意味着各种产品的相对价格不能变动，也不意味着物价总水平不能变动。必须消除把稳定物价等同于冻结物价的误解，对那些阻碍生产的不合理价格，要自觉地、有步骤地加以调整，使物价的起伏有利于产业结构和产品结构的合理化，同时坚决制止乱涨价的行为。在物价改革中，我们还是要坚持稳定物价的提法；同时在物价宣传上，要澄清人们把稳定物价与冻结价格等同起来的误解，使人们对物价改革中的变动能够适应，而不致发生心理上的恐慌。

理顺价格与稳定物价不是相悖而是相成

主张放弃稳定物价方针与口号的同志的一个理由，就是认为稳定物价与理顺价格是互相矛盾的。但是，在严格控制通货膨胀的前提下，理顺价格与稳定物价并不矛盾。不错，在我国由于农产品以及初级产品等价格的偏低，理顺价格并使价格结构合理化，必然要带动物价总水平的某些上升，不允许物价水平的某些上升就等于不许改革，那当然不行。这种由于价格改革，由于价格结构合理化所带来的物价的某些上升，应该允许，应该按照价值规律的要求，用调放结合的办法，有计划、有步骤地实施；同时，要在宣传上和补偿上增加人们的承受能力。不合理价格结构的合理化，有助于价格总水平在一个稍高的新水平上达到相对的稳定，从而有利于整个经济的稳定发展；另一方面，价格结构的合理化也只有在价格总水平相对稳定而不是激烈变动的情况下，才能取得成功。所以，理顺物价的改革与稳定物价的方针应该说是不相悖的，而是相成的。

但是，另外有一种物价总水平的上升，非由于价格改革，非由于调整价格结构使之合理化而发生，而纯由于通货膨胀（货币供应量超过经济实质增长）而发生的持续性的物价上涨，则是同稳定经济相悖的。国际经验表明，通货膨胀性的物价上涨，从短期看，对经济的发展可能有某些刺激作用；但从长期看，一定会损伤整个经济的机体。这种通货膨胀性的物价上涨就像吸鸦片一样，一吸上瘾就不容易戒掉，所以在一开始发现苗头时，就应该努力设法控制，不使经济被它拖入歧途。

当前物价上涨在相当大程度上是通货膨胀性的

中央指出，当前物价上涨问题的焦点是食品价格，并从食品供需上分析了原因，提出了解决好食品价格问题和由此造成的社会问题的对策和配套措施。这些措施都是必要的，照着去做，物价问题会有所缓解，应认真加以贯彻。

当前物价上涨幅度过大问题，与各类产品特别是食品供求关系的变化有关，但不仅仅是个别产品的供求问题。我们现在面临的也不单纯是由于理顺某些产品的价格或调整价格结构带来的物价水平的上升，而首先是由于货币供应量过多从而币值下降所引起的持续性的物价上涨。比如1987年，并没有采取大的有意识的调价行动，但零售物价总指数上升了7.2%，这种幅度较大的物价上涨已经持续了三年，1985年上涨8%，1986年上涨6%，1987年上涨7.2%，1988年计划上涨率不超过10%。这种持续性的、降不下去的物价上涨率，在相当大的程度上是通货膨胀性的物价上涨，即由货币供应过量和币值下降所引起的物价上涨，它涉及整个商品世界，今天可能集中在这一部分产品上，明天又会窜到另一部分产品上，整个物价水平通过需求拉动继之以成本推进的机制，轮番上涨不已。光用个别产品的供求关系，光用结构性的原因来说明这种持续性的、涉及整个商品世界的物价上涨是说不清楚的。要知道，货币本身所代表的价值的变动也是受市场价值规律支配的，道理非常简单，东西多了就要贱，票子多了就要毛，物价总水平的上升不过是货币贬值的同义语，这是更大范围的价值规律。当我们强调要学习运用价值规律来搞稳定经济和深化改革时，我们不仅要研究支配个别产品价格变动的规律，更要注意支配货币所代表的价值和支配整个商品世界的价格总水平的规律。

货币供应过量是一个不能回避的事实。1987年货币流通量增长率是19.4%，比1986年的增长率23.3%是降低了；银行贷款总量增长率1987年是18.8%，比1986年的增长率28.5%也降低了。但是，毕竟还要看到，1987年的货币流通增长率和贷款总量增长率仍然大大超过当年国民生产总值的实际增长率（9.4%）。即使考虑国民经济货币化、信用化的因素，货币供应还是过量的。这不能不成为继续推动通货膨胀性物价上涨的动因。这是需要我们进一步努力解决的。

对通货膨胀的后果不能掉以轻心

当物价总水平以较大幅度持续上涨时，原来不合理的价格结构是很不容易理顺的，往往越理越乱，给生产者和消费者以错乱的信号，误导资源配置的方向。一个涉及整个经济的错误信号是利息率低于物价上涨率而形成负利率，它掩盖了低效率的经营，助长了短缺资源的浪费，并带来了财富的不合理再分配。靠诚实劳动生活的人们发现自己的实际收入水平下降，多年积攒的储蓄贬值，其心理上的烦恼和不安是可想而知的。

1987年我国经济发展中有几件第一次出现的喜讯：如国民生产总值第一次突破万亿元大关；农村非农产业产值第一次超过农业产值；等等。但也出现了几年来第一次发生的不好的情况。据新华社内参清样报道，黑龙江省1987年城市人均实际生活水平下降4%，这是1979—1986年8年来实际生活水平平均每年以7.3%速度增长后出现的第一次下降。实际生活水平下降的城市居民占全省城市居民总数的40.9%。江苏省城镇居民实际生活水平1987年也出现了近9年来第一次下降，半数以上的居民家庭收入增长赶不上物价的上涨。黑龙江、江苏两省的情况不一定具有典型意义，因为从全国平均来看，据国家统计局公报，1987年全国三个直辖市和各省会城市调查，纯因物价上涨而使实际收入下降的户占总调查户的21%，不似黑龙江、江苏两省之高。尽管对此我们不必大惊小怪，但是9年来全国第一次出现城市居民因物价上涨而致实际收入水平下降的现象，是考察经济形势时不能忽视的一个重要信号。如果不大力遏制通货膨胀，上述现象有可能继续发展到我们所不愿意看到的地步。

中央最近决定对几种食品定量部分采取补贴办法，体现了党对人民生活的关注，这是低收入者的福音，应当积极执行。但是，食品补贴毕竟只能补偿部分的物价上涨，如果通货膨胀率较高而补贴品种较少，则难以阻止实际收入水平下降，同时这种补贴带有与改革方向相悖的平均主义的性质，所以只能是权宜之计。若要阻止居民收入水平下降，又避免平均主义，则宜将工薪收入同全部生活费指数挂钩。但国际经验表明，全指数挂钩往往引起工资和价格的轮番上涨，看来是个险途。并且这样并不能解决居民储蓄保值问题。在通货膨胀情况下，劳动者辛苦积攒的储蓄所贬之值，通过银行若为公营企业利用以发展生产，犹有可说之辞，诸如为国家建设积累资金而实行强迫储蓄之类；但若借给中外私人经营者用以发财，那就无异于一位英国著名经济学家罗伯逊（Robertson）所斥责的是一种盗窃行为了[1]。凡此种种，都

---

[1] 这里讲的只是指通货膨胀中财富不合理的再分配现象，丝毫不意味否定中外私资对我国现阶段经济发展的重要意义。

会带来社会不安，并给反对改革者以口实，给改革抹黑。所以，为了给改革创造一个比较良好的经济环境和社会环境，我们也必须对通货膨胀进行治理。

破除通货膨胀对经济增长有益论

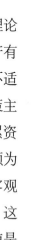

治理通货膨胀弊病，首先要解决观念上的问题。近几年理论界从西方经济学引入了不少对发展我国商品经济和社会化生产有用的理论概念和分析方法，但同时也夹杂引入了一些对我国不适用的东西。如凯恩斯针对西方有效需求不足提出来的某些政策主张，又如发展中国家可以通过通货膨胀来实行强迫储蓄、积累资金的主张，又如财政赤字无害论和通货膨胀有益论等议论，颇为流行。除了这些明显的主张外，还有一些不那么明显，但是客观上也是为在我国推行通货膨胀政策打开方便之门的理论说法，这里就不一一列举了。我不大同意这类观点。通货膨胀——即使是温和的——究竟是有利于还是有害于经济发展？这不单纯是一个理论问题，而首先是一个实证问题。前面讲过，从短期看，在存在闲置资源、闲置生产能力的地方，实行赤字财政和通货膨胀，确实可以起到某些刺激经济增长的作用。但是，在资源短缺、有效需求量过多的地方，特别是从长期看，通货膨胀只能引起持续的物价上涨，有百害而无一利。

美国温德贝尔脱大学经济学家伍斯·江和珀同·马歇尔研究了56个国家和地区1950—1980年通货膨胀与经济增长之间的因果关系。其中包括19个工业化国家和地区、37个发展中国家和地区。研究结果表明，19个工业化国家、地区中，没有一例是支持通货膨胀对经济增长有促进作用的论断的，而且有9个国家和地区（澳大利亚、奥地利、加拿大、联邦德国、意大利、西班牙、瑞士、瑞典、英国），两者间呈现负相关的关系，即通货膨胀率越高，经济增长率就越低。37个发展中国家与地区中，只有两例（埃及、乌拉圭）支持通货膨胀对经济增长有促进作用的论断，其他各例都不支持这一论断。相反的有7例（肯尼亚、土耳其、希腊、以色列、也门、牙买加、秘鲁），两者间是负相关的关系。

"台湾中华经济研究院"蒋硕杰院士对22个发展中国家两个十年（1961—1970、1971—1980）通货膨胀率和实质GNP成长率的统计资料进行了研究，他发现：GNP的成长率和货币供给增加率在第一个十年，有甚微的正相关，但到第二个十年，两者却显出负相关。而且在第一个十年中的微弱的正相关，似乎完全是由于韩国的特殊经验所造成的。如果我们将韩国除去，只用第一期中其余21个国家再作一次回归分析的话，这个微弱的正相关就会化为乌有了。研究的"结果显示出即使在第一个十年（1961—1970），物价膨胀率的提高也不可能对实质产出的成长有任何显著的正的刺激效果。而到第二个十年（1971—1980），提高通货膨胀率竟显示出对于实质所得的成长率将有妨碍性的副作用。因此，通货膨胀和快速经济增长之间，并无对换之可能。相反地，持续的通货膨胀似乎只会妨碍经济的成长"。[①]

这是从大量研究资料中得出的结论。从长期来看，通货膨胀对经济发展是利是害，不是很清楚了吗？

几点补充建议

根据近年我国的物价形势，中央曾决定"收紧财政和信贷，控制需求，稳定物价，保持经济的平衡与稳定发展"。最近为了解决食品价格问题和由此造成的社会问题，中央又采取了一系列

① 蒋硕杰：《台湾经济发展的启示》，经济与生活出版事业股份有限公司1986年版，第238页。

配套措施。这些方针措施都是很正确的，应该坚决贯彻执行。为了解决通货膨胀性的物价总水平持续上涨的问题，我再提出几条补充建议。

1. 结合财税改革，将财政预算划分为经常收支预算和资本收支预算。经常性收支预算应量入为出，不允许有赤字。资本性收支预算事涉经济建设，可以有赤字，但不允许赤字由银行自动透支，而应从发行公债弥补。

2. 提高银行存放款利息率，使之高于物价上涨率，以抑制需求，促进效率，鼓励储蓄，加强积累。

3. 有选择地深化改革，那些花钱较多、可能刺激需求膨胀、加剧市场紧张的改革措施，出台时要谨慎；那些有利于提高经济效益、改善供给结构、回笼过剩货币的改革措施，宜尽早出台。例如，加快住房改革中旧房售给居民的措施，加快企业改革中推行向职工居民出售股票的措施等，以利于紧缩货币，变消费基金为积累基金。

4. 对物价上涨率的走向，要有比较长时间的考虑和控制计划。比如争取三年内将通货膨胀性的物价上涨率，由1988年的10%左右逐步降到4%以下，以便为理顺价格的改革腾出物价合理上升的空间。

治理通货膨胀往往带来某些短痛。不治理则会带来损害整个经济机体的长痛。长痛不如短痛，问题在于抉择。

第一次中国经济周期波动问题
研讨会开幕词

（1988年4月28日）

第一次中国经济周期波动问题研讨会现在开幕了。来自全国的60余位专家学者聚集一堂，专门研讨我国经济的周期波动问题，这在我国还是第一次。首先，让我向研讨会的召开表示热烈的祝贺！向来自中央财经领导小组办公室、国务院经济技术社会发展研究中心、国家计划委员会、国家科学技术委员会、中国科学院、中国社会科学院、中国人民银行总行、国家经济信息中心、国家统计局、中国经济体制改革研究所、中国人民建设银行投资研究所、北京社会经济科学研究所等有关党政领导机关和研究机构的代表，向来自北京大学、中国人民大学、吉林大学、南开大学等高等院校的代表，表示热烈的欢迎！向百忙之中辛苦前来采访的中央电视台和各报社的记者，表示热烈的欢迎！

这次研讨会，是应各方专家学者的要求，由中国社会科学院数量经济与技术经济研究所、国家科委中国科学技术促进发展研究中心、北京社会经济科学研究所和中国数量经济学会联合举办的。1988年8月下旬，还将在吉林大学举行为期4天的第二次研讨会。

同志们：

中国经济周期波动问题，是近几年来我国经济学界着重探讨的一个"热门"的新课题。长期以来，鉴于种种原因，人们对社会主义的经济周期波动问题一直讳莫如深。近年来，随着我国社会主义现代化建设和经济体制改革的深入发展，我国的不少学者，特别是中青年学者，大胆闯入了这一禁区，取得了初步的、可喜的研究成果。据不完全统计，从1986年年初以来，在短短的两年时间里，仅在报刊上公开发表的、专门探讨社会主义经济周期波动问题的文章，已达30多篇。1987年第10期《经济学动态》杂志发表了一篇评论文章，题目是《近年来中国经济周期问题研究述评》。该文指出："短短的几年，我国理论界在这样一个社会主义经济发展的重大理论课题上取得突破性进展，是令人鼓舞的；我国不少中青年学者的敏锐洞察力和创见能力也是令人欣慰的。"现在，我们召开专门的研讨会的目的，就是为了在已有的基础上，不断地将这一课题的研究从深度上和广度上加以拓展，使这一课题的研究进一步系统化、理论化、模型化和实用化，使我们的研究能够为党和国家的决策提供有价值的参考，为保证我国经济长期稳定地发展、保证经济体制改革的顺利进行做出贡献。

早在20世纪50年代末60年代初，我国经济学界曾对社会主义经济波浪式发展问题进行过有益的探讨。当时的探讨，是在总结我国第一、第二个五年计划的实践经验的基础上进行的，是在总结"大跃进"的经验教训的基础上进行的。那时由于我国社会主义建设的历史尚短，对许多问题的认识还不能充分地展开。今天，我们来探讨我国经济周期波动问题的时候，不仅有了我国社会主义建设30多年的历史可供我们借鉴，而且对这一问题的研究也有了更为深刻的背景和更为重要的现实意义。

第一，目前，我国经济体制改革已经取得了重大成就，并且正在向深入开展。为了保证经济体制改革不断地取得实质性的进展，迫切要求国民经济能够保持长期稳定的发展。不稳定经济，改革很难进行下去；不改革，经济也无法稳定和发展。进一步稳定经济，进一步深化改革，以改革总揽全局，是1988年我国经济工作的基本方针。国民经济的稳定发展，是国家长治久安、社会不断进步的基础。因此，研究和把握我国经济的周期波动及其内在的规律性，研究和把握防止经济大起大落、避免经济剧烈震荡的有关对策，对于保持国民经济长期稳定的发展，保证经济体制改革的顺利进行，具有重要的意义。

第二，经济的周期波动为经济体制改革中不同措施的出台提供了不同的时机。当前，物价上涨问题、投资规模过大和消费膨胀等问题，都是"热点"问题。物价波动与投资波动以及整个经济波动有什么关系，怎样抑制物价的上涨，怎样不断地推进物价改革，怎样把握投资规模，这些问题都是需要我们急切研究的。各项改革措施的出台，既不能不顾时机，又不能错过时机。研究如何在经济周期波动中抓住不同的有利时机以出台不同的改革措施，同时，各项改革措施的出台又如何有利于平抑经济的周期波动，这些研究都具有紧迫的、重要的现实意义。

第三，中央最近已经提出并正在实施关于沿海地区经济发展的战略。这一战略不只是地区性战略，而且是全国性战略。我们要走向国际市场，参加国际大循环。沿海地区要大力发展外向型经济，搞"两头在外"。这为我们扩展经济周期波动问题的研究开拓了新视野。我们不仅要研究我国的经济周期波动问题，而且要扩展研究我国的经济波动与世界经济波动的关系，研究世界上一些主要资本主义国家及亚洲一些国家和地区的经济波动能为我们提供一些什么重要的机遇，会对我国的经济波动带来一些什么影响，我们应该如何趋利避害，等等，这些问题的研究对顺利实施沿海地区经济发展的战略，无疑具有重要的意义。

经济周期波动问题是一个很有意义的重要研究课题，同时，也是一个很复杂的课题，它还牵涉到一系列重大的经济理论问题。比如，马克思当年曾深刻地分析了资本主义经济的周期波动问题，也曾预见到当再生产的资本主义形成一旦废除后，固定资本的更新和生产的发展仍然会有波动。但马克思没有指明社会主义经济仍然会有周期波动问题。马克思关于固定资本更新和生产发展中的波动的预言对研究社会主义经济的周期波动有什么意义？社会主义经济周期波动的客观条件和内在机制是什么呢？它与资本主义经济的周期波动有什么区别，又有什么联系？马克思关于资本主义经济周期波动的理论在我们今天研究社会主义问题时有什么指导作用？

这些都需要我们去认真研究并作出回答。希望同志们继续发扬勇于探索、大胆突破、脚踏实地、刻苦进取的精神，不断取得新的研究成果。

最后，预祝研讨会圆满成功！

河南与沿海经济发展的协调关系*

（1988年5月6日）

河南的人口和墨西哥的人口接近，而河南的地域面积却超过了匈牙利和爱尔兰之和。它在神州大地的重要地理位置和其具有的丰富资源，对中国经济的任何变动都是有影响的。因此在沿海经济发展战略中，河南应以积极的行动与之协调发展，共享繁荣之果。当前尤其要注意的是：

1. 沿海发展战略的实施要有内地经济的稳定发展做后盾。当前稳定经济的一个最重要方面，就是大力抓好农业。河南的农业在全国举足轻重，小麦产量占全国的17%多，居全国第一；烟叶种植面积占全国的17.6%，也居全国第一；大牲畜占全国的8%，居全国第二；油料种植面积占全国的8%，居全国第三。这些农牧产品都是与人民生活需求密切相关的。无农不稳，轻农也不稳，如果内地农业上不去，就会动摇沿海大进大出的根基，并且为整个经济的稳定发展埋下了不利的因素。

2. 利用多种形式把资源优势转换为商品优势。切忌盲目和狭隘地搞一刀切的深加工增值。对于本地的资源，应视经济效益而选择未加工、粗加工和精加工这三种方法。如果有明确的外贸代理商，或者同外商直接见面后，对其所要求的精制造品，本地有能力加工的话，那么就可以进行精加工；对于沿海地区所需原料，而河南又素质合格、数量充裕的，可以未加工的形式供应沿

＊ 原载《河南日报》。

海；对于沿海和本地生产同一种产品，而本地如果技术和信息不具备优势，可以粗加工的形式转化为商品。当然，在当前计划调拨价格尚未理顺的情况下，内地向沿海提供原料和半成品的方式，可以更多地采取横向联合和协作的方法。

3. 充分利用沿海特区的优惠条件，到特区去搞内联企业，以此为中介更好地发挥河南的优势。例如，目前海南已建省，并成为全国最大的经济特区，如果河南的企业能到那儿去投资搞联合，是会有所作为的。其中，海南能源短缺，尤其是煤，而河南煤产量丰富，并且玻璃工业很发达，机械制造能力较强，双方的合作是会有前途的。

4. 河南应积极引导企业改造，但应注意本地企业改造并不一定非要在本地进行，可以把资源进行跨地区的配置和调整。例如烟草加工业河南有59个，江苏7个、浙江6个、辽宁6个；河南纺织企业1 245个，而福建才300个；河南机械工业2 049个，福建才948个；河南地区独立核算企业留利8.96亿元，而福建才3.97亿元，因此中原的企业改造可以和沿海企业的调整互补进行，共同促进，使人才、资金、知识、技能得到最优的组合。

5. 沿海经济发展的目标之一是创汇。虽然河南"老天爷"留下来的青山绿水不多，却有"老祖宗"留下来的十分丰富的文化遗产，开发旅游事业河南是大有作为的，而且也是诸多的沿海地区望尘莫及的。1986年，在全国近50个重要城市所接待的外宾中，洛阳接待的人数名列第19位，超过了诸多的沿海城市，是青岛接待外宾人数的2倍，是深圳的1.19倍，宁波的4.04倍，北海的52.5倍。

总之，只要善于利用本地优势，并与沿海地区和其他地区发展横向协作，河南省在沿海地区发展战略以及全国经济发展战略的实施中却是大有可为的。

河南与沿海经济发展的协调关系

中国经济体制改革若干理论与实际问题*

——在英国牛津大学召开的中国苏联经济政治 体制改革比较研究座谈会上的发言提纲 （1988年5月14日）

中国的经济体制改革，进行了快满十年了，变化不小，问题也不少。

一、改革以来经济理论的重大变化

核心问题是对社会主义的再认识。中国改革前的传统经济体制，是按社会主义在本质上不是商品经济这样一种理解来构造的，因而有所有制结构的单一化，经济运作的实物化，经济管理的集中化等特征。改革纠正了这种非商品经济的社会主义观，树立了社会主义的商品经济观，并且确认中国现在还处在商品经济很不发达的社会主义初级阶段，要大力发展社会主义的商品经济。社会主义商品经济论和社会主义初级阶段论，这两论可以说是中国经济改革的理论基石。前一论是在中共十二届三中全会（1984）被确认的；后一论早在中共十一届六中全会（1981）就已经提出来了，到十三大（1987）才给予系统化的阐述。党正式

　　* 原载《社会科学战线》1988年第3期。

确认社会主义经济是商品经济，意味着中国经济改革的方向是建立市场导向型的社会主义经济，这一确认标志着中国的改革，当时在理论上已站到改革中的社会主义国家的前沿。至于说关于中国的社会主义处于初级阶段的理论，这是针对中国经过一个多世纪半殖民地半封建的统治带来的特别落后的状况，因此中国的改革有特殊的迫切性来说的，这是中国的特殊问题，并无意于推广到其他社会主义国家。

这两个理论基石的重要含义，在于它们把传统马克思主义经济学中的空想因素和教条式的理解予以摒弃，使之面向当代中国的实际，重新恢复马克思主义把是否有利于社会生产力的发展作为评价各种理论、方针、政策是否符合社会主义的最终标准，当然我们也没有放弃生产关系的分析，但是要紧密结合生产力标准而不能像过去我们长期做过的那样离开生产力来抽象地谈论社会主义。

在上述两个理论的基础上，中国的马克思主义经济理论发生了一系列突破性的进展，其中同经济体制改革直接相关的主要有以下三个方面。

第一是在所有制关系方面，中国传统的经济理论有这样几个支柱观点：在社会主义社会中，包括个体经济在内的非公有制成分是濒于消灭的经济成分；公有制经济应当朝着单一的国有化方向发展；不同所有制主体之间不能互融；公有制经济中的所有权与经营权不能分开。这些支柱观点几年来开始动摇，有的甚至倒塌。新的经济理论观点取而代之。例如公有制为基础多种所有制并存的观点；不同所有制不但在国民经济宏观结构上可以并存，而且在企业微观构造上也可以互融的观点。又如私营经济在实践中的存在与发展获得从理论到法律上的认可。公有制经济内部的改革正在沿着所有权与经营权两权分开和使产权关系明朗化的方向，通过租赁、承包与股份制等形式进行着艰辛的探索。目前理

中国经济体制改革若干理论与实际问题

论界越来越多的同志赞同股份公司的形式将是我国大中型企业的主要组织形式，它是实行两权分开、产权关系明朗化和不同所有权在微观经济单位的构造中互相融合的适宜形式。

第二是在经济运行机制方面，改革前经济理论的基本认识有：公有制经济的运行只能靠直接的行政手段进行协调；企业的行为只能由国家计划来导向；市场作用的范围仅仅限于部分消费商品；价格只起核算和再分配的功能，因此必须由国家统一制定；国家作为经济调节者与作为财产所有者的职能是不可分的。这些传统认识在改革中被一一破除。新的理论提出了"市场导向企业、国家调节市场"的公式，作为经济运行机制改革的目标模式，把企业行为、市场机制和国家管理三个环节的改革有机地构造为一体，而以市场为枢纽。在这个有机整体中，企业应当成为市场导向、利润导向的商品生产者；市场应当不仅包括商品市场，而且包括资本、房地产、劳力、信息等生产要素市场在内，形成社会主义市场体系；价格、利率等经济参数应当基本按市场供求关系来确定并起杠杆作用；国家作为经济调节者的职能应当同它作为财产所有者的职能分开；等等。这些观点的细节，正在结合改革的实践，进行着深入的探讨。

第三是收入分配方面，改革前中国经济理论遵循的马克思主义按劳分配原则，受到平均主义思潮的严重扭曲，在三年"大跃进"和十年"文化大革命"内乱时期，按劳分配原则在批判资产阶级法权名义下被说成是资本主义的和修正主义的东西而加以否定。改革以来，除了恢复按劳分配的观点外，分配理论进展的特点是把按劳分配原则同商品交换原则紧密地联系起来，推出了以按劳分配为主体的多种收入分配形式和多种分配机制并存的观点，承认包括资产收入、经营风险收入在内的非劳动收入在社会主义社会中的合法地位。这方面还有若干范畴需要进一步界定，有不少问题有待进一步探明。

上述十年来改革理论的重大变化，与改革实践的进展是密切相关的。经过将近十年的改革，中国经济体制的格局也发生了重大变化，概括起来有以下四个方面。一是在企业方面，随着所有制结构的调整和国家对企业放权让利，企业的地位在改变，逐渐有了程度不等的自主权，由过去完全面向上级行政领导，开始逐渐转为面向市场；二是在市场方面，随着企业自主权的扩大，国家指令性计划和统一定价范围的缩小，市场机制的作用逐步扩大，现在大约有一半以上的商品已在不同程度上受到市场的调节；三是在国家对经济的管理方面，随着企业自主权的扩大和各类市场的发展，国家对企业的直接控制逐步向通过市场的间接调控过渡，经济建设资金中来自国家财政预算渠道的比重下降而来自银行信贷渠道的比重上升，金融手段在调节社会供求方面的作用增强，为实现宏观管理逐步转向间接调控为主提供了初步的条件；四是在内外经济联系方面，随着发展商品经济和对外开放政策的实施，我国过去的封闭型经济开始向开放型经济转变。开放包括对内开放和对外开放。对内开放主要表现为横向经济联合的发展，开始冲击着部门之间和地区之间的分割和封锁。对外开放主要体现为多层次开放地带的形成和沿海地区外向型经济发展战略的确定。

上述中国经济体制格局的变化，对中国经济的发展产生了深刻的影响，使中国经济进入了新中国成立以来发展生机最为旺盛、经济实力增长最快和人民得到实惠较多的时期。但是在前进中经济生活也发生了不少问题，目前突出的是物价上涨过快，社会分配不公，以及由于市场刚刚开放，市场组织结构和法规制度很不健全带来的种种不正常的社会现象，如贪污贿赂、以权谋私的合法化等。这些问题必须通过进一步的深化改革才能解决。

二、中国经济改革的进程中碰到的若干问题

第一个是改革的经济环境问题。在改革最初几年，中国经济学者一般都同意这样一种看法：改革需要一个比较宽松的经济环境，即总供给略大于总需求的有限买方市场，以促进企业对于改革的压力感，使市场竞争机制能够发挥作用，并保证有一定的财政物资后备以支持改革。20世纪80年代初期，就是根据这种看法，正确处理了经济调整与经济改革的关系，促进了经济改革和经济发展。1984年发生经济过热以来，出现了另一种看法，认为宽松的经济环境不能是改革的前提而只能是改革的结果，因为短缺是旧体制固有的特征，改革只能在供不应求的紧张状况下进行，并通过改革来消除造成短缺的体制原因。有些经济学者还认为，中国正在进入一个以结构变动为中心的新的高速成长阶段，投资和消费的迅速增长不可避免，各方面利益关系的调整要求经济有一定的增长势头，所以他们反对人为地抑制投资和消费需求，认为控制总需求的政策不符合当前中国经济发展和改革的要求。

从实际情况看，中国的经济改革的确是在经济环境不那么宽松的条件下进行的。我们不能等待出现了全面稳定的宽松环境以后再着手进行改革。但另一方面，1984年发生经济过热以来，由于整治经济环境的决心不大，力度不够，经济过热现象反复迭起，在经济紧张的环境下，一些重要的关键性的改革特别是价格改革近几年就很难迈开步子。例如原定在1987年进行的以生产资料价格改革为中心的价格、税收、财政、金融配套改革，因宏观经济形势紧张而不能出台。各国改革的实践经验表明，经济发展和经济改革必须相互协调，相互配合。经济发展的波动往往会导致经济改革的挫折，一旦社会总供求及其结构失衡严重，就会使

通过改革利用市场机制来优化资源配置的作用受到削弱，而通货膨胀的压力又会迫使人们采用强化行政手段来控制经济生活，使改革陷于停顿或倒退。在经济不稳定中要反复地进行比较大的经济调整，于是经济改革就往往进进退退，成为旷日持久的事情。所以尽管在改革的过渡时期因旧体制的惯性作用和改革中的不确定因素而难以指望出现全面稳定的宽松环境，但是我们绝不能因此而放弃为改革创造一个相对宽松的经济环境的努力。除了通过彻底改革来消除导致需求膨胀的体制因素外，我们还要在发展方针方面采取有限度的增长目标和明智的政策措施，以利于控制投资需求和消费需求的膨胀，缩小并力争消除总需求超过总供给的局面，创造一个相对宽松的改革环境。这种认识和努力稍一放松，就会有意无意地为通货膨胀政策打开方便之门。遗憾的是这扇门这几年实际上已被悄悄打开，并且越开越大。所以我认为，改革的环境问题至今在理论上和实践中都是一个没有解决的问题，这个问题目前已同日益发展的通货膨胀问题纠缠在一起，继续引起人们的争论。

第二是新旧双重体制的摩擦问题。中国的经济改革由于种种原因没有采取"一揽子"方式而是采取了渐进的方式。在改革采取逐步推进方式的情况下，新旧双重体制并存局面的出现是不可避免的。不管人们喜欢不喜欢，新旧双重体制并存已是当今中国的现实。双重体制并存表现在过渡时期经济生活的许多方面；企业机制、市场机制、国家管理经济的机制，无一领域能够摆脱新旧双重体制并存的局面。渐进式的改革方式和双重体制的逐渐消长，可以避免改革中的大震动，有它积极的方面。但是两种不同体制的混杂，也会给经济带来一系列棘手的问题；旧的命令体制和新的市场体制谁也不能发挥有效地配置资源的作用。在双重体制并存现象中，最引人注目的是同种产品的计划内价格和计划外价格双重价格或多重价格并存现象，这是计划管理上的双重体制和物资流通上的双重体制的集中表现。计划内产品实行较低的计划价格，计划外产品实行较高的协议价格或市场价格，这种情况的存在在过渡时期有着它的必然性，有的经济学者认为它可能是中国经济改革过程中创造的一种风险性较少兼容性较大的特殊价格转换方式。但是双重价格或多重价格并存的弊病也是十分明显的，如冲击国家计划重点项目的物资保证，造成生产流通和核算管理上的许多混乱，还给投机倒把非法牟取暴利造成可乘之机，于社会风气不利，等等。鉴于双重体制的摩擦和矛盾对经济运行的不良后果，不少中外经济学者主张早日结束双重体制对峙的状态，尽快地过渡到新体制居主导地位。

但是双重体制向新体制的过渡受着许多主客观条件的制约。其中特别重要的，还是上面讲到的宏观平衡的因素。只要总需求大大超过总供给的短缺问题没有消失，有限的买方市场没有形成，就难以完全摆脱双重体制并存羁绊。看来双重体制将要持续相当一段时期，当然在这个过程中新体制要逐渐取代旧体制而居于主要地位，这种取代过程的长短，同宏观经济环境由卖方市场向有限买方市场转化的过程，是分不开的。

第三是走利益刺激之路，还是走机制转换之路？经济改革无疑要通过利益关系的调整以刺激人们的积极性，但是更重要的是进行机制的转换或制度的创新，从根本上改变按传统理论建立起来的、不符合社会主义初级阶段发展要求的、传统的生产和分配制度，建立符合发展商品经济要求的新的生产和分配制度。我国农村第一步改革走的基本上是这一条道路。家庭承包经营取代原来的人民公社会体制，就具有机制转换的性质，当然这一转换过程包含着利益结构的改变，这种利益关系的改变不是在原体制不变的情况下单纯地提高农民的收入，而是从生产制度革新和机制转换入手，把农民从过去吃"大锅饭"的自然经济推向自负盈亏的竞争性商品经济，通过经济体制的改革来实行利益分配的改革，把分配改革寓于经济体制改革之中，把利益调整寓于机制转换之中，这正是中国农村第一步改革成功的要害。

与农村相比，前期城市的经济改革基本上走的是利益刺激为主而不是机制转换为主的路子。例如国有企业的改革，在减税让利上做了不少文章，但是在经营机制和产权关系上并无根本性的变革，企业仍然不能成为自主经营、自负盈亏的独立商品生产者和经营者；在工资奖金上给职工加了不少钱，但是工资以外的各种奖金补贴等收入很不透明，工资形成的机制仍无根本性的变化，总的来说偏重于利益刺激，而利益约束则不起作用，企业同政府在分配上仍然是讨价还价的关系。这种单纯的利益启动而非机制转换的改革，是促使企业行为短期化，造成需求膨胀和影响经济稳定的一个重要原因，目前正在通过以两权分离和产权明晰化为主要内容的企业改革来摸索机制转换的出路。虽然步履维艰，但是明确了单纯的让税让利和利益刺激不能真正实现改革的目标而必须着力于机制转换——这一改革新思路的形成，则是一大进步。此外，前期价格改革以调为主，重调轻放，也是主要从利益调整着眼，比较忽略了价格机制的转换。当然，放开价格不但要看具体产品的供需平衡条件，还要看社会总供求的平衡状况，在前述总供求失衡问题未能很好解决的情况下，轻率放开大部分产品价格，也是很危险的。

第四是改革的策略选择。中国的经济体制改革是由两个主要方面的改革交织而成的过程，一方面是以所有制关系或者产权关系为中心的企业机制的改革，另一方面是以价格为中心的经济运行机制的改革。哪一方面更为重要？在中国经济学者中间颇有争论，形成两种对立观点。一种是强调"所有制—企业"方面的改革，因为搞活企业是改革的目的，而且如果不对企业这一微观基础进行再造，那么市场机制和间接的宏观调控也难以运转。特别是面对近期市场紧张，通货膨胀不可能得到治理的经济环境只

中国经济体制改革若干理论与实际问题

能绕开价格改革，集中力量加快企业的产权制度转换为中心的所有制改革。另一种观点则强调"价格—市场"方面的改革，因为如果价格是扭曲的僵硬的，市场又是残缺的阻滞的，企业就不可能真正成为自主经营、自负盈亏的商品生产者和经营者。这两种观点就其自身的逻辑来看都各有道理，但都过分强调单方面的推进。其实这两方面的改革并不是互相排斥的，它们在整个经济改革中的地位，在中共十二届三中全会关于经济体制改革的决议中已作了辩证的回答，即企业改革是经济改革的核心，而价格改革是整个改革成败的关键。因此这两个方面的改革是整个经济改革不可分割的两个组成部分或两条主线，两者之间存在着相辅相成的关系，一个是形成市场活动的主体，一个是造成市场竞争的环境。企业产权制度的转换要求作为外部条件的价格改革的竞争性市场的形成，而价格的理顺和放开又要求企业行为机制发生相应的转换。这两方面的改革应当互相配合地进行，当然在不同时期和不同情况下，这两者的侧重点又有所不同。前述原定在1987年出台的价格改革中心的价、税、财、金配套改革方案之所以缓行，从1986年第四季度起实践中开始突出企业机制方面的改革，有人认为这是"所有制—企业改革中心论"的胜利。其实这并非理论风向改变的结果，而是因为1986年下半年总需求再度膨胀，宏观经济失衡的客观情势逼迫我们不得不这样做，当然这也是为今后转向间接的宏观调控准备一个适宜的微观基础所需要的。近一两年理论风向的变化（企业改革中心论占上风）不过反映了这一客观情势。但是不能不看到，当前着重抓的以承包经营责任制为主要内容的企业机制改革，如果没有经济环境的改善和以价格改革为中心的经济运行机制改革的相应配合，是难以真正深化下去并获得最终的成功的。最近因为物价问题突出，又提出加快物价改革的问题，但价格改革本身要带动物价总水平的上涨。如果目前通货膨胀性的物价上涨不加遏止，两种价格上涨相互激荡，将会给经济生活带来更大的压力。因此物价改革的进度同前述经济环境问题的解决又是分不开的。

三、近、中期改革的几种思路

最近一段时间，中国经济学界对近期（1988—1990）和中期（1991—1995）的改革的方案进行了广泛的讨论。基于对当前经济形势的不同估计，对今后改革的思路也不一样，主要有以下三种：

第一种思路在承认九年多来改革取得重大成就的同时，认为当前的经济形势比较严峻，表现在增长过热现象并未消除，供需总量继续失衡，结构矛盾突出，经济效益不佳，物价上涨过快和价格双重扭曲并存，经济秩序紊乱，收入分配不公和各种腐败现象滋生。在这种严峻的经济形势下，重大的改革措施特别是重要的价格改革根本无法出台，因此主张首先不惜采取直接的行政手段进行紧缩，实行严格的宏观控制；在整治经济环境的基础上，以生产资料价格为重点，先调后放，在较短时间内把绝大部分产品价格全部放开。配合价格改革，实行财政、税收、金融的改革联动，为市场活动提供较为合理的参数，为企业创造大体平等的竞争环境，同时积极推进国有企业经营机制和其他方面的配套改革。

这种改革思路的好处是配套性比较强，如果行得通的话，有利于早日消除双重体制对峙摩擦所产生的种种弊病，使新体制能够尽快地发挥其整体效益。但是这种思路所设想的改革步子迈得大，风险和震动很大。人们担心，由于紧缩过猛，会不会导致经济萎缩，能不能形成一个有利于大步改革的宽松环境，把握不是很大。

第二种思路不同意"当前经济形势严峻"的判断，认为经过九年多的改革，现在经济活力大大增强，现在虽然经济环境仍然是紧的，但是已向着好转的方向发展。1987年工业生产增长速度（14.6%）比较高也是正常的健康的，经济生活中存在的不稳定因素主要是物价，特别是食品价格上涨幅度过大，可以采取对城市居民适当补贴等办法来解决。这种思路一般不主张实行严格的紧缩政策，而力主继续保持较快的增长速度，"把蛋糕做得更大一些"，以缓解利益分配上的矛盾。至于稳定经济，则只能靠深化改革来解决。近两三年改革的重点在于落实和完善以承包制为主的企业经营机制的改革，同时进行投资体制、物资体制、外汇体制、金融体制、财税体制、房地产制度等方面的改革，在提高企业效益、增加供给、改善宏观管理的基础上，后几年再进行以价格改革为中心的配套改革，进一步改善企业的外部环境，争取过八年时间使新体制占主导地位，然后再逐步充实和完善。

这一思路实际上是前几年曾经出现的"发展与改革双加快"意见的继续，认为中国当前经济发展的主要症结不在需求过旺而在供给不足，应当抓住几年来经济改革所取得的好势头和国际经济环境对中国有利的好时机，来加速发展和深化改革。这种思路曾经是占优势的想法，在1984年以来的经济波动中被不时反复提出。但是发展与改革双加速的思路不大能够解决当前面临的越来越严重的通货膨胀问题，按照这种思路走下去，后一阶段设想以价格为中心的配套改革所需要的经济环境不大可能出现。而双重体制摩擦所造成的混乱如果长期胶着下去，对于中国经济的改革和发展前景来说都是不好的。

第三种思路对当前经济形势的估计接近第一种思路的估计，但不赞成这种思路"先治理环境、后推出配套改革"，以及在治理环境上用"猛药"的构想。它更不同意第二种思路"发展与改革双加快"的构想，而提出稳定经济与深化改革"双向协同、稳中求进"的主张，即以稳定经济的措施来保证改革的持续推进，同时用有计划有步骤的改革措施来促进经济的持续稳定发展。近两三年内着重治理环境，消除不稳定因素，重点是控制通货膨胀，把物价上涨由目前的10%左右到1990年降到4%~3%以下。改革方面要选择那些有利于稳定经济的措施，包括改善宏观调控机制；完善事实上已在广泛推行的企业承包制并为承包制过渡到股份制做好准备；同时积极推进市场发育，建立市场规则，并在局部范围进行必要的价格调整和改革（如某些农产品价格和某些生产资料价格）。经过前三年的"稳"为主的改革，经济生活中的不稳定因素应该基本上得到消除，这样在后一阶段（1991—1995）就可以转向以"进"为主，一些大的改革运作可以陆续出台，特别是推出以价格改革为中心的市场运行机制的改革，同时推进以明确产权关系为主要内容的企业股份化改革，逐步完成宏观管理由直接控制为主转向间接调控为主的过渡，基本上实现"国家调节市场、市场导向企业"的改革模式。

我个人倾向于第三种思路。认为它比较稳妥而又积极。但是中期改革究竟采取哪种思路，目前仍在讨论中。

《我国经济特区的地区性经济和社会影响》序

（1998年6月）

中国从1980年起，开办深圳、珠海、汕头和厦门四个经济特区，引起了国内外人士的注目和关心。中国办特区，是中共十一届三中全会决定实行经济改革和对外开放政策的产物。中国政府建立经济特区的意图，并不是简单地划出几块出口加工区以吸引外商办厂，从而解决就业、创业问题；也不是简单地设立自由港或自由贸易区，发展转口贸易；而是要通过经济特区，扩大对外联系，更好地吸引外资，引进先进的科学技术和管理方法，发挥"四个窗口"（技术的窗口、知识的窗口、管理的窗口、对外开放政策的窗口）和"两个扇面"（对外、对内两个扇面）的"枢纽"作用；同时，在经济体制改革方面先行一步，做大胆的试验，从而为促进我国社会主义现代化建设做出贡献。按照这种意图建立的经济特区，由于目的的多重性，它们的任务和性质不完全同于世界上许多地区兴办的单一的出口加工区、自由港、自由贸易区。工业科学园等特别区域，而是要把这许多功能都摄取进来，兼而有之，成为综合性的经济特区。这样综合性的经济特区办起来自然要比单一的出口加工区或者自由港等，更为复杂一些。

经济特区创办了几年之后，1984年中国政府决定进一步开放沿海14个港口城市和海南岛，1985年又宣布把长江三角洲、珠江三角洲和闽南三角地带开辟为经济开放区。今年春，全国人民代表大会又决定将海南全岛辟为全国最大的经济特区。这样，我国东南出现了包括约1.5亿人口的沿海对外开放前沿地带，形成了"经济特区—沿海开放城市—沿海经济开放区—内地"这样一个有重点、多层次的对外开放格局，其中开放程度最高的是经济特区，而其他开放城市和地区则实行不同程度的开放政策。沿海开放地带的出现和多层次对外开放格局的形成，同经济特区进行的开放和改革的试验是分不开的，是在特区试验所取得的经验基础上实行的。几年来中国政府一往直前地推广经济特区对外开放的经验，这本身就说明了经济特区办得是成功的，建立特区的方针是正确的。

由于中国经济特区的特殊含义，再由于它是一项内容极为丰富的试验，几年来它一直是国内外研究机构和学者注意的对象。不少研究机构和学者怀着浓厚的兴趣对单个或各个经济特区的社会经济发展作了广泛的调查研究，写出了不少论著和研究报告。这方面的最高成果之一就是摆在我们面前的这本由古念良教授等人合著的《我国经济特区的地区性经济和社会影响》一书。

这本书是作者和加拿大"国际发展研究中心"（IDRC）合作研究项目中有关中国部分的研究报告。这个合作研究项目的题目是"亚洲出口加工区地区性的社会和经济影响"，在亚洲选择几个国家的出口加工区进行比较研究。IDRC把我国经济特区视为一种模式的出口加工区，这是对的，因为我国的综合性经济特区的确包含着出口加工区的内容。不仅如此，IDRC还认为中国经济特区是亚洲的一个很重要的出口加工区，因此在亚洲出口加工区的比较研究中，中国经济特区是一个不可或缺的重要的研究对象。

本书的特点是，从微观考察开始，进而作宏观考察。微观考察部分，数据资料取自1 000多份经过电脑处理分析的抽样问卷调查，对特区工人人口构成、生活水平、就业倾向、对特区的适应程度、工人的价值观、特区对外地劳动力的牵引，对特区工人的农村家庭的影响以及对特区企业的经济活动等方面，进行了分析。宏观考察部分，则以问卷调查为基础，结合作者以往的研究成果和就地调查取得的资料，揭示了特区工业化过程对邻近城镇的都市化和农村商品化的发展、对人口增长和人口结构的变化、对特区的企业经营管理、工人生活水平、工人的生活方式等方面产生的影响。作者并不局限于经济学的角度，还从社会学的角度对特区进行了综合的考察。

由于采用了颇具规模的抽样问卷调查方法和经济学结合社会学来研究特区，使本书成为一本既拥有丰富的第一手资料又有独到见解的著作，这在目前国内出版的有关特区的书刊中还是比较少见的。

当然本书还有不足之处，例如，在1 000多份问卷调查中，主要是工人的问卷，而企业问卷只有32份，工人家庭问卷只有33份，似乎缺乏足够的代表性，和工人问卷有1 100多份相对照，也显得不大相称。在运用数理统计分析方面，也未能尽善。但是这些缺点并不能掩盖本书的价值。

据说，IDRC对这个研究给予了相当满意的评价，并决定对我国经济特区开展第二阶段的合作研究。我相信并期望：在第一阶段的合作奠定的良好的基础之上，第二阶段将取得更大的成果。

再论当前通货膨胀问题[*]

（1988年6月）

当前，物价大幅度上涨已经成为大家关注的问题。这场物价的大幅度上涨不是突发性的，而是持续性的；不是一部分商品的价格上涨，而是商品价格的全面上涨。从时间上看，这场物价的大幅度上涨始于1985年，经过三个多年头，今年已进入第四个年头，今年一季度上涨率超过了两位数，有逐渐强化的趋势。从商品品种上看，不但消费品价格上涨，而且生产资料价格上涨；不但食品价格上涨，而且各种日用工业品价格也纷纷上涨。这样一种持续的、全面的、幅度趋大的物价上涨，是稳定经济和深化改革的一大障碍，必须认真对待，切实解决。

人们对当前物价上涨的原因作了种种分析，尽管众说纷纭，归结起来不外乎两种原因：货币原因和经济原因。货币原因指的是包括现钞和银行信贷在内的货币投放量的增长率超过了经济的实质增长率（考虑了经济货币化、信用化，从而货币流通速度变化的因素），引起了货币贬值和物价上涨。经济上的原因则是指包括投资和消费在内的需求膨胀、追求产值速度的增长冲动，以及各种结构变化所引起的总量失衡和结构失衡，从而引起物价总水平上涨。一些同志比较强调货币方面的原因而较少涉及经济方面的原因，而另一些同志则比较强调经济方面的原因而轻视货币方面的原因。其实，这两方面的原因是互相联系、不可分割的，

---

*　原载《中国经济体制改革》1988年第6期。

缺少哪一方面都形不成通货膨胀性的物价上涨。当然，造成总量失衡和结构失衡的经济方面的原因是通货膨胀可能发生的客观基础，但是光有可能发生通货膨胀的基础而无货币供应量的支撑，就是说如果货币供应量受到严格的控制，在这种情况下通货膨胀也不一定会发生。通货膨胀毕竟是一种货币现象，它终究要通过货币投放这个关口才能发生。而这个关口一般是由政府货币当局把守的，所以，通货膨胀是否出现，不能不与政府货币当局的决策行为有关。反过来说，光是强调货币方面的原因，光是责难货币当局松紧失当，而看不到产生通货膨胀的深层经济原因，也难以找到已经发生的通货膨胀的病根所在，从而找到根治的药方。

对于通货膨胀的经济方面的原因，又有两种看法：一种认为，造成总量失衡的原因是主要的；另一种则认为，造成结构失衡的原因是主要的。应该说，这两种失衡目前在我国经济生活中都是存在的。就总量失衡的经济原因来说，我国经济现在正处于新旧发展模式和新旧体制模式的双重转换时期，在双重模式的历史性转换过程尚未完成以前，经济生活中数量驱动，"投资饥渴"，再加上消费膨胀等动机都不可能消失，经常推动着总需求相对于总供给的超前增长。就结构失衡的经济原因来说，由于我国正在步入低收入水平转向中等收入水平的关键发展阶段，经济结构发生着剧烈变动，由此产生需求结构变化的超前和供给结构变化的滞后所带来种种结构性矛盾。这种结构上的失衡又加剧了总量膨胀，成为推动总量失衡的一个追加的原因。就引发通货膨胀性的物价上涨的动因来说，总量的膨胀和失衡是更直接、更主要的。当然，在结构失衡与总量膨胀互为因果、循环推动的情况下，总量调节更增加了复杂性。在一定时期内，剧烈的结构变化必然增大物价上涨的压力，因此，我们要有控制地进行结构转换。比如，对有的同志指出的"二元结构前冲惯性"就要加以控制。所谓"二元结构前冲惯性"实际上是个"农转非"的速度问题。"农转非"若要健康进行并有利于整个国民经济的健康发展，其转换速度就不是越高越好，也不是不可调控的。如果我们放弃对"农转非"速度的调控，任其所带来的结构失衡扩大并加剧总量失衡，它当然就会成为推动物价上涨的一个恒常因素。但是如果我们从稳定经济的要求出发，对这种"前冲惯性"和"农转非"的速度从政策措施上进行适当的调节，那我们就可以把从这一方面来的结构失衡加给总量失衡的压力予以缓解。所以，在结构失衡和总量失衡并存的条件下，我们应该以控制总量失衡为中心，进行有控制的结构调整。

　　用总量失衡来说明通货膨胀性物价上涨的原因，也有两种不同说法：一种说法强调目前总量失衡的主要原因在需求膨胀；另一种说法则强调目前总量失衡的主要原因在生产不足和供给不足。我以为，目前我国存在着推动有效需求膨胀的机制，这是很难否认的。投资膨胀仍然是总需求膨胀的主要动因。投资膨胀不仅扩大了对生产资料的需求，同时也扩大了对消费资料的需求；消费需求又由于短期行为和铺张浪费之风的蔓延而加剧扩大。所有这些需求膨胀的现象是我们的宏观调控不能须臾忘记的基本事实，绝对不能放松对于这方面的管理。至于生产供给是否不足，这要看相对于什么来说。相对于膨胀着的有效需求来说，在传统的造成短缺经济的体制因素未被彻底克服以前，可以说供给一般总是不足。但是，相对于资源条件来说（特别是短线的能源、物资、技术力量、资金、外汇等），我们的经济是资源约束型的经济，在这个资源约束型经济的基本状况未有扭转以前，就不能一般地说我们的生产和供给不足，更不能强行超过资源容许的限度来增加生产和供给。当然，现有资源的容量和潜力，可以经过发展模式和体制模式的转换得到极大的扩展；但是这种转换绝非一朝一夕所能完成而需花费较长时间。权衡需求与供给两个同样重要的方面，就当前来说，关键仍在需求膨胀问题，宏观管理的当务之急还是要抓总需求的控制，包括通过较紧的金融政策控制投资特别是预算外投资，建立和通过完善收入分配政策加强对消费特别是集团性消费的控制。同时要为长期的供给的总量增长和结构改善作出不懈的努力。

古往今来，许多国家政府常常用降低金属货币成色的办法，或者用多发纸币的办法来弥补财政赤字或刺激经济增长，但是没有一个政府公开宣称自己实行的是通货膨胀政策，而且不少政府在实际上不得不实行通货膨胀政策的同时，还不断声称自己要与通货膨胀现象作斗争，其原因就在于各国公众对通货膨胀一般多持不欢迎态度甚至反感。经济学者们想问题应当比一般公众深一点。确实在有些情况下，比如存在着闲置资源、闲置能力的情况下，在一定时期内采取一定限度的扩张政策，是有助于刺激经济发展的。而且社会上确有一部分人因通货膨胀而发财或得福，他们会欢迎通货膨胀。所以对通货膨胀的价值判断，不像普通人们所想象的那样简单。但是在当今的中国，在资源约束型的短缺经济机制尚未根本改变，而已经发生的通货膨胀开始明显地影响人们的实际收入水平并开始逐渐超过人们的承受能力的背景下，还有人郑重其事地把通货膨胀政策当作有利于经济增长的政策公开推荐出来[1]，那确实有点让人迷惑。据说实行通货膨胀政策可以实现国民收入的强迫储蓄，为经济增长积累资金，并重新分配社会各阶层的利益。应当看到，通货膨胀对强迫储蓄，增加积累的效应，只有在物价全面上涨的初期，当通货膨胀尚未被人们所预期，物价增长快于货币工资增长，实际工资率降低使企业获得"意外利润"，人们对货币普遍存在幻觉的情况下，才会发生。随着物价全面上涨的持续化，通货膨胀逐渐形成人们的预期，人们对货币的幻觉开始淡化以至消失，并纷纷采取自卫行动以保护

---

[1] 见《人民日报》1988年4月8日第4版。

其利益尽可能不受物价上涨的侵吞。如经营者要求提高产出品的价格以赶上投入品成本价格的增加；劳动者要求货币工资与奖金的增长以赶上消费品价格的上涨率；消费者提高其消费倾向降低其储蓄倾向；等等。当这些情况出现时，通货膨胀引起的强迫储蓄、增加积累的效应就越来越难实现。至于通货膨胀对收入再分配的效应，则明显地对广大职工等固定收入者不利，对个体私营商贩等弹性收入者有利；对靠诚实劳动积攒储蓄者不利，对借入资金搞投机性经营者有利；在我国，由于物价上涨比较集中于生活必需品，所以受损严重的乃推低、中收入集团的一般消费者，而中、高劳动收入者则又从储蓄贬值受到进一步的损失。凡此种种的再分配效应，绝不能说是收入分配结构的改善，其对人们心理上投下的阴影从而对经济发展的长远消极后果，是绝不能低估的。许多国家的研究资料证明，从长期平均来看，通货膨胀率与经济增长率之间往往存在着负相关的关系，即通货膨胀率越高，平均增长率越低[1]。所以，从长期看，企图以牺牲稳定物价为代价，用通货膨胀的办法来促进经济增长，那不只是缘木求鱼，简直是饮鸩止渴，不仅必定不能成功，而且将大有害于长期发展。

　　既然引发通货膨胀既有经济方面的原因，也有货币方面的原因，对于通货膨胀的控制也要从这两方面着手，进行综合治理。这是一个需要专门研究的问题，本文不拟多作论述。这里只是指出以下三点：第一，若要治理通货膨胀，我们在近期就不能奢求过高的经济增长速度。这几年经济增长在一定程度上是由通货膨胀暂时支撑的，有必要加以降温，比如说返回到十二大提出的为达到20年（1981—2000年）翻两番目标所需的平均速度7.2%的水平上，考虑到前八九年平均实际增长速度偏高，今后若干年的GNP增长率可以控制在7.2%以内，工业增长率保持在10%以

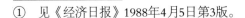

① 见《经济日报》1988年4月5日第3版。

内。这样的速度不能认为是一个低速度，但适当降温就可以适当缓解通货膨胀的压力。第二，货币政策要有一个近中期目标，比如说三年内将通货膨胀性的物价上涨率，到20世纪90年代初降至4%~3%以下，同时为物价改革所必需的物价水平的上涨腾出必要的空间；同时相应降低货币供应量增长率，并且采取有效的政策措施以达此目的。如果没有制定中长期的货币政策目标和达到目标的政策手段，而是走一年看一年，那就有可能失去对通货膨胀的控制，使经济走向长期滞胀的局面，那是我们应当避免的。第三，除了近期治理，还有一个长期防治通货膨胀、保持经济的持续稳定发展的问题。要达此目的，必须完成"三个彻底"，即：发展战略的彻底转变、经济体制的彻底改革和经济结构的彻底改造。就是说，速度数量型的发展战略必须最终转到效益质量型的发展战略上来；开"大锅饭"的经济体制必须最终转到自我约束的经济体制上来；传统的二元结构必须最终转到现代化多元结构上来。这些都是我们需要长期努力以赴的目标。这些目标的逐步实现，将逐步增强我们防治通货膨胀的能力，从而使经济逐步走上长期持续稳定发展的坦途。

海南经济发展战略研究*

（1988年6月）

一、制定海南经济发展战略的依据

（一）正确的决策

海南建省，并办成全国最大的经济特区，是中央作出的一项重大战略决策，反映了海南人民的长期愿望，具有十分深远的意义。党中央、国务院1983年11号文件，规定了以对外开放促岛内开发的方针，1987年23号文件又规定给海南以更多的自主权，可以实行更加特殊、更加优惠、更加开放的政策，为海南的发展明确了指导思想。

（二）历史的反思

海南和台湾同为我国两大海岛，面积相近，气候相似，自然条件大致相同。经过解放后三十多年的建设，海南的经济和文化都有了相当的发展。但与国内其他地区相比，还是比较落后的，与我国的台湾省相比，差距更加悬殊。这一差距向我们提出了严峻的挑战：海南为什么落后于条件相仿的我国的台湾和沿海先进地区？海南能不能赶上台湾和我国的沿海先进地区？我们必须正面回答这个问题，不能回避。

回答这个问题，要从历史分析入手。

* 原载《海南经济发展战略》，经济管理出版社1988年版。

第二次世界大战结束时的台湾，无论在基础设施、文化教育，还是在工农业生产方面，都已经有了基础；而当时的海南，基本上没有现代工业，几乎是一片空白。1949年国民党政府迁离大陆时，将大量的资金和人才带到台湾。其后，美国和日本又向我国台湾大量投资，并给予经济援助。粗略估计，三十多年仅美、日向我国台湾投资就约为200多亿美元。而海南地处国防前沿，长期实行闭关守岛的政策，国家对海南经济拿走的多，给予的少，从1951年到1986年年底，累计全民所有制单位固定资产投资仅89亿元。这是形成这一差距的主要原因。毋庸讳言，"左"的错误和僵化的经济体制，也是一个十分重要的原因。此外，海南一直仅是省属的一个行政区，缺乏自主权，以及岛内行政建制的分割、中央企业自成体系，这些体制上的缺陷也相当严重地妨碍了海南的发展。

中央决定海南建省并实行更加特殊、更加优惠、更加开放的政策，并有更大的自主权，正是要消除行政建制上的缺陷，破除旧体制的束缚和封闭的壁垒，以加速海南的开发和建设，迎接这一挑战。深圳等经济特区迅速发展的成绩证明，只要政策对头，扎扎实实地埋头工作，加快海南的发展，逐步缩小和我国沿海先进地区以及台湾省的差距，并最终赶上和超过世界中等发达国家和地区，是完全可能的。我们认为，对此应当充满信心。同时，也要清醒地看到，海南与上述我国的地区和世界的中等发达国家在经济发展上的差距确实不小，赶上它们的难度很大，要经过一个相当长的过程。必须脚踏实地，艰苦奋斗，坚持不懈，努力工作。既要反对信心不足，无所作为，又要防止急躁冒进的情绪和不顾条件、不讲科学的大干快上的做法。

（三）省情的分析

海南岛位于北纬8° 10′~20° 10′，东经108° 31′~111° 3′，面积

刘国光

经济论著全集

第

7

卷

33 920平方公里（未含中、南、西沙群岛），为我国第二大岛。海南岛属湿热带气候区、终年无霜雪。年平均气温22℃~26℃，年日照1 750~2 650小时，年降雨量为1 500~2 000毫米。海南岛1986年有人口605.6万，其中：黎、苗等少数民族人口为91万（中、南、西沙群岛也属于海南省的建制，以上数字均未包括它们）。

开发和建设海南，有自己的比较优势和比较劣势。

优势之一是丰富的自然资源：（1）热带作物资源。海南适宜种植橡胶等热带经济作物、热带水果以及南药和珍贵木材，是我国最大的热带作物区。（2）海洋水产资源。全岛海岸线长1 528公里，大陆架2 330平方公里，近海渔场和中、南、西沙群岛渔场8.8万平方海里，能利用的滩涂38.5万亩，适于发展水产捕捞、养殖和盐业。（3）地下矿产资源。已经探明有工业价值的30多种，包括铁、钛等；特别是附近海域的天然气已经查明相当多储量，石油前景喜人。（4）旅游资源。海南岛风景秀丽，气候宜人。三亚的冬季海滨浴场，水碧沙细，滩平岸长，未受任何污染，被誉为东方的"夏威夷"。

优势之二是独特的地理位势：（1）近傍香港，遥望台湾，处于从日本到新加坡的中段，南面直对东南亚，是正在蓬勃兴起的西太平洋环形带上的又一颗明珠。（2）有港湾68处，便于发展海洋交通。（3）作为一个与大陆隔离而又邻近的海岛，海南最宜举办彻底开放的特区。

优势之三是海南人民具有光荣的革命传统，勤劳智慧，劳动力众多，土地广阔，人均面积高于沿海地区，并有工资较廉、土地使用费用较低的经济优势。这是近期的、现实的优势。

经过30多年的建设，海南的经济有了相当的发展。1986年按当年价格计算的国内生产总值44.76亿元，工农业总产值达到53.19亿元，国民收入达到39.43亿元。海南已成为我国最主要的热带作物基地，工业也有了一些基础，外经、旅游开始起步，城乡居民的收入和消费水平也有不小提高。

但是也要看到，海南的发展，与全国比是不快的，与沿海地区和广东省比是落后的，它的劣势也是明显的。

1. 经济水平较低，包袱较重。1986年按人口平均的国民生产总值是744元，为全国平均893元的83%，落后于全国多数省、市、自治区。全岛近1/6人口还处于贫困线下，脱贫任务仍很重。

2. 结构原始，基础薄弱。在国民生产总值中，第一产业占1/2以上，第二产业不到1/4，第三产业在1/4左右。1986年全岛全民和集体工业企业固定资产原值仅19.45亿元，净值仅15亿元。

3. 基础设施严重不足，突出的是能源短缺。全省发电装机容量39.65万千瓦，其中：联入电网的16.25万千瓦，80%是水电。今年（1988）少雨，电力供应格外紧张，不少工厂停五开二。航运、陆路交通和通信邮电也远远不适应需要。

4. 经济效益比较低。水稻单位面积产量仅为全国平均的57%。1986年工业劳动生产率为9 143元，仅为全国平均水平14 930元的61%。

5. 资金缺乏，人才过少。海南1986年财政收入仅有2.58亿元，入不敷出，需由国家补贴近4亿元。各类专业人员占总人口的比例为1.4%，仅为全国平均水平2.4%的58%。12岁以上的人口中还有近1/3是文盲和半文盲。

6. 台风、干旱等自然灾害频繁，水利设施不足，农业生产不够稳定。

富饶的资源、巨大的潜力和贫穷落后的现实，形成了鲜明而又强烈的对照。起点很低，目标很高，是海南发展中最突出的矛盾。中央规定，海南除了可以采取现有经济特区的一切优惠办法外，还可以执行更加特殊、更加优惠、更加开放的政策。这一政策上的优势将为海南增添一个最大优势，善于利用这一优势就能将其潜在的自然优势变为经济优势，大大加速海南的开发和建设。展望未来，虽然困难不小，但前景是光明的，是大有希望的。

二、海南经济发展的战略目标和战略步骤

（四）总的目标

海南经济发展的战略目标是：坚持以开放、改革促开发的方针，实行社会主义的有指导的市场经济，最终建成为以工业为主导、工农贸旅并举，三次产业协调发展的、外向型的、综合性的"自由经济区"①，力争以20年左右的时间，达到人均国民生产总值2 000美元以上，相当于台湾省20世纪80年代初的水平。

为了实现上述目标，必须实现经济发展战略的转换，就是：（1）从主要作为国防前哨转向同时作为建设前沿；（2）从单纯强调为国家做出贡献转向同时着重于海南本身的开发和振兴；（3）从与港台和东南亚对峙转向相互补充、协作；（4）从封闭的半自然经济转向开放的市场经济。

（五）分四步走

实现上述目标，要有一个长期过程，必须分步骤地逼近：

1. 近期

以1987年为基础，花三五年时间，赶上全国的平均水平，解决全岛的温饱问题。大致是到1990年或1992年，以每年递增

---

① 自由经济区是我们参照国际通行的自由港、自由贸易区等名称提出来的。我们建议在海南实行自由港、自由贸易区和出口加工区等某些国际通行的做法，总括为"自由经济区"的概念，是否合适，还要进一步探讨。

14%~23.5%的速度，国民生产总值将从1987年预计的52亿元增长到约100亿元，人均1500元左右（按现行汇率折合400美元），即三五年翻一番。

2. 中期

在近期基础上，再花五年到七年时间，赶上全国比较发达地区的水平，提前达到原定20世纪末的"小康"标准。大致是到1995年或1997年（从1987年算起，为第一个十年），以每年递增16.5%~20%的速度，国民生产总值达到约210亿元，人均3 000元左右（折合800美元）。即十年翻两番。

3. 长期

在中期基础上，再花十年或稍多时间，达到台湾省20世纪80年代初的水平。大致在2005年或2007年（从1997年算起，为第二个十年），国民生产总值达到约660亿元，人均8 400元左右（折合2 260美元）。即十年再翻一番半。其增长速度为12%~15.5%。

4. 远期

在长期基础上，再花二十年或稍多时间，大致是到21世纪30年代前后，比全国提前进入中等发达国家和地区的行列。

前三个时期，也就是起步期、成长期、成熟期。目前处于起步期，主要是为成长期进行准备，同时要抓住当前有利的国际时机，尽可能引进外资，开发各项建设，求得适当发展。这个时期的主要工作是：抓好农业生产和现有企业的改造；抓紧基础设施建设；大力引进"三来一补"，办一批内联企业；发展乡镇企业；着手改革经济体制和政治体制；健全法制建设；引进技术人才、管理人才特别是外经人才；在国家支援下，通过拍卖土地等方式积累资金。考虑到海南的现有基础，起步期和成长期的进程要比深圳等特区长些。

当前，应当要着重鼓励干部和群众的建设热情，增强信心，同时要注意防止片面追求数量和速度的错误做法，坚定不移地贯彻执行注重效益、提高质量、协调发展、稳定增长的战略。

（六）工业为主导、工农贸旅并举

海南经济的发展以工业为主导，这是由于海南经济目前仍处于落后的农业为主阶段，亟待完成工业化的历史任务，奠定比较雄厚的经济技术基础，进而带动整个国民经济的成长和起飞。

同时工业要与农业、贸易、旅游并举，因为：（1）海南农业所占比重虽较大（1986年占社会总产值的48.6%），但主要农产品单产低，总量也不多，不能适应工业、贸易和人民生活不断增长的需要，必须有一个很大的发展；（2）海南的内外贸易也不发达，必须随着工农业生产的发展而兴旺起来，才能从半自然经济转为商品经济，从封闭型经济转为外向型经济；（3）海南的旅游资源得天独厚，必须大力开发，成为本岛的优势产业之一。

以农业、工业和贸易、旅游为代表的三大产业，协调发展的趋势大致是：

1. 前十年，即到1997年，第一产业所占比重从目前的50%以上降低到30%左右，第二产业从目前的不到25%上升到35%左右，第三产业从目前的25%左右也上升到35%左右。

2. 后十年，即到2007年，第一产业所占比重进一步下降到20%左右，第二三产业进一步上升到各占40%左右。

3. 到21世纪30年代，第一产业可能只占10%左右，第二产业大致保持在40%左右，第三产业可能达到50%以上。

（七）外向型经济

海南经济发展战略目标的一个重要方面是发展外向型经济，也就是出口导向，积极参与国际经济分工和市场交换，在扩大进出口的同时大力利用外资、引进技术，做到大进大出，以人之长补己之短，促进经济的起飞。从海南的实际情况出发，具体目标拟定为：

1. 出口值占国民生产总值的比重，目前约为3%，预计1990—1992年可达到10%~15%，1995—1997年达到25%左右，2005—2007年达到40%以上。

2. 外资占全部投资的比重，目前约为8%，力争在中近期达到20%左右，长期达到35%左右（在工业投资中超过一半）。这样，除本省积累不断扩大外，利用外资将逐渐超过国家和内地投资，成为省外资金的主要来源。

3. 与此相应，包括合资、合作企业在内的外资企业占全部企业的比重也将逐步提高。

4. 在扩大进出口的过程中，要实现包括非贸易收支在内的全部外汇收支平衡有余，即有一定的顺差。

（八）实行社会主义的市场经济

海南经济发展起点低、目标高，两者之间有巨大落差。不能期望以常规的办法来创造奇迹，而要以超常规的手段来实现超常规的目标，也就是采取比其他经济特区更加特殊的政策，实行比其他经济特区更加彻底的开放、更加彻底的改革。无论是经济体制改革或政治体制改革，都要有一个不同于内地又不同于其他经济特区的目标模式。为了保证实现这个要求，海南在经济上从国家取得纵向支援、与内地加强横向联系的同时，必须加快和深化改革，实现一个全新的体制。

海南是全国的一个省，海南经济是我国社会主义经济的一个组成部分。同时，海南又是彻底开放的最大特区，也是经济比较落后的海外岛屿。为了加速建设成为外向型的发达地区，必须形成具有自己特色的经济体制新模式和与之相适应的政治体制新模式。在对这个新模式的诸多设想中，我们认为较为合适的是：

海南省是在中国共产党领导下，实行社会主义市场经济的"自由经济区"。党的领导和社会主义性质反映海南模式与全国的一致性，市场经济和"自由经济区"则反映海南模式的特殊性。这个模式使海南既有别于其他省、自治区、直辖市，又有别于其他省辖的经济特区，比较醒目，对外将有较大的吸引力。

在经济/体制方面，海南省实行的社会主义的市场经济，既有别于资本主义的市场经济，又能吸收融合其一切好的做法和经验，比其他经济特区的"市场调节为主"向前推进一大步。这种新的经济体制，与国际市场的运行机制、运行方式协调一致，既有利于大量吸引国外资金、技术和人才，又有利于调动省内和国内各地区、各部门和企业、集体、个人的积极性，汇成一股开发海南的巨大力量，支持海南的起飞。

在政治体制方面，改革的原则：一是党政分开、政企分开；二是"小政府、大社会"。要在转换政府的经济职能的基础上，建立一个精干、高效、廉洁、团结的政府，把应当和可以由社会和企业管理的事情还给社会和企业去管理，并建立和充实各种非行政化的社会组织，自行处理各项事务。

三、若干主要的战略对策

（九）从振兴农业开始，向精细农业进军

农业目前是海南经济的基本部门，并且有广阔的发展前途。加快农业的发展及其结构的转换是海南振兴和腾飞的基础和出发点。根据海南的自然条件，在发挥优势和全面协调的前提下，海南农业要以发展热带作物为重点，并把林业和渔业放在重要位置，使陆地和海洋都开发利用起来。海南粮食要改变粗放经营的现状，努力提高单产，在保持目前播种面积的情况下，争取使自给率有所提高，以利于农业结构的优化发展。缺少的粮食可以从

国内外市场购买。海南的农业承担着出口创汇、替代大陆进口和服务城乡三重任务。近期以替代大陆进口和服务省内城乡为主，出口农业的地位逐渐上升；长期在替代进口农业继续发展的基础上，创汇农业和城郊农业将占主导。与此相应，要积极发展高档次、高质量、高价值、高收益的"精细农业"，如优良种子、名贵水果、珍贵木材、反季节瓜菜、珍禽、珍兽、花卉、南药、香料、食用菌、对虾、石斑鱼、珍珠等。

振兴海南农业要抓住以下几点：（1）大力发展农业科学技术，努力增加农业投入，实行集约化经营，不断提高单产水平。（2）合理开发利用现有1 500万亩荒地，扩大热带作物种植；开拓远洋捕捞和扩大近海、淡水养殖，充分利用尚未利用的各种农业资源。（3）着力调整农业结构和农业布局，实现山地造林、台地植胶、丘陵发展其他热带作物，平原种稻、种菜。（4）兴修水利。在抓现有水利设施的整修和配套的同时，兴办一批新的水利工程。（5）推进农业机械化，提高农业劳动生产率。（6）充分发挥农垦企业和专业户的作用，带动贫困农户发展生产，尽快脱贫致富。（7）建立、完善农业经营服务体系，推进农工贸一体化，科技、生产、流通紧密衔接，实现农业的现代化经营。

（十）加快工业发展，推动结构转换

要把发展工业作为振兴海南经济的中心，不仅要迅速扩大工业的规模，而且要尽快提高工业的技术水平；不仅要改善工业的组织结构，而且要实行现代化经营。为此，海南要注意解决好以下几个问题：（1）要积极参与国内和国际分工和协作，充分发挥自己的优势条件，创造自己的优势产业和优势产品，开发自己的产品系列，生产有竞争力和垄断优势的产品，建立有自己特色的工业结构，切忌什么都搞和盲目追求建立独立完整的工业体系。（2）要处理好轻重工业的关系，恰当选择工业开发的重

点。由于能源、资金、技术、人才和经营水平的限制，初期要把重点放在轻工业生产方面，主要发展食品、纺织、电子、热带作物加工、橡胶加工，发展各种来料来件加工工业，同时大力发展能源工业和建材工业，并做好天然气开发利用的前期工作。中期应在大力发展机械电子轻纺等加工工业的同时，有计划地发展石油化工、有限制地发展一些钢铁工业，这除了要充分考虑能源、交通、供水条件外，还要以莺歌海天然气由海南就近就地使用和海南铁矿部分矿石留在海南加工的可能性为前提。如果条件具备，应当争取早上快上。后期应转向高技术工业，集中力量发展生物工程和机械电子工业（这一点在初、中期应即着手准备）。
（3）要处理好资源开发工业和市场导向工业的关系，把二者恰当结合起来。海南资源丰富，可以发展以热带作物为基础的橡胶等农产品加工业和以木材、水产为原料的加工业，可以利用金属和非金属矿产适当发展钢铁、有色金属、建材和制盐、磷矿、石英砂、大理石等的开采和加工业，但是必须注意从以开采和简单加工为主的上游工业逐步向深度加工和精加工的下游工业转移。从国际经验看，只搞资源加工是不利的，也不适应高技术产业迅速发展的形势。必须更加注意发展市场导向型工业，根据岛内、国内特别是国际市场的需要，有步骤地做到市场需要什么就发展什么，才有无限广阔的前途。（4）要解决好劳动密集型产业和技术密集型产业的关系及其转换问题。在初期，要以发展劳动密集型产业为主，大力发展乡镇企业，发展"三来一补"，广泛吸收发达国家以及中等发达国家和地区转移出来的产业，迅速提高自己的工业开发能力，并采取由低到高、跳跃前进的方式，有计划、有选择地发展技术密集型的新兴产业。

（十一）配套开发，建成国际旅游中心

加快发展旅游业，使之成为海南的一大新兴产业，是开发海

南的重要方面。旅游业不仅是建几个宾馆，而是集运输、商业、饮食、文化娱乐和各种服务于一身的复合性产业。要把旅游资源的开发、旅游设施的建设和旅游服务水平的提高结合起来，要把旅游业的发展同商业、运输、旅游工艺品生产、旅游娱乐业的发展结合起来。可以考虑以三亚为重点，先与岛内各旅游点连成一条线，再与国内各旅游热点和香港连成一条线，最后与东南亚和世界各地的旅游点联系起来，逐步把海南，特别是三亚地区，建设成为面向世界的国际旅游胜地。目前以短期观光游览为主，逐步发展为包括游览观光、度假休养或疗养、体育训练、学术会议等多功能的旅游基地、休养基地、冬季体训和水上运动基地、会议中心和娱乐中心。近期以港台、华侨和国内游客为主，中后期以吸引日本和欧美寒温带游客为主，使旅游收入成为全省外汇重要来源之一。

（十二）建立新的生产布局

海南是面的开发，生产布局非常重要。原来均衡分散式的布局，加上条块分割，阻碍了生产要素的合理流动和优化组合。建立新格局的要求是：以港口为依托，以港口城市和有港口依托的城市为枢纽，岛外与国外及大陆有海运和空运联系，岛内以公路为纽带联结广大腹地，形成各具特色的经济区和不同功能的环岛产业带。为此，必须采取培养增长极核的办法，把外部引入的和岛内现有的生产要素集中配置在港口城市及其周围，充分发挥聚集效应和扩散效应。按此设想，全岛规划为五个经济区：

1. 北部经济区，也称海口经济圈，包括海口、琼山、澄迈、定安、屯昌五个市县。重点是发展轻工、食品、橡胶制品、机械电子和第三产业。使海口市成为第三产业发达、高技术产业占一定比重，能有效促进全岛产业结构和技术结构不断升级，带动海南经济起飞的国际性城市。

2. 南部经济区，即三亚经济圈，包括三亚、通什两市和陵水、保亭、乐东三县。旅游业是该地区的主导产业，其目标是建成一个国际性旅游区和临空型高技术产业区。区内其他产业的发展应围绕旅游这个中心，发展食品、旅游工艺品、旅游娱乐业等；矿产资源开发后一律运往岛内其他地区加工，严防污染环境；厂址选择、环境保护要从严掌握，不得破坏旅游景观。

3. 东部经济区，或称文城经济圈，包括文昌、琼海、万宁三县和琼中县的大部分，是全岛农业发展条件较好、人口密度较大、文化素质较高的地区，也是侨眷集中地区。以发展农业、农产品加工、食品、轻纺和仪表工业为主，充分利用侨眷集中的优势，从大力发展"三来一补"入手，以出口导向为目标，参加东南亚地区的国际分工。

4. 西北经济区，也称那大经济圈，包括临高、儋县、白沙三县和琼中县一部分。以利用天然气和石油为主，是全区石油化工、钛白粉和水产加工基地；并以热带作物两院为中心，发展生物工程和农业科技教育事业。中后期的中心将逐步转移到洋浦港。

5. 西南经济区，也称八所经济圈，包括东方、昌江两县。是全区矿产资源集中地，以八所港为依托，发展钢铁、水泥等重工业（盐化工办在西北经济区，与石油化工相结合）。

在上述布局中，海口市和北部经济区是启动海南经济起飞的引擎，南部旅游区是助推器，东西部如同两翼。必须实行分片开发、有序展开原则，近期首先集中人力、财力开发北部经济区；其次是南部经济区，东西两翼量力而行；其中东部以轻型工业为特色，在近中期发展中可能较快地显示作用；西部以重型工业为主，对全岛中远期的经济增长有举足轻重的作用。

为了利用城市作为商品、信息、资金运动中心的作用，发挥其规模经济效益和聚集效益，提高土地、资金、技术等生产要素的使用效率，海南要有计划地推进城市化的过程。可以设想到2005年前后，海南的城镇人口有可能占总人口的60%左右；海口将成为100万人口的国际城市，三亚将成为30万~50万人口的国际旅游城市，洋浦等一批新兴城市也将发展起来。

（十三）科技进步问题

科技进步对于海南起飞具有决定性的作用，海南的发展不能走单纯依靠大量投入资金和物资的粗放经营的老路，而要走提高效益、集约经营的新路。为此，就要大力推进科技的进步。

推进科技进步的对策主要是：（1）通过外引内联，引进先进技术和省内需要的适用技术并予以消化、吸收、推广、创新。对采用先进技术的外资企业，要给予更多的优惠。（2）用新技术改造现有工业企业，提高产品质量，节约物资消耗。（3）积极实施"星火计划"，推广培育良种、提高单产的农业耕作技术，发展农业机械化，使农业转上集约化经营的轨道。（4）建立和完善技术市场，实现技术商品化，加速引进技术的消化、吸收和科研成果的推广应用。（5）组织省内、外科研力量对开发海南的一些重大课题进行科技攻关，如利用岛上褐煤和油页岩发电；改进热带作物的加工、保鲜和综合利用技术；提高水稻、甘蔗、橡胶单产技术，集中人力、财力，尽快取得成果。（6）发展科研队伍，农业方面，可以"两院"[①]为中心，以各农场的科研力量为骨干，发展横向联合，以各乡镇的农业技术推广站为基础，建立全岛农业技术研究推广网络，把广大农村带动起来；工业方面，要充实、提高现有科研机构并建立一批新的科研机构，特别是与厂矿和外贸单位相结合，尽快开展研究和推广工作。（7）要采取优惠措施吸引国内外科研机构和科学家来岛工作

---

① 即华南热带作物学院和华南热带作物科学研究院。

（长期或短期），尽早开始高技术，特别是微电子、生物工程的研究，在海口和三亚分别建立一个"科学园"。（8）注意发展技术经济、数量经济、系统工程等软科学技术，为海南开发提供科学论证依据。

（十四）人才问题

人才缺乏是海南经济欠发达的重要原因之一，也是今后开发和建设的巨大障碍。据原定发展规划估算，1990年前每年需增专业技术人员1.5万人，1991—2000年间每年需增5.5万人；而目前本岛每年大专毕业生只有1 500人，连同电大、职大等也不过3 000人，供需差距很大。按照建省后加快发展的需要，其差距将成倍扩大。

解决人才问题的对策，首先要充分发挥现有人才的作用，并加强对干部、职工和农民的培训，提高岛内干部和劳动者素质。在近期和中期还要及时地引进一批各行业、各层次和各类别的人才。重点是引进水平较高的厂长、经理、工程师、会计师和教授、教师、医生、律师等，特别是有实际经验的经营管理人才和外经、外贸人才。还要欢迎一定数量的技术工人以及掌握科学知识的新型农民和农民企业家来琼参加开发海南。

人才的引进要采取多种方式，除正常的人事调动外，最主要的是提倡竞争原则，实行招聘、招考、承包特别是技术承包和合作、借调、兼职等。通过引进资金带来人才是引进经营管理和科技人才的主要方式之一。还要允许国内、外的企业家来海南承包、租赁或购买企业，允许内地来人办个体企业和私营企业。

搞好人才引进工作的关键是打破人才的单位所有制，取消对人才流动的种种限制，开放劳动力市场。所看职工都有依法择业和辞职自由，政府主要为他们创造就业和应聘的平等机会。同时，要设立人才交流中心、人才开发公司等职业介绍机构，提供信息、沟通供求。它们可以由政府办，也可以由民间办。要尽快制定和执行有关就业、辞职、劳动保险、失业救济、劳动纠纷仲裁等有关的法令，为劳动力市场的正常运行和人才流动提供法律保障，并进行必要的管理。

从长远看，解决人才问题的根本出路是，发展教育事业、培养和训练本地的人才。在近中期，重点要加强基础教育，办好中学、中专和职业学校，办好电大、职大等业余教育和在职培训，同时要适当发展高等教育。要加速教育体制改革，采取多形式、多渠道办教育的方针，欢迎国内、外及岛内、外的单位和个人在琼兴办学校或联合办学。要创造一种尊重知识、尊重人才的风气，并改进工资奖励制度和考核、晋升、评定专业职务等制度，鼓励人们学习、成才，为振兴海南做出贡献。

（十五）土地问题

海南的人均占有土地面积较多，并有还未开发利用的大片土地。这既为今后的经济发展提供了广阔空间，又是筹措资金的重要来源，必须给以充分的利用和保护。

开发、利用和保护土地的对策，主要是：（1）按照《中华人民共和国土地管理法》的规定，进行土地登记，颁发土地所有证和使用证，确定土地的所有权和使用权。针对已经出现的一些问题，要立即宣布暂时冻结一切土地交易。制止各单位未经土地管理部门批准私自出售国有土地和集体所有土地的行为，等有关法令公布后再予以解冻。（2）实行土地有偿使用和有偿转让制度。国有土地使用者需照章缴纳土地使用费。国有土地的有偿转让是指国有土地使用权在指定期限内的有偿转让。集体所有的土地不得私自转让，只有经过国家征用转变为国有土地后，才可转让其使用权。（3）制订海南国土资源开发利用的总体规划和城镇体系规划，修订海口、三亚等市的城市总体规划，作为土地开发利用的指导文件和出售土地时指定用途的依据。（4）保护耕地，工业和城市建设应尽量使用生地和荒地，非使用耕地不可者，必须按照土地管理法的规定由相应的政府机构批准并征收耕地占用费。（5）制定有关土地统一管理、开发、交易、估价、纠纷仲裁等有关法令，并成立专管土地规划、土地交易、土地估价、土地纠纷仲裁等相应机构，负责法令的实施。（6）成立出售土地使用权的一级市场和转让、交易的二级市场，前者由国家垄断经营，后者实行自由竞争。从国家购得使用权的土地，必须于指定期限内按规定用途使用，逾期不用者，由国家无偿收回。禁止炒卖土地等投机交易。（7）在税收的有关法令中增加关于征收土地使用费和土地交易税、增值税的条款。

政府出售土地的常用办法有公开拍卖、招标、契约使用和特批。对于一般指定为工业、商业和住宅的用地实行公开拍卖；对于某些价值高的用地实行招标；对于某些对海南经济发展很有利的项目用地实行特批、地价从优；对于学校、医院等非营利机构的用地实行契约使用，地价从低议定；为了获得土地出售的垄断利润，政府要控制土地的供给量，每次只批售少量的土地，如地价过低，可以停止出售。特别是对某些价值非常高的用地不要轻易出售，更不要成片地大量出售。但是在开发初期，也不要将地价定得过高，以免丧失对外资的吸引力。从目前看，海南的地价要略低于深圳、厦门等特区类似地段的价格。

（十六）资金问题

实现前述战略目标，初步测算，从现在起到2005年共需要资金约2 000亿元（包括固定资产投资和流动资金），其中1988—1992年约180亿元，1993—1997年约370亿元，1998—2005年约1500亿元。这里提出的资金需要量是按平均为4.04的资金系数计算的，已经充分考虑了海南目前的有机构成情况和在新体制下投资效益将不断提高，从而使投资大为节省的因素。

海南开发建设的资金来源大体上可分为省内资金、国家与内地资金（包括国家拨款、贷款、内联投资）和国外资金三部分。在海南1986年固定资产投资中（包括全民与集体）这三种资金构成的比例是60∶32∶8。今后，在开发伊始阶段，由于投资环境不完善，外资的引进不会很快增长，在头五年，基础设施需要的大量投资，主要还得依赖内资，国家与内地资金所占比例仍将超过外资，三者的比例估计为45∶38∶17。此后，随着投资环境的完善，外资引进速度可望加快，外资可能达到国家与内地资金的2~3倍，这样，三种资金的比例将为52∶12∶36。1988—2005年，争取引进外资192亿美元左右（按现行汇率计算）。

解决资金问题的对策，主要是：（1）由于海南的底子薄，前期的基础设施建设任务重，而海南财政支大于收，无力进行建设，建议国家在头八年（即"七五"后三年和"八五"期间），除省内财源（包括关税在内的各种税收、利润等）都留给海南外，每年仍按过去海南在国家预算内基本建设投资的比例安排给海南，人民银行每年给予开发性贷款若干亿元。（2）实行土地有偿使用，收取土地的使用、交易、增值等费、税。（3）开办地方银行和发展多种金融机构，鼓励它们开展目前国际上通行的有利于加速海南开发的各种融资活动，全面开放岛内资金市场，并允许在内陆和到国外市场发行包括政府债券在内的有价证券。（4）允许设立外资银行，逐步扩大其业务范围和种类（但需经过有关部门批准）。（5）除上述各条外，国际上一切行之有效的筹资办法，海南都可以选择利用。

为了有利于发展外向型经济，货币能够自由兑换是最理想的。但人民币近期内不可能自由兑换，因此，将来如果对外经济往来有很大发展，外汇储备有很大增加，可以与其他经济特区一起考虑货币的改革。在目前情况下，还是以人民币统一流通为好。当然也应采取开放外汇（调剂）市场等措施，来弥补人民币不能自由兑换的缺陷。

（十七）投资环境问题

创造一个良好的、有吸引力的投资环境是海南开发最重要的前提，也是起步阶段必须集中力量优先解决的首要问题。投资环境既包括能源、供电、供水和交通、电信等硬环境即基础设施，又包括科学、教育、文化和政治安定、政策稳定、法制健全、办事高效等软环境。

基础设施的建设，当前最迫切的是供电和对外交通。供电的紧缺，使外商裹足。应当以火电为主，水电调峰。火电应以煤电为主，不宜搞油电。目前要抓紧建设已经上马的电厂，争取用内地的现成设备，保证一二年内缺电现象有显著缓解。同时要筹建装机容量大的电厂，并从长远着眼，考虑核电站的建设。对外交通是海南发展的生命线。要抓紧建设洋浦港和清澜港，扩建海口的秀英港，改造八所港；要根据各港吞吐能力和运量，增加相应的船舶。要抓紧建设三亚凤凰机场，及早建设海口新机场。岛内运输以公路为主，近中期要改造南北向三大干道和打通东西干线，并在中后期考虑建设高速公路。通信设施要早做安排，保证三五年内做到岛内岛外电信畅通。供水问题也要超前研究，搞好水资源的勘测和开发利用，在稳定农业用水的同时保证工业和城市生活的供水。这些基础设施的建设，不仅是国家投资的重点，而且要使它商品化以争取外资，并与其他产业的发展同步进行。至于每一开发区内的基础设施即"七通一平"，要与土地的开发相结合，可由开发者承担，也可建设后一并批售或租让。

软环境的建设，在某种意义上，比硬环境的建设更重要也更复杂。这除了要靠经济体制和政治体制的改革以及观念的更新、人才的引进外，当前亟待解决的问题是：（1）制定各项有关的优惠政策，并以法律、法规等形式使它规范化和透明化，在世界面前树立新的形象。法律法规暂时难以制定的可参照国际经验和国际惯例制定暂行条例，在实施中修改完善。（2）建立综合性服务机构，简化办事手续，杜绝官僚扯皮，提高服务质量和办事效率，特别对引进项目的审批，要由一个权威性的机构统一办理。只有使投资环境赶上和优于其他特区和沿海城市，不逊于东南亚各国，海南才有希望起飞。

（十八）对外经济往来问题

对外经济往来，包括利用外资、引进技术和扩大进出口，是海南开放后最重要的经济工作，对于海南的振兴有决定性意义。做好这项工作除了改进投资环境外，必须采取特殊的政策和有力的措施。

扩大出口既是扩大进口的前提，又是引进外资后平衡外汇收支的必要条件。这方面的对策，除有重点地发展创汇型农业和加速建设出口商品基地以逐步增加工业品的出口比重外，主要是：（1）改革外贸体制，打破垄断，打破内、外贸之间的严格区分和专业公司与地方公司的界限，所有公司都要实行企业化经营。（2）组织工贸、农贸、技贸联营，调动各方面经营外贸、扩大出口的积极性。（3）除国外对我有限额的和某些特殊商品外，海南商品出口不受国内配额限制，以开展与其他国家、地区的竞争。（4）提高出口企业和出口产品生产企业的外汇留成比例，取消或减少对企业使用外汇的限制。（5）发展各种为进出口服务的社会组织和经济组织，建立和健全进出口生产经营体系。（6）充分利用外商的销售渠道网络，逐步建立发展自己的销售网络，由近及远地开拓海外市场。

利用外资方面，除了实行其他经济特区已经实行的税收等优惠措施外，还要采取下述灵活措施：（1）按照外资的金额、年限、技术先进程度和投入行业，以及产品出口比例等情况，在税收优惠条款上实行区别对待，给予某些企业以更长的免税期和更低的所得税率，并放宽享受优惠待遇的限制。（2）适当放宽外资企业产品内销的限制条件，采用"以市场换技术、引外资、促出口"政策，对于技术先进或以产顶进的项目，可降低产品外销比例的要求，适当开放岛内或大陆市场。（3）对于某些技术先进的外资企业，允许实行加速折旧办法。（4）取消对每个企业外汇平衡的要求，通过外汇调剂市场，变每个企业的自求平衡为全区域的综合平衡。（5）实行亏损滚存办法，允许以盈抵亏，使企业有长期打算。（6）有条件地对某些海南迫切需要优先发展的产业的外资企业，实行其他国家采取的投资补贴、出口补贴和职工培训补贴。（7）对某些我国企业单独组织出口上有困难的商品，允许与外商联营。（8）吸收其他特区的经验，采取有效措施保持相对低廉的工资和土地使用费等优势。

在外资的来源上，应采取多元化政策，除注意吸引港澳的中资集团、外资和各地的华侨资本外，还要重视吸引日本、欧、美、中国澳门的外资，包括跨国公司来琼投资。

为了做到分片开发，近期首先在海口市、三亚市和文城或嘉积镇建立出口加工区，集中力量搞好基础设施，建立和健全管理委员会，首先享受各种优惠待遇，使出口加工区成为对外开放的突破口。然后，一面向附近地区延伸，一面积累资金和经验，为建立新的出口加工区和其他形式的对外经济合作创造条件。

关于自由港和自由贸易区问题，应先在海口、三亚或其他港口指定小范围，实行其中的某些政策，以积累经验。今后，随着对外经济往来的发展，经济实力的增强和管理水平的提高，逐步扩大自由贸易区的范围。

（十九）对内经济联系

对内经济联系，包括海南与大陆之间的物资、商品、资金、技术和人员等的往来。要特别鼓励内地来海南投资办合资、合作、独资企业或承包、租赁、购买现有企业，这既是开发和支援海南的一种方式，又有利于以内联促外引，把大陆、岛内、国外三者经济力量结合在一起。在开发初期，内联与外引相比占有更加重要的地位。大办内联企业对海南建设的起步将起到第一推动力的作用。

发展海南与内地的经济联系，必须按照自愿互利的原则，做到相互促进。这方面的对策，除了搞好投资环境外，主要是：（1）分别情况，逐步将物资、商品的指令性调拨，转变为正常商品贸易，按照市场价格平等交换，使海南与内地之间形成自由畅通的市场渠道。（2）研究和制定鼓励内地来海南办企业的具体政策，包括开列项目向内地招标、发包等。（3）吸引内地的投资主体，可以是中央有关部门和各级地方政府，也可以是各种企业和经济实体，包括个体经济和私营经济。（4）在内联企业和外资企业处于大致平等的竞争条件下，对不可再生资源的采掘和利用，以及涉及军事、经济、技术秘密的项目，要尽量照顾内联企业，并给以更多优惠。（5）在同等条件下，能向内地购买的设备、物资，应当尽量向内地购买，切忌以种种借口到国外去购买。（6）鼓励提倡海南企业主动与内陆企业建立横向联系，改变目前坐等内陆企业上门的办法，利用各种渠道主动出击，建立更多更好的内联企业。（7）逐步改变目前海南供应原材料或半成品在内地进行加工的老格局，在保持内地合理生产的前提下，原材料或半成品，至少其增产部分，应在海南加工为成品再输入内地。（8）取消妨碍海南与内地之间商品、资金、人员和技术交流的各种限制，并提供各种方便。

四、实现战略的关键

（二十）彻底改革

彻底改革旧的经济体制和政治体制，建立全新的经济体制和政治体制，是实现海南发展战略的关键。海南要实现经济腾飞的目标，无论是资金还是技术和人才，都有很大的缺口和严重的限制。海南要彻底开放，建成外向型经济，实现国际化和现代化，这些都要求建立一个新的经济体制和政治体制。

在海南建立全新的经济体制和政治体制不仅必要，而且完全有可能。第一，中央关于海南建省和执行更加开放、更加特殊的政策的决定，为海南体制的改革指出了方向。第二，海南与大陆隔海相望，在全国的全面彻底改革因情况复杂、矛盾太多、不能在短期内很快推进的情况下，如果集中力量先在海南试验，就有可能取得突破和成功。

这种在大面积上取得的经验具有很大的推广价值，即使海南的改革遇到挫折，甚至试验失败，也不会影响和冲击全国的大局。这就使得海南有可能彻底突破传统模式和传统观念的束缚，大胆探索新的道路，构造全新的体制模式。当然，在海南加快进行经济体制和政治体制彻底改革的试验也是有一定困难和风险的。对此，应当有清醒的认识和充分的防范准备。

（二十一）给海南以更大的自主权，实行更特殊的政策

正确安排和协调海南省与中央、内地的关系，对于海南的开发和振兴有着十分重要的意义。根据建立全国最大的经济特区以及实行全新的经济体制和政治体制的要求，在加强中央政府对海南建设进行指导和帮助的同时，应当给予海南省以更大的自主权，更加特殊的政策。只有如此，海南才能采用超常规的办法实

现超常规的目标。（1）海南的财政要相对独立，在中央确定对其补贴或包干基数后可以自主决定和执行与大陆不同的收入和支出政策，有权根据岛内开发的需要决定税制、税目、税率及其减免；（2）在人民币尚未实行自由兑换或独立发行海南货币以前，除货币发行必须遵守中央的统一规定外，海南有权运用各种经济手段筹资，有权决定自己的存贷规模、利率，以控制货币流通，增强和密切与国际金融市场的联系；（3）海南的计划要相对独立，其资金、物资可以自己平衡的建设项目不受国内控制投资规模的限制；（4）海南的外贸基本上独立，自主经营，除国外有配额的和某些特殊商品外，不受国内配额和许可证的限制；（5）海南与大陆经济关系逐步成为一种商业关系，实行商业原则，自由交易、自由议价；（6）允许海南在宪法授权范围内，根据海南具体情况，制定海南省的地方法规，交通执行某些全国性的法律和条例。

（二十二）社会主义市场经济的基本框架

海南的新经济体制，不仅要突破内地的现行体制框框，也不同于其他经济特区和开放城市，具有更大的自由度和开放度。按照社会主义的市场经济要求，海南新经济体制的基本框架如下：

1. 建立多元化的所有制结构

经济体制的基础是所有制关系，不同的所有制关系形成不同的所有制结构。海南所有制结构的总格局是，多种经济成分并存和竞争的多元化经济结构。其特点是：（1）国有企业将主要限于基础设施等非竞争性部门和极少数关系国计民生的大中型企业，其比重将明显下降；其他中小型企业将通过拍卖、出售股权等方式，改变其所有制性质。（2）合作经济将在真正自愿互利的基础之上，有一定的发展。（3）外资企业范围广泛，形式多样，外商也可以承包、租赁和购买当地企业（包括国有企业）。

（4）个体经济和私营企业将会有一个大的发展，并将实行比内地更加灵活和宽松的政策。（5）各种所有制互相渗透、彼此联合的混合经济将占有重要的地位，多种投资来源及其不同组合，将导致各种股份企业、企业集团和跨国公司的发展。在这种多元化的经济结构中，各种经济成分处于平等的地位，它们之间的关系是平等竞争的关系，政府对它们一视同仁。各种经济成分的企业在竞争中互相促进，优胜劣汰。

为了使国有企业在开放的环境中站稳脚跟，赢得竞争，必须彻底改革国有企业的体制。改革的方向是：以股份制为主，采取多种形式实现所有权和经营权的分离，确立企业独立的法人财产所有权，让企业在市场竞争中自主经营、自负盈亏、自担风险、自谋发展，成为真正独立的商品生产者和经营者。这样，在经营方式上，国有企业将同私有企业和外资企业没有多大差别。不仅如此，股份制也有多种，政府资产管理机构、投资基金机构、各种金融组织、社会基金组织以至公民个人，均可以持股参股，以分散股权。趋势是：政府资产管理机构持有的股权将相对减少，其他国有、公有、社会基金组织和金融组织的持股将不断增多。对于有些重要企业，国家只要持有一定比例的股份，便可以保持其控制的地位。

2. 形成完善的开放型的市场体系

发育和完善市场体系，让市场在经济运行中充分发挥其评价、选优、控制和调节作用，是海南新经济体制的核心。发育海南市场既包括商品市场，也包括要素市场。在商品市场中，主要是生产资料市场，要把国家同海南之间的产品调拨（上调橡胶、糖、铁矿石等，下拨粮食、煤炭、钢材等）关系逐步改为商业贸易关系。第一步可改为按计划数量调拨，按市场价格结算，第二步再变为按市场价格自由交易。要素市场，包括资金（含外汇）市场、劳动力市场、房地产市场、技术市场和信息市场等，都要按照市场原则去建立、组织和活动。其中资金市场，包括短期资金市场和长期资金市场（债券、股票市场），不但是筹集资金的需要，而且是企业股份化改革的需要，并为宏观控制提供手段，关系十分重大，必须着力组建并尽快开展活动。

完善和发育市场体系，关键在于放开价格，包括商品价格和劳务价格以及利率、汇率、工资、房租和地价等。要积极准备，周密设计，建立相应的资金和物资储备，加快放开价格的步伐，早日结束双轨制的局面。在放开的同时，国家可采取一定的措施进行引导和调节。如在扩大外汇调剂市场参与对象和业务范围的基础上适当有所控制，对部分农产品实行最低保护价格等。

3. 实行诱导性宏观调节

海南实行社会主义市场经济，政府对经济的管理和调节不能放弃和削弱，而是要加强和改进。但管理和调节的方式改变了。要把直接的行政控制减少到必要的最低限度，还要把间接的行政协调机制转变为有宏观指导的市场协调机制，主要通过市场手段和法律手段对微观经济活动进行引导、协调和监督，提前实行国家调节市场、市场引导企业的新体制模式。政府要制订指导性的中长期发展计划、产业政策、区域规划和城市规划，为宏观调节提供依据，为企业发展提供权威性信息；对外引内联企业规定优惠政策以吸引资金，并分别行业、产品实行鼓励或限制，对具体项目进行筛选；运用财政政策和货币政策，调节收入分配和货币流通，防止和缓解可能发生的通货膨胀；以及制定和实施一些限制进入某个地区或某类活动的政策（如禁止在旅游区兴办污染性工业项目）等。这些都是政府不可推卸的宏观管理职能，必须不断完善。

（二十三）小政府、大社会

海南要实行全新的经济体制，必须同时彻底改革旧的政治体制。我们对海南的政治体制改革没有进行全面、系统的研究，只就其中与经济运行关系密切的问题提出一点初步意见。传统政治体制的弊端在于政府的权力过大，管的事情太多，"管了很多不该管、管不好、管不了的事"，因而官僚主义严重，工作效率低下。改革的方向是：扩大社会功能，缩小政府职能。

1. "小政府"。改革后的海南政府不再事无巨细总揽一切，而要把大量的经济、社会职能交给企业、交给市场、交给其他社会组织，一句话，交给社会。政府要做的主要是那些对于社会经济发展非常重要而社会上的个别集团、社团、企业、个人办不了和办不好的事情，使之成为引导、协调、监督社会发展和经济运行的中心和枢纽。政府在经济方面的主要功能是：保障社会经济运行的外部环境，维护市场规则，进行经济预测和制订发展计划，开展公共协商对话，保护公共财产，举办公共工程，保护生态环境等。据此，我们设想海南的政府机构可由目前的70多个厅、局、委、办，调整缩简为四个系统，其机构要大大精简，其人员编制也可减少。

（1）政治保障系统，包括司法、公安、监察、人事、外事、侨务、民族宗教事务等；

（2）社会服务系统，包括民政劳动、体育卫生、教育文化等；

（3）经济发展组织系统，包括农业、工业、贸易、能源交通、科技等；

（4）经济协调监督系统，包括经济计划、经济监督、财政税务、城乡建设、资源和环境保护等。

省人民银行、统计局和经济顾问咨询组织应作为半政府机构，取得相对独立的地位。

"小政府"体制的核心和关键在于转变政府的经济职能，要使咨询、决策和执行的职能相对分离和相对独立，政府的重大决策都要经过咨询机构的专家充分论证后由领导集体讨论决定，然后交由有关部门或人员去执行，防止个人随意拍板、各单位自行其是，做到决策科学化、民主化、程序化。要在精简机构的同时，改变政府工作的方式，实行面对面的直接领导和公务员制度，防止推诿、扯皮、官僚主义，提高办事效率，建设一个高效率的政府。

此外，对于精简机构后的超编干部要妥善安排，务求人尽其才，各得其所。

2. "大社会"。在缩小政府职能、调整政府机构、精简政府官员的同时，要充分发挥各种社会组织和机构的自主、自治和自我管理的作用。据此，海南"大社会"体制可作如下设想：

（1）确认和确保企业的自主权。企业自主经营，独立决策，自负盈亏，自担风险。有权决定工资、决定价格、决定投资，有权招收和辞退工人，有权决定收益分配，有权自由联合和自由分离。只要不违背法律规定，政府不得干预。银行、金融、保险机构作为特殊企业，也应具有相应的自主权。

（2）确认和确保事业单位的独立性。不论是政府资助，还是经费自理的事业单位都应相对于政府而独立，实行自我管理、专家领导、政府监督的体制。

（3）组织各种职工会、劳动者协会、行业协会或同业公会、商会、消费者协会以及各种学会、协会等。它们应代表和维护该组织及其成员的利益，成为沟通政府和民间关系的桥梁，实行自主决策和自治管理。这些均系群众组织或民间组织。要逐步做到活动经费自理。

（4）建立村民自治组织、乡镇自治组织和街区自治组织，实行社区自治。

（5）设立律师事务所、会计师事务所、职业介绍所和各种社会咨询机构等，向个人、企业、事业单位和政府机构提供法律服务、会计、公证和各种咨询服务。

（6）建立和健全各种社会保险和社会保障制度。为了保证"小政府、大社会"的协调运行及其各自功能的发挥，必须采取各种灵活方式，实行政治、经济社会信息公开化，还要切实加强人民代表大会、法院、检察院功能等。

（二十四）充分准备、整体转轨、逐步完善

海南的体制改革起点低、要求高，既不能急于求成，一步登天，又不能久拖不决，形成双重体制僵持的局面。比较可行的办法是：选择一个"充分准备、整体转轨、逐步完善"的实施方案。据此，海南的整个改革进程，大致可分为三步。

第一步，准备阶段。

海南要实行全新的体制，有很多问题还不清楚，很多条件还不具备，需要进行充分准备。准备阶段工作的好坏，是海南改革成败的关键。

准备阶段的任务是：（1）制定海南省的发展战略，明确规定海南的发展方向、体制模式和基本政策；（2）制定和公布开发海南的各项特殊政策；（3）制订海南经济社会发展的中长期规划；（4）制定开发和振兴海南的经济法规、条例；（5）设计全套新的体制以及从旧体制转向新体制的具体办法；（6）重建政府机构，组建社会自治组织；（7）培训干部，引进人才，加快基础设施的建设；（8）做好改革的人、财、物准备。

在准备阶段中，可以进行某些条件成熟的局部改革，但从总体上来看，整个经济仍基本上按现行体制运行。在这一阶段中，海南的规划和重要决策的权力应主要集中在省一级。但是，应该下放的权力还要下放给市、县，并鼓励它们大胆地工作。准备时间不能过长，以三年左右为宜。

第二步，试运行阶段。

国内经济体制改革在一定时期形成双重体制胶着状态，有其客观原因。海南开发和振兴要重视时效，要尽量避免出现这种局面。当准备基本就绪以后，应采取"整体转轨"的办法，使新体制启动运行。这时的新体制肯定是一个不很完善的雏形，但其基本框架是新的。我们认为，一个不很完善的初级的新体制要比一个双重体制长期僵持的局面要好。也正因为它不完善，才需要一个试运行阶段。

试运行阶段的主要任务是：（1）补充、完善新体制，解决新体制运行中出现的各种问题，总结经验，不断提高；（2）加紧解决旧体制遗留的问题，防止旧体制回潮。

在试运行阶段，可能会出现各种棘手的问题，其中主要有两个：一是价格放开可能会刺激通货膨胀，二是机制转换可能会出现工作脱节和某些混乱现象。缓解通货膨胀的对策除控制货币流通量外，主要是增加物资供应。为此，海南必须大力发展生产，特别是在准备阶段要大力发展农副业生产和建筑材料生产，以保证市场供应和大规模建设的需要；与此同时，国家也要准备一定数量的粮食和其他物资以稳定局势。防止工作脱节和混乱的对策主要是，各项改革要周密设计、紧密衔接、相互配套，但在具体实施上，不强求一致，可交叉进行，互相促进、互相补充。在一些方面如机构调整、干部制度改革可以先行，以便新旧班子互相交接，避免发生权力真空。为了防患于未然，可以设立一个应急对策的专家咨询机构，对改革中可能出现的问题进行研究，及时向领导提出相应的应急对策。对于改革过程中出现的问题，要慎重处理，认真总结经验，不要随意改变海南改革开放的基本方向和基本政策；要严格执法，对一切违反政府法规、法令的现象和破坏新体制运行的行为，包括投机倒把、套汇、逃税等行为都要严加惩处，宁可失之于严，不可失之于宽，从一开始就走上法治的轨道。试运行阶段可能需要四五年时间。

第三步，全面运行和巩固发展阶段。

其主要任务是，将经过试运行得到补充完善的新体制在全面运行中加以巩固，并根据国内外形势和省内开放、开发的需要，发展和进一步完善新体制。

（二十五）观念转变是先导

海南改革开放的障碍，不仅在于基础薄弱，而且在于观念落后。因此，海南的改革、开放和开发、振兴必须以思想观念的转变为先导。要加强政治思想工作，加强精神文明建设，加强理论研究和舆论宣传工作。要树立市场经济、民主法制的观念，树立"五湖四海、团结奋斗"的思想，发扬开拓创新、艰苦创业的精神，来一个思想上的解放和腾飞。

海南的开发和振兴，困难虽大，但前景光明。我们相信，在党中央和国务院的正确领导下，在内地人民的大力支援下，经过海南广大干部和群众长期的艰苦努力和扎扎实实的工作，一定能够达到预期的目标，取得光辉的胜利！

稳定通货　勇跨险关*

——《人民日报》记者专访

（1988年7月8日）

记者（董焕亮）：去年，我国经济形势是好的，国民生产总值第一次突破万亿元大关，农村非农产业产值第一次超过农业产值，多年来第一次开始出现微观搞活与宏观控制相促进的新情况；但也出现了物价上涨较快的问题。对这个前进中的问题，是否应予重视？

刘国光：确应重视。1987年，在没有任何大的调价措施出台，政府调价行为只影响物价总水平上升0.91%的情况下，物价指数上涨了7.3%。这种情况不能只用结构性的原因或者局部产品的供求关系来解释，主要是因为货币供应量的增长率和银行贷款总量的增长率，大大超过了国民生产总值的实际增长率，因此，基本上属于通货膨胀性的物价上涨。

记者：通货膨胀性物价上涨，引起了社会广泛关注，然而，近年来经济理论界却出现了温和性通货膨胀有益论。这是怎么回事？

刘国光：在对外开放中，我们在引进硬件的同时，也引进了软件，包括引进了一些理论。但任何理论要在中国的土地上扎根、生长，一个重要的前提就是需适合中国的国情。比如，凯恩斯曾针对西方有效需求不足，也就是一定时期的产品相对过剩的

　* 原载《人民日报》。

现象提出搞赤字财政的主张，主张通过扩张信贷等办法，加快经济的复苏。通货膨胀有益论就是由此而来的"舶来品"。这件"舶来品"看起来很新奇，但是不符合中国的国情，不能生吞活剥地接受。因为从短期看，在存在闲置资源、闲置生产能力的地方，实行赤字财政和通货膨胀，确定可以起到某些刺激经济增长的作用。但是，中国目前的国情恰恰是资源相对短缺，有效需求量过多，产品相对短缺。在这种情况下，通货膨胀只能引起持续的物价上涨，造成经济的不稳定状态，显然弊大于利。

记者：过去，我们党和政府在消除通货膨胀方面，采取过压缩消费、回笼货币、打击投机倒把等措施，在新形势下为稳定通货，应采取哪些对策呢？

刘国光：对这次通货膨胀必须从经济上和货币上实行综合治理。首先，在经济发展速度上要适当降温，以降低通货膨胀的压力。通货膨胀固然是一种货币现象，而经济上的总需求超过总供给，则是其产生的客观基础。考虑到从1981年至今，我国经济平均实际增长速度偏高，今后若干年内，如能采取切实有效措施，把国民生产总值的增长率控制在7.2%以内，工业增长速度保持在10%以内，不仅有把握实现到20世纪末工农业总产值翻两番的目标，而且可以对抑制通货膨胀起到釜底抽薪的作用。

记者：通货膨胀毕竟是在货币的供应量超过商品流通的实际需要量的情况下出现的。即使经济上存在推动通货膨胀的因素，如果能够关注货币供给的"闸门"，通货膨胀从道理上讲也不一定会发生。

刘国光：关紧"闸门"确实很重要。为此，应加强中央银行的权威地位。在现行体制下，财政出现赤字时会向中央银行透支，专业银行贷款失控时会要求中央银行再贷款，中央银行只好发票子。这种中央银行作为中央财政的钱库和出纳部的体制必须彻底改革。今后，要制定银行法和货币发行法，由全国人民代表大会确定并监督货币供应量一般增长速度和短期发行数额，禁止向银行透支来弥补财政赤字。通过立法机关制约货币发行中的随意性。

此外，要从严控制投资需求和消费需求，开征消费税和个人所得税，发行公债、债券、股票，出售小厂、小店、住宅，还要提高银行存放款利息率，以期控制需求，促进效率，鼓励储蓄，加强积累，逐步缓解通货膨胀。

记者： 当前，我国改革进入了一个重要的关键的阶段，亟须通过价格改革，理顺价格体系，使企业能够在公平条件下开展竞争，使市场体系尽快建立和完善，使政府能够有效实现间接控制。人们会问，进行价格改革和遏制通货膨胀是否相矛盾？

刘国光： 在我国，由于农产品以及某些初级产品等价格偏低，理顺价格使价格结构合理化，必然要带动物价总水平的一定程度的上升。不允许物价水平的部分上升就等于不允许改革，那当然不行。另一方面，价格结构的合理化也只是在价格总水平相对稳定而不是激烈变动的情况下，才能取得成功。遏制通货膨胀，可以为价格改革带来的物价上升腾出必要的空间，所以，可以说遏制通货膨胀是价格改革的必要条件。

记者： 可否理解，过好价格改革这个险关，需要具备基本的两条，其一是通过经济的适度增长和工资的合理补偿，以增强人们对物价改革必然带来的结构性物价上涨的承受能力；其二是逐步稳定通货，避免物价轮番上涨。

刘国光： 是这样的。只要采取有效措施做到这两条，就可以不失时机地抓紧价格改革，胸有成竹地过好这一险关。

对社会主义的再认识

——中国经济改革理论概述
（1988年7月25日）

  始于20世纪70年代末的中国经济体制改革，从实质上看，是社会主义制度实现形式的再选择，即用新的社会主义经济模式来改造和代替旧的体制模式的过程。因此，以经济改革为研究课题的经济改革理论，从一开始就碰到对社会主义的再认识问题。

  1949年以后，我们按照传统的理解，在中国这块土地上建立了社会主义社会经济体制。传统的对于社会主义的理解，来自马克思主义经典作家对于未来社会的构想，来自第一个社会主义国家苏联20世纪30年代至50年代形成的模式，也来自我们自己革命战争时期军事共产主义供给制的影响。概括起来说，传统认识就是把社会主义经济看成本质上不是商品经济，而是建立在高度社会化生产力的基础上的产品经济，对这种"产品经济"又是从事实上生产力极不发达状况下的"自然经济"的观点来理解的。中国改革前的传统经济体制，就是按照上述对于社会主义的"自然经济—产品经济"观来构造的，因而有所有制的单一化、经济运作的实物化、经济管理的集中化、分配关系的平均主义化等特征。

  十年来改革理论的最根本的成就，就是一步步地纠正了传统的非商品经济的社会主义观，树立了社会主义的商品经济观，并且确认中国现在还处在生产力水平较低、商品经济很不发达的社会主义初级阶段，要大力发展商品经济并通过商品经济的发展来迅速提高社会生产力。

这样，对社会主义的再认识，首先导引出"社会主义商品经济论"和"社会主义初级阶段论"。这两论可以说是中国改革理论的两块基石。前一论即社会主义商品经济论是在中共十二届三中全会（1984年）被确认的；后一论即社会主义初级阶段论是在中共十一届六中全会（1981年）就已经提出来，到中共十三大（1987年）第一次给予系统的阐明。党中央正式确认社会主义经济是商品经济，意味着中国经济改革的方向是建立市场取向型的社会主义经济，这一确认标志着中国的改革当时在理论上已经站到改革中的社会主义国家的前沿。而关于中国的社会主义处于初级阶段的理论，则是针对中国经过一百多年半殖民地半封建的长期统治所带来的特别落后的状况，因此中国的改革具有其特殊的迫切性，这是一个具有中国特色的社会主义阶段理论观点。当然它不妨碍对处于同中国类似历史条件下的国家在选择社会主义道路时的参照意义。

社会主义商品经济论和社会主义初级阶段论这两个理论基石的重要含义，在于它们把传统的马克思主义经济理论中的空想因素如教条式的理解予以摒弃，打破了社会主义必须是单一模式的框框，使社会主义经济理论面向当代中国的实际，重新恢复了马克思主义把是否有利于社会生产力的发展和是否符合中国社会主义现代化要求，作为评价各种理论、方针、政策的最终标准。当然在坚持四项基本原则的前提下我们并没有放弃社会主义生产关系的分析，但是这要紧密结合生产力的标准而不能像过去我们长期做过的那样离开生产力来抽象谈论社会主义。

在社会主义商品经济论和社会主义初级阶段论两个理论基石的基础上，中国的马克思主义经济理论发生了一系列突破性的进展。其中与经济体制改革直接相关的主要之点，首先是在搞活企业这一改革的核心中碰到的所有制关系问题。

一、所有制问题

社会主义商品经济是以公有制为基础的。发展社会主义商品经济，首先要求企业成为独立的商品生产者。而企业要成为独立的商品生产者，又是同企业所有制形式的选择和产权关系的理顺分不开的。在近十年的改革实践中，理论界围绕着如何才能使企业成为独立商品生产者这个课题，努力探索发展商品经济所需要的社会主义所有制形式，突破传统观念，使社会主义所有制理论获得了新的发展：

（一）破除越"大"越"公"越好的旧观念，确立由生产力性质决定所有制结构的新观念

在1957—1979年，我国所有制模式基本上是国家所有制和集体所有制两种公有制并存的模式。在一个相当长的时间里，由于"左"的错误，忽视了马克思主义关于生产关系一定要适应于生产力性质的原理，认为衡量社会主义程度的高低与社会生产力发展水平无关，而仅仅在于生产关系的先进与否，在于是否将所有制提高到全民化的水平。在越"大"越"公"越好的思想影响下，重视发展全民所有制经济，轻视发展集体所有制经济，排斥个体经济等非公有制成分，急于"穷过渡"，搞合并升级，如把小集体经济合并为大集体经济，把大集体经济升级为全民所有制经济。就农村来说，人民公社实行"政社合一"竭力往"全民"上靠。就城镇来说，集体经济实际上变成了地方国营经济，国营经济本身政企职责不分愈益发展，更加强化了它作为国家行政机构附属物的性质。这样，在1979年以前，形成了朝国有制单一化方向发展的所有制格局。这种格局使经济体制日益僵化，降低了

效率，助长了官僚主义，阻碍了生产力发展，使得社会主义制度的优越性不能真正发挥出来。

改革突破了这一格局，革新了理论观念。我们从这几年所有制关系改革实践中得出一条基本经验是：所有制形式的选择不应当由主观上的理想追求来决定，而应当由生产力水平、生产力组织的客观性质以及发展生产力和提高经济效益的客观要求来决定。在中国，特别现在处于社会主义初级阶段，生产力水平发展很不平衡，既有现代化的大生产，也有落后的小生产；既有机械化、自动化操化，也有大量的手工劳动。即使就现代化生产力的发展来说，也不是单纯朝着大规模统一集中的单一方向发展，而是出现了集中化与分散化的多种趋向。在中国，社会化、集中化程度较高的大生产可以采取全民所有制形式，而分散化的小生产则比较适合于非公有性的个体或私人经营。集体所有、合作所有制以及混合所有制是一些兼容性很大的所有制形式，它们可以兼容社会化程度不同的生产力。"越大越公越好"的观念实际上是违反马克思主义关于生产关系必须适合于生产力性质的基本原理的。这一错误观念的破除，不但使我们回到了马克思主义的正确观点，而且为我们根据生产力的多层次性，正确选择所有制结构提供了理论依据，大大推进了我国所有制关系改革的实践和理论发展。

（二）破除越"纯"越好的旧观念，确立多种所有制同时并存、相互交融新观念

与"越大越公越好"相联系的是社会主义所有制越"纯"越好。这种观念认为，社会主义所有制应当是纯而又纯的，社会主义应当只容许公有制存在，而不应当允许非公有制成分存在，把非公有制成分当作社会主义的异物来看待。这样，不但个体经济不断被排挤而濒于消灭，而且农村人民公社社员的少量自留地和

家庭副业也被当作"资本主义的尾巴"受到反复的刈割。另外，认为社会主义所有制要纯而又纯的另一个表现是强调不同经济单位（企业）的所有制形式的纯一性和排他性，全民、集体、个体企业在所有制关系上处于互相隔绝、界限分明的状态。因此，每个具体的经济组织的所有制形式是自我封闭的。

几年来的经济改革打破了原来公有制经济单一化的格局，首先是个体经济有了一个相当的发展。在个体经济发展的过程中，又逐渐出现了雇工超过七个的私营经济。1987年中央5号文件正式肯定了私人经济成分，中共十三大报告又专门写了一段，指出个体经济、私营经济和涉外"三资"企业等非社会主义成分，在社会主义社会很长一个时期中，都将是我国社会主义经济的必要的和有益的补充。除了非公有制经济成分有了一定发展外，公有制经济本身出现了多种形式。例如在集体所有制内部，就出现了多种形式的新的组合。在蓬勃发展的乡村企业中，既有过去人民公社、生产大队筹资自办的社队企业演变过来的、以乡或村为范围的所谓"苏南模式"的集体所有制企业；又有以家庭工商业为基础的户办或联户办的所谓"温州模式"的个体经济或新型合作经济；还有介乎二者之间采取各种不同组合的混合经济形式。另外，在城乡之间以及在城市经济内部，也形成了跨越不同所有制界限、跨地区、跨部门的新的经济联合体和企业群体。这样，企业的所有制性质越来越不纯一，开始出现不同所有制之间的相互渗透和相互融合，形成了全民与全民、集体与集体、全民与集体、全民与个人、集体与个人、内资与外资的联合，产生了各种类型的"合营企业"。在保持公有制为主体的前提下，非公有经济的发展以及不同所有制之间彼此渗透和互相融合，大大地活跃了城乡经济生活，刷新了社会主义社会的所有制观念。

（三）破除越"统"越好的旧观念，确立所有权和经营权可以分离的新观念

在所有制关系问题上，还有一个传统观念，这就是，公有制经济应当实行所有权和经营权的统一，认为"两权分开"只适用于私有制经济，不适用于公有制经济。改革中，逐渐突破了这一旧观念，到了十二届三中全会，越来越多的人认识到，这种分离是解决公有制企业活力问题的一个关键。

在十年来的改革实践中，由"两权统一"向"两权分离"的过渡，先是在农村开始，以后发展到城市；先是在集体所有制经济范围内进行，以后发展到全民所有制经济。在农村实行的家庭联产承包责任制，就土地所有制关系来说，也是所有权（集体所有）及经营权（农户经营）分开的一种形式。除了一部分原来生产条件很好的集体所有制和个体工商户，资产所有权与经营权还是合一的以外，很多合作企业和集体所有制企业都实行了两权分开。其形式是"集体共有、小集团经营""集体共有、个体经营""集体成员分股占有、少数人承包经营"，等等。因此，目前农村经济已经打破了改革前那样一种单纯"集体所有、集体经营"的清一色的格局。我国城市的集体所有制经济和原来的国有小型企业在实行承包租赁的场合，也实现了资产所有权与经营权的分开。近几年来，我们又探索在国有大中型企业实现"两权分离"的途径。中共十三大报告指出实行两权分离的具体形式，可以依产业性质、企业规模、技术特点而有所不同。目前实行的承包制、租赁制等多种形式的经营责任制，是实行"两权分离"的有益探索，要在实践中不断地改进和完善。改革中出现的股份制形式，包括国家控股和部分地区企业间参股和个人入股等，都是社会主义企业财产关系的一种组织形式，也是两权分开的一种方式，可以继续试行。当然，国有大中型企业所有制关系的改革特

别是产权关系如何进一步明朗化的问题，还有待深入探讨和继续试验。前些时候有的同志曾把承包制、租赁制、股份制等，看成是搞私有化，看成是资本主义的东西。其实，这都是在商品经济的条件下解决产权关系的具体组织形式，私有制可以采用，公有制也可以利用。中国改革中所有制形式和组织形式的多样化发展，一般是以"公有制为主体"作为前提的，这一原则不放弃，社会主义方向就不会改变。

所有制和产权问题的解决，直接关系到社会主义商品经济的主体，即企业作为自主经营、自负盈亏的商品生产者的形成。与经济主体的变革相适应，社会主义的经济运行机制也要按商品经济的原则来构造。下面我们就改革以来中国在社会主义经济运行机制方面的理论观点的变化作一概括分析。

二、经济运行机制问题

改革以前，我国在经济运行机制问题上广泛流行的观念是：社会主义经济只能是计划经济，它的运行只能由计划来调节；社会主义经济同商品经济、同市场调节是不相容的。这种观念，在表面上符合马克思的设想，但实际上是不符合科学社会主义在当代实践中的发展要求的。不错，马克思、恩格斯设想的社会主义是把全社会当作一个大工厂来看待，在那里，全部社会劳动、经济资源及社会产品都由计划来分配，不存在市场机制，这个构想除了其高度抽象性特征外，是以生产力高度发展、生产过程高度社会化为前提的。在这些前提基本上都不具备的基础上建立起来的社会主义，特别是在社会主义发展的初级阶段，如果硬要原封不动地照搬经典设想，结果只会是使具体、复杂、多变的实际经济过程理想化，使社会主义的经济运行发生诸多障碍。实际生活的进程表明，对社会主义经济来说，商品经济也是社会经济发展不可逾越的阶段。尤其在社会主义初级阶段，我们只能从现实的社会生产力水平出发并按照发展社会生产力的要求，在保留和完善计划调节的前提下，引入市场机制，发展商品经济，建立使计划调节和市场调节有机地结合起来的社会主义经济运行机制。这是从我国社会主义经济建设实践中引出的一个基本结论。

中共十二届三中全会通过的《中共中央关于经济体制改革的决定》明确肯定，"社会主义经济是在公有制基础上的有计划的商品经济"，一举破除了在计划经济与商品经济、计划与市场关系问题上长期占统治地位的僵化观点。从而也指明了中国经济改革在运行机制上所要达到的目标，即计划调节与市场调节有机结合的目标，这是在中国经济改革理论的发展中，迈出的具有划时代意义的一步。

提出"有计划的商品经济"概念，确认计划和市场可以结合，就要碰到对计划和对市场如何认识、如何理解，以及计划和市场究竟如何结合的问题。

（一）对于计划的认识

过去有三个观点：（1）计划只能是指令性的。这个思想是从斯大林那里来的。斯大林认为，计划不是预测，不是建议，而是指令。（2）计划应包括国民经济一切方面和细节，不仅包括控制宏观领域，而且包括控制微观领域。（3）计划实施方式主要采取实物指标体系，实行直接的计划分配。随着我国计划体制改革的进行，上述三个旧观念转变成了三个新观念：（1）计划管理并不等于实行指令性计划，它也可以是指导性计划。改革应当逐渐缩小以至基本取消指令性计划，向以指导性计划为主的目标过渡，和市场结合的那个计划就是指导性计划。（2）计划不能包罗万象，一般不需要涉及微观经济活动的具体细节，而主要是组织经济的宏观平衡，计划管理的重点应转向制定和实现产业政策。（3）计划的实现不一定都需要采取计划指标特别是实物指标体系，而应当更多地运用经济政策和价格、税收、利率、汇率等经济参数来调节经济活动。这样，在计划和市场相结合的新概念下，计划的含义发生了变化，计划的内容也要逐步加以更新。

（二）对市场的认识

过去的概念是，认为只有个人消费品是商品，可以进入市场；生产资料则完全排除在市场之外，因为它们不是商品；资产、技术、信息、劳动、房地产等这些生产要素是绝对排除在市场之外的。改革以来，市场概念的范围逐渐扩大，我们开始承认不仅消费资料，而且生产资料也是商品，应当允许它们进入市场。不但承认包括消费资料和生产资料的商品市场，而且承认有生产要素市场，如资金、技术、信息和劳务等市场；我们最近又开始搞了房地产市场。这样逐步形成了社会主义市场体系的新概念。在改革中人们逐渐认识到，单有商品市场而无生产要素市场，企业不可能有真正的经营自主权，市场不可能以完整的机制发挥作用，政府对经济的管理也难以转向间接调控为主。所以，社会主义市场体系概念的形成，具有十分重要的意义。

（三）与市场概念发展密切相连的是价格概念的更新

随着经济运行的商品化和货币化，资源配置和收入分配中的非价格分配因素在缩小，通过价格机制实现经济运行的范围逐渐扩大。传统理论把价格看作主要是经济运行的核算工具，因此把稳定物价看作是保持物价水平的基本不变，因此价格只能由国家统一制定，在它必须变动时也只能国家统一调价。在这种传统认识基础上形成僵化的价格体制和扭曲的价格结构，成为经济运行中绕不开的绊脚石，价格改革成为整个经济体制改革中的一个最严峻的挑战。改革以来，价格理论上实现了以下几个"破"和"立"：破除了把价格仅看作核算工具的传统观念，树立了把价格作为资源配置和经济调节的重要杠杆的新观念；破除了把稳定价格看成物价固定不变的传统观念，树立了把物价总水平基本稳定与各种商品的相对价格灵活调整变动结合起来的新观念；破除了单一国家定价，国家调价的旧观念，树立了调放结合，并逐步扩大市场价格范围的价格形成机制的新观念。越来越多的经济学家和改革决策者认为，在社会主义商品经济条件下，除了少数自然垄断性商品和劳务价格要由国家直接控制外，一般的商品和劳务的价格应当由生产者和消费者根据市场供求情况来决定，因此价格决定过程应当基本上发展成为市场的自动实现过程，当然这种市场的自动实现过程是在国家的宏观调控下实现的。

（四）计划与市场结合的目标模式是什么

我们又如何向这个目标模式过渡？严格说来，在改革之前，当代各社会主义国家虽然理论上盛行"计划—市场排斥论"，但在实际生活中，各社会主义国家市场并未绝迹。不过，改革前的市场不具有对整个经济运行进行调节的作用，市场只是存在于大一统计划体系中的"被遗忘的角落"。因此，在一定意义上改革前的经济可以说是大一统的计划统制的经济。在理论上突破"计划—市场排斥论"，提出"计划—市场结合论"后，中国经济学界提出了几种计划与市场相结合的模式。第一种是"板块式结合"即在原来大一统的计划统制的旁边，出现一块"计划外"的市场调节。第二种是"渗透式结合"，即上述计划和市场两个并行的板块，各自渗透了对立面的因素；计划调节这一块要考虑市场规律的要求，而市场调节这一块则要受宏观计划的指导和约束。第三种是"有机式结合"，即计划与市场不再是分别调节国民经济不同部分的两个并立的板块，而是有机地融为一体，在不同层次上调节国民经济的运行：计划主要调节宏观层次，市场主要调节微观层次的经济活动，但是宏观平衡要以市场供求变动趋势为依据，而微观活动又必须接受宏观计划的指导。这样一种计划与市场、宏观与微观有机结合的体制，理论界把它进一步概括为"国家调节市场、市场引导企业"的简明公式，这样就把企业行为、市场机制和国家管理这三个基本的体制环节有机地构造成为一体，而以市场机制为其枢纽。对社会主义经济运行机制改革目标模式的这一总括的提法，已经吸收到党的第十三次代表大会文件中，十三大报告又用计划与市场内在统一的机制来表达同一含义。

上述几种计划与市场相结合的模式，从整个改革的历史进程来看，与其说是互相排斥的选择目标，毋宁说是互相衔接的发展阶段，即（1）从大一统的计划统制模式发展为（2）改革初始阶段出现的计划与市场的板块式结合；再发展到（3）改革深入阶段出现的两块的渗透与重叠；最后发展到（4）计划与市场在整个经济范围的有机结合。目前我国的改革大约处在第（2）向第（3）阶段的过渡中。这当然是极其简单的抽象描绘，实际进程远为错综复杂，探明中国经济调节机制的转换途径，设计有计划的商品经济的理论模型，仍是当前中国马克思主义经济理论研究的一个重大任务。

三、收入分配问题

与改革前相比，收入分配的理论观点也有了很大的变化，下面讲讲三个主要方面的变化。

（一）破除平均主义观念，恢复按劳分配原则

过去，出于对社会主义的误解而附加给社会主义的东西中，

很重要的一项就是平均主义。不少人误把社会主义的平等理解为收入分配的平均，把社会主义同平均主义混为一谈。这一混淆，给现实的社会主义分配关系带来的严重扭曲，在我国这样一个农民、小资产阶级传统意识浓厚，历史上农民运动"均贫富"思想影响久远的国家，平均主义思想有着广泛的社会基础，更易于把社会主义与平均主义等同起来。平均主义的思想和政策在1958年的"大跃进"和1966—1976年的十年动乱时期曾两度恶性泛滥，结果使城乡各业普遍出现了干多干少、干好干坏、干与不干都一样的奇怪现象。由于平均主义直接影响着每个人的积极性，阻碍抑制了人们勤奋上进的努力，因而对我国经济发展带来的消极后果，比之其他附加给社会主义的传统观念所带来的后果要严重得多。无怪乎当人们开始意识到传统体制必须改革，中国经济才有出路之后，经济理论界首先冲击的对象便是平均主义，最早讨论的问题便是恢复社会主义按劳分配原则问题。破除平均主义，恢复按劳分配，这并不是什么新的改革理论，无非是把颠倒的马克思主义的真理重新恢复过来。在这方面，几年来我们恢复了计件工资和奖金制度，在一部分单位试行了浮动工资制，进行了工资总额与经济效益或生产产量挂钩浮动的试点。这一系列的改革，相对于旧的工资分配制度来说，无疑有明显的改进。但是，由于平均主义在我国有深厚的历史背景和广大的社会基础，它的表现现在仍然随处可见。例如，不少企业给职工发的奖金，实际上是平均发放，变成变相的附加工资；又如，调整工资，各类职工相互攀比，轮番晋级，意在拉"平"，因而像体力劳动和脑力劳动报酬倒挂之类的老大难问题，却并没有解决；再如，近几年滥发奖金、津贴、实物成风，即使经营不善的亏损企业，工资奖金都照样发，等等，这样带来收入分配透明度下降，造成单位间的个人收入的苦乐不均。总之，旧体制中平均主义吃"大锅饭"的弊病，现在还继续困扰着我们，并且同新的不合理的收入分配纠缠在一起。这说明，破除平均主义的传统思想，实行按劳分配的社会主义原则，是一个十分艰巨的任务，有待于改革理论的进一步发展和改革实践的进一步深化。

（二）提出"按劳分配为主、多种分配形式并存"的思想，探讨符合等价交换原则的各种市场分配形式

几年来改革的理论和实践，在进行破除平均主义和恢复按劳分配的同时，还推出了在共同富裕的目标下让一部分人先富起来的大政策。实行这一政策不仅在于贯彻按劳分配原则，而且同发展商品经济有关。按劳分配原则承认劳动和收入的差别。可是，人们的劳动差别毕竟还是有限的，尽管劳动收入的差别还会扩大，但是贯彻按劳分配所拉开的人们在劳动收入上的差别，终究不会很大。单靠贯彻按劳分配可以克服平均主义，在一定程度上拉开人们收入上的差距，但是不大会使一部分人先富起来。要使一部分人先富起来，就要在坚持按劳分配这个社会主义收入分配原则的同时，采取一些补充的分配形式和分配机制，形成以按劳分配为主，多种分配形式并存的格局。这正是社会主义商品经济在分配制度方面造成的格局。这种以按劳分配为主，多种分配形式并存的收入分配格局，是以公有制为主体，多种所有制形式多种经营方式并存的格局在分配领域的表现。

从目前的情况来看，我国社会主义的个人收入大致有三大类：一是劳动收入，包括职工工资、农业承包户及个体劳动者补偿劳动耗费的收入。二是经营收入，包括各种与经营效果有联系的个人收入。经营者的收入在一定意义上也是一种劳动收入，但是经营效果的大小，并不完全取决于经营中付出的劳动量，经营收入中包含着相当一部分机会收益和风险收益，这就有按劳分配以外的分配原则在起作用。三是资金和资产收入，包括私人从资金储蓄、借贷入股以及资产营运、租赁等所取得的利息、股息、

红利、租金等收入。资金、资产收入都不属于劳动收入，也是由按劳分配以外的分配原则决定的。

对于上述非按劳分配的收入，中国社会上争论颇多。一些同志由于对于凭借资产的非劳动收入和凭借特权的非劳动收入未加区分，担心各种非劳动收入的存在，特别是在发展商品经济条件下必然发生的投机倒把、贪污受贿，以及目前新旧双重体制并存情况下有很多空子可钻，易发不义之财，造成收入分配上的不公平，影响社会风气和安定，是不是会损害社会主义的发展。看来这种担心不是没有道理的。但是，马克思主义对于分配制度不是简单地从社会正义的立场判断，而是从是否有利于社会生产力的发展运动去判断。正如同在多种所有制并存中，非社会主义所有制成分只要有利于社会主义社会生产力的发展而不损及公有制为主体的地位，就应当允许其存在和发展一样，在分配制度上，一些由商品生产原则决定的非按劳分配收入，只要有利于社会生产力的发展，而不改变按劳分配的主导地位，我们也应当允许其存在。当然应当注意到，中国目前商品经济尚不发达，管理制度很不健全，在新旧双重体制并存的条件下，价格扭曲以及其他空隙甚多，由于这方面的原因产生的不合理的收入差别，需要采取经济的、法律的以及行政的措施加以适当解决，特别要建立和健全严格的累进所得税制来进行调节。

（三）按照有计划商品经济原则重新塑造分配机制，提出收入分配市场化的基本观点

从20世纪50年代后半期开始到70年代后半期止，我国在一些重要的消费品分配方面基本上采取的是定量配给制，在收入分配上也采取的是行政的非市场分配方法。在农村直接搞劳动时间为计量尺度的工分制；在城镇和国家职工中，推行的是国家统一工资制度。这里，"工分"和"工资"都属于行政式分配工具，不

是市场范畴；而且"工分"和"工资"的形成也不反映劳动市场供求状况的变化，对就业不具有调节职能。结果形成了分配上的"大锅饭"体制。这实际上是对马克思《哥达纲领批判》关于分配学说采取教条主义态度的结果。

随着市场取向的改革实践的逐渐发展，理论界由浅入深地批判上述分配上的教条主义，提出了按发展商品经济的要求重新塑造分配机制的基本理论问题。这方面的进展包括两个领域：一是农村在生产队取消统一经营和统一分配体制的同时，取消"工分制"，让农民自主地实行多劳多得并通过价格机制参与市场分配；二是在城市改革原来的国家统一的固定工资制度。近几年来工资改革虽然在一定程度上触动了旧工资体制，但由于老是在"结构""级别"的调整上做文章，工资分配领域的"大锅饭"体制依然未打破。人们越来越明确地认识到，要从根本上消除旧工资体制的弊端，成功地实现工资改革，就必须使工资形成从行政化走向市场化道路。即让工资量的决定服从于劳动力供求关系的变动，由劳动力市场来调节工资的水平。按劳分配是一个抽象的一般原则，它既可以实现于产品经济条件下，又可以实现于商品经济条件下，但商品经济条件下的按劳分配必须同时考虑"按劳动力价值分配"或"按劳动力的市场供求关系来分配"。因此，新的按劳分配机制实际上是一个市场分配机制，它可以和非按劳分配形式（如前面所述）保持一致性。

分配市场化观点的形成，不但是对原来那种行政性分配机制的否定，而且是针对近几年工资改革未能达到预期的结果，为下一步工资改革找到突破口。事情越来越清楚，工资改革的目标如果不是建立市场分配机制，这种改革就有可能无休无止地原地踏步，或者掉入工资恶性膨胀的陷阱。

以上简要概述了与中国经济改革有关的几个理论问题。中国经济改革理论十年来探讨的问题当然远不止上面讲的这些。但是

对社会主义的再认识

这几个问题对社会主义经济理论的发展来说是比较基本比较重要的，因为它们涉及对社会主义的重新认识，改革前僵化体制的思想理论根源在相当大程度上就在于这几个方面的问题，把一些本来不是社会主义的东西附加给社会主义，把一些不是资本主义特有而是社会化生产和商品经济所共有的东西说成是资本主义的。中国经济改革理论的一项重要任务，就是要根据当代社会主义实践的基本特点，把那些不是资本主义特有而是社会化大生产和商品经济所共有，并且可以同社会主义相结合的东西，尽量地引进来，而把那些人为地附加到社会主义的并且在实践中证明是有害的东西清除出去。

关于商业体制改革的几个问题*

——在商业部召开的商品流通体制改革理论座谈会上的发言

（1988年7月）

今天，我想就商业体制改革的目标模式和近二三年商业的改革两个问题，谈一些看法。

一、商业体制改革需要有一个总体目标模式

中国商业体制经过近十年的改革，动摇和突破了过去以"统"（统购包销、统购统销、定量供应）为特征的行政化经营的体制，在商业所有制结构、购销形式、企业内部管理以及商业行政管理的改革等方面，都取得了很大成效，为商品流通领域带来的勃勃生机，对发展社会主义商品经济和满足人民群众日益增长的多样化的需求，都做出了重要贡献。

但是，也不能不看到，目前旧商业体制的种种弊端还大量存在，改革中还存在许多亟待解决的问题。国有大中型商业企业作为商业行政机关行政附属物的局面尚未根本改变，独立自主的经营权还很小，缺乏自我发展的活力和市场竞争力。限制流通的地区封锁、条块分割的现象还相当严重，消费品市场的发育还很

---

* 原载《治理经济环境，建立流通秩序——经济学家论商品流通体制改革》，中国商业出版社1988年版。

不健全，市场机制难以正确引导企业的经营过程。间接宏观调节体系还没有形成有效的现实调节力量（市场失控），出现了许多"真空"和漏洞，各种非法经营活动不断出现，消费者的正当权益得不到保障。尤其是近年来在商品供求失衡、市场运行中出现物价上涨时，没有坚持用市场、用价值规律去解决矛盾，而往往是立即驾轻就熟地用旧体制的种种行政手段去对付，（市场）恢复统制，凭票供应，限制价格，限制流通，使改革出现"反水"现象。这种行政干预和控制的结果，不仅在全国引起了震荡，而且给下一轮改革加大了困难。

应当说，商业体制改革起步比较早，但改革的推进没有达到预期的效果，甚至出现了某种程度上的反复现象，原因是多方面的。例如，就宏观方面来说，跟整个经济还存在不稳定因素有很大关系。就商业改革本身来说，改革近十个年头至今缺乏一个明确的分阶段实施的总体目标模式，可能是重要原因之一。

商业改革的实践证明，对改革的总体目标如果没有一个比较明确的设想，或者改革的总体目标模糊（例如，把"三多一少"作为改革的目标模式），就会导致改革思想的不清晰，使改革缺乏连续性和系统性，对每一项改革就会产生犹豫不决，甚至走回头路，或者丧失时机，造成全局被动。有了改革的总体目标，就可以根据总体目标确定和实施改革的步骤，从而总揽和指导改革的全局与每一项改革措施，坚定改革的步伐，排除各种干扰和阻力，使改革逐步深化，向预期目标逼近。

商业改革与整个经济体制改革一样，是一个探索和试验的过程，改革中出现这样那样的问题有时在所难免；在改革的初始阶段，就要求对改革的总体目标模式有一个比较明确的认识也是不现实的。我提出上述问题，目的在于总结经验，是为了通过正视这些问题而引起对改革目标模式研究的重视。现在，商业改革也和整个经济体制改革一样，经过初始阶段，已经进入新的体制根本转换的关键时期。在这种情况下，及时研究、制定和选择一个分阶段实施的改革总体目标模式，就更加迫切，而且也有了可能。

二、商业体制改革总体目标模式的选择

商业体制改革的总体目标模式应当同整个经济体制的目标模式相吻合。中国经济体制改革的目标模式是什么，简单说来，就是要建成有计划商品经济新体制。这主要由所有制目标和运行机制目标两方面构成。所有制目标是：建立以公有制为主体的混合所有制，重新构造微观基础，使企业成为独立的市场主体。经济运行机制方面的目标是，实现"国家调节市场、市场引导企业"这样一个以市场为枢纽的把企业、市场与国家三个基本环节有机地构造在一起的三位一体的运行机制，由市场机构行使主要的资源配置职能。商业体制改革的目标模式应当是上述经济改革总的目标模式在商品流通领域的体现。

根据这个原则和要求，结合中国商业的特点，商业体制改革的目标模式，既不能回到过去以"统"为特征的行政化经营的体制，也不能选择不要任何控制的完全自由流通的体制，而应当选择和建立国家间接宏观调控下的市场化经营的新体制。这个目标模式包括以下几个要点：

1. 建立以公有制商业为主体的混合所有制商业，以搞活商品经营和商品流通；

2. 进行商业微观基础的重新构造，使国有商业成为真正自主经营、自负盈亏的独立商品经营者，成为组织商品经营和商品流通的主体力量；

3. 遵循商品经济的内在规律，在市场机制的引导下，实行商品的自由流通，冲破地区封锁和条块分割，促进国内统一市场的

形成；

4. 对商品经营和商品流通实行宏观间接调控，以保证其有计划地健康发展。

上面简单描绘的商业体制改革的目标模式不一定很准确，我希望能引起讨论，经过深入的研究使之完善。这里，我想就目标模式中的第二个方面即国有商业企业（特别是大中型商业企业）的商品经营者的独立地位问题谈点看法。

改革前，国有商业企业凭借行政性力量垄断着整个消费品市场。改革后，出现了多种商业经济成分和形式，打破了它这种行政性垄断。商品流通发展的新形势，要求国有商业企业运用自己的经济实力，通过市场竞争重新确立自己在商品经营和商品流通中的主体地位，发挥主导作用。但是，实践表明，这些年国有商业企业在竞争中的状况并不好。根本原因在于国有商业企业承担着双重职能，即一方面它要根据市场情况，按照利润最大化原则进行自主经营；另一方面又要根据政府旨意负责安排市场，对政府负责。一只眼睛盯着市场，一只眼睛盯着政府，使企业陷入一个"两难"境地。可见，要使国有商业企业成为独立的商品经营者，就必须改变这种商业企业兼有政府职能，政府部门兼有企业职能的不正常状况。调节市场是政府的职能，企业只有独立地进行商品经营的职能。当然，在严格区分了企业职能和政府职能的情况下，国有商业企业特别是大中型企业，仍然应当也可以成为政府调节市场的依靠力量。但政府应当建立市场调节基金，当市场一些关系国计民生的重要商品供求发生剧烈波动，国有商业企业正常经营活动难以保持市场基本稳定时，政府就可以动用这种基金，资助那些有影响的国有商业企业，委托它们来吞吐商品，平抑物价，稳定市场，以保护生产者和消费者的正当利益。

三、对近二三年商业体制改革的几点想法

商业体制改革的上述总体目标要经过一个比较长的时间才能实现，可以说它是一个长远目标。因此，在明确了商业体制改革总体或长远目标之后，还要考虑近中期改革的步骤和措施，并把它同总体目标或长远目标衔接起来。从近期经中期到长期的改革过程，应当表现为渐次发展的序列，先行的改革不能为继起的改革设置障碍，而应当是为以后准备基础、创造条件，逐渐向目标模式逼近。对近期商业体制改革，我想简单讲以下几点意见：

（一）在完善国有商业企业承包制的同时，率先推行股份制，促使企业成为真正的独立的商品经营者

实现国有商业企业独立的商品经营者的地位，使之与政府的关系正常化，是商业体制改革的基本点，也是改革的难点之一。国有大中型商业企业近年来推行的承包制在这方面作了尝试。目前理论界和实际部门的一些同志担心近年来铺开的企业承包责任制存在一些问题，有可能加大以后改革的难度。的确，近年来的承包制有两个主要缺陷：一是它可能强化行政机制而不是强化市场机制，所谓"指令承包""内定承包""关系承包"，就属于非市场操作。二是它难以达到把企业推向自主经营、自负盈亏、自我发展道路的目的，企业与政府官员的经常的"讨价还价"，必然诱使谈判双方的行为短期化。但是也必须看到，承包制同原来的企业体制相比，在一定程度上有利于开始突破政企职责不分的模式，有利于推进所有权与经营权的分离，在一定程度上增强了企业的独立性和活力，而且承包制在商业系统以至全国推广现已成为既定现实，我们应该因势利导，寻求积极办法使之不断完善。近期对商业企业承包制似应以竞争承包、改进管理、提高效

益为重点，以配合价格改革，提高自身的消化承受能力。与此同时，要考虑逐步推行股份制，并把它们衔接和统一起来。同工业企业相比，商业企业一般固定资产少，流动资金多，国有财产易于处置和评估；由于商业企业处在流通领域，市场变化快，风险机会多，实行股份制也易于形成风险—利益制约机制，从而造就出有效率的企业和企业家，推行股份制还将为国有商业企业，特别是大中型批发企业发展企业集团创造有利条件。因此，我认为在近二三年内对国有大中型商业企业可考虑率先试行股份制，通过划分产权，实现企业产权明晰化，使企业真正成为自主经营、自负盈亏的独立商品经营者，并为在全国全面推行股份制以及国家对这类企业的调控积累经验。

国有批发企业的改革在商业体制改革中有举足轻重的地位。前几年的改革是把过去中央、省、地级批发企业下放到市，同市批发企业合并，在同一城市或同一地区内对同类商品经营，只设一套批发机构。从本质上讲，这种改革仍是一种行政性分权，而不是经济性分权，有可能使政企不分在城市或地区的层次上强化，从而带来不少新的问题。看来，近期批发企业的改革重点似应在使它成为自负盈亏、自主发展的独立的商品经营者和优化经营机制方面做文章。

（二）放开市场，加强市场的组织和管理，促进消费品市场的发育和完善

根据中央提出的在五年内基本上完成价格改革的精神和坚持用市场、用价值规律解决供求矛盾的思路，以及目前生产特别是农副产品生产发展的势头，可否考虑，除粮、棉、油等重要产品外，所有农副产品和工业消费品在三年（或三五年）内完全开放，进入市场化经营和有调控的市场定价轨道，以促进消费品市场的发育，为商业企业改造成为独立的商品经营者提供市场环

境。实践证明，只要真正按价值规律办事，充分发挥市场机制、价格机制在调节供求关系中的作用，目前一些紧缺的商品（主要是农副产品）就会很快变得不紧缺。当然，在目前物价上涨加剧的情势下，开放市场和放开物价必须同时采取有效措施，控制由于总需求超过总供给引起的通货膨胀性的物价上涨，如果这点做不到，就是说如果通货膨胀性的物价上涨控制不住，那么放开农副产品和工业消费品的价格将难以收到成效。这个问题已超出商业的范围，这里就不多讲了。

在加强市场的组织和管理方面，要理顺和逐步稳定重要产品的购销关系，理顺和疏通流通渠道，减少流通环节。要改善市场设施，要有计划有步骤地在大中城市、交通枢纽和商品集散地兴办一些适应商流、物流、信息流所需要的各种基础设施和技术装备，增强市场的流通能力。当前，特别需要尽快制定和颁布适应现阶段商品经济发展的"商业活动法"和"市场管理法规"，以加强市场管理，严肃市场秩序，建立市场交易和公平竞争规则，使市场经营活动规则化，市场经营活动主体（企业）行为规范化、正常化，以便在良好的市场秩序中促进市场的健康发展。

（三）商业行政部门要转换职能

商业经过近十年的改革，出现了"百家经商"的局面，整个社会商业活动也由多家行政部门分别管理，同时，在行政部门之外，还有多家职能管理机构对商业活动进行不同的专业管理，出现了行政性分权的倾向。实践证明，社会商业活动的这种管理分散、政出多门，弊病很大。商业是国民经济中一个重要产业，需要有专门机构统一管理。如果目前还不能新建一个权威机构来统一管理社会商业活动，那么，赋予专职商业部门统一管理全国和地方的社会商业的职能，则是十分必要的。

但是，商业行政部门的这种管理，绝不是对企业经营行为的直接干预。这就要求它按照政企分开的原则转换职能，由过去直接经营和管理企业转为间接管理和服务，把商业的经营权归还给企业，使企业由行政部门的附属物变为独立的商品经营者。政企职责分开后，各级商业行政部门的职能主要是制定整个社会商品流通的具体方针、政策、法规，研究制定商业发展的战略目标，中长期商业发展计划，主要通过经济手段，及时研究、预测和传播市场信息等，引导企业的经营方向，并为企业提供咨询、人才、技术等项服务，等等。要通过商业行政权与资产所有权的分离以及资产所有权与企业经营权的分离，来完成商业行政部门职能的转换，通过商业行政部门职能的法律化、制度化和高效化，促进整个商品流通合理和有效地运转。

商业体制改革的任务，主要依靠商业部门和广大商业职工来完成，但它也需要一定的客观经济环境和市场环境，需要生产部门、财政、金融、税收、交通运输等部门的配合和支持。应当看到，商业体制改革好了，反过来可以搞活生产部门，给生产以巨大的推动力，使物质产品丰富和多样化，并带动整个国民经济的高涨。这既可以保障市场的繁荣稳定，使人民生活日益提高，群众满意，又能推动和促进整个经济体制改革深入顺利发展和社会主义商品经济新秩序的逐步建立。因此，要继续克服那种重生产、轻流通的思想，各方面都要重视和支持商业体制改革，经济理论界也要加强对商业体制改革的研究和宣传。

关于我国沿海地区经济发展
战略的若干问题*

——在外向型经济高级研讨班的讲演
（1988年8月）

    1988年年初，中央根据赵紫阳的建议制定了沿海地区经济发展战略，要求沿海地区不失时机地加速外向型经济的发展，积极参加国际交换和竞争，以此带动全国经济更加迅速的发展。这是一项十分重要的战略决策。它的贯彻实施意味着我国经济进一步的对外开放，将使我国经济的运行与国际经济的运行更为紧密地结合起来。通过积极参加国际的劳动分工，投入国际交换和竞争，不仅将加速我国的现代化进程，使我国的经济和技术水平上升到一个更高的台阶，而且将使我国在世界经济的发展中发挥更为积极的作用。我们全党和全国各族人民正在积极贯彻实施中央这一战略决策，经济理论界更是责无旁贷，应当自觉地、积极地为实施这一战略献计献策，为振兴中华的大业做出自己的贡献。

---

* 原载《世界经济》编辑部编《中国沿海地区外向型经济发展战略》，中国社会科学出版社1989年版。

一、沿海发展战略是整个中国经济发展战略的重要组成部分

党的十三大报告在"关于经济发展战略"一节中提出，我国"在社会主义初级阶段，发展生产力所要解决的历史课题，是实现工业化和生产的商品化、社会化、现代化。我国的经济建设，肩负着既要着重推进传统产业革命，又要迎头赶上世界新技术革命的双重任务"。"我国经济建设的战略部署大体分三步走。第一步，实现国民生产总值比1980年翻一番，解决人民的温饱问题。这个任务已经基本实现。第二步，到20世纪末，使国民生产总值再增长一倍，人民生活达到小康水平。第三步，到21世纪中叶，人均国民生产总值达到中等发达国家水平，人民生活比较富裕，基本实现现代化。"

我们现在正在走第二步，为了"逐步缓解我国人口众多、资源相对不足、资金严重短缺等矛盾，保证国民经济以较高的速度持续发展"，十三大报告中提出要执行"注重效益、提高质量、协调发展、稳定增长的战略"。这个战略的基本要求，归根到底，就是要从粗放经营为主逐步转入以集约经营为主的轨道。为此，除了要着重解决科技和教育事业的发展，保持宏观平衡和实现产业结构的合理化改造外，还要"进一步扩大对外开放的广度和深度，不断发展对外经济技术交流与合作"，"以更加勇敢的姿态进入世界经济舞台，正确选择进出口战略和利用外资战略"，"根据国际市场的需要和我国的优势，积极发展具有竞争力、见效快、效益高的出口产业和产品"。

沿海发展战略正是根据十三大提出的我国整体经济发展战略的要求、国际市场的需要和我国的具体条件制定的，其目的是通过"进一步扩展同世界各国包括发达国家和发展中国家的经济

技术合作与贸易交流，为加快我国科技进步和提高经济效益创造更好的条件"①，以加速我国的现代化进程。而沿海地区的经济在全国举足轻重，按沿海8省3市（河北、辽宁、江苏、浙江、福建、山东、广东、广西、上海、天津、北京）的统计，其人口占全国的37.7%，工业占全国的59.4%，农业占全国的50.3%②，外贸出口值占全国的72.9%③。从几项重要经济指标来看，占全国的比重都在一半以上，而出口的比重甚至超过全国的2/3。如果沿海地区通过进一步扩大对外开放，使经济得到更快的发展，全国经济发展战略目标的实现也就有了可靠的保障。从这个意义上说，沿海发展战略的确是全国发展战略的重要组成部分。

二、沿海发展战略既符合世情，也合乎国情

首先从世界经济发展的大趋势看，战后以来各国在经济上的相互依存日益加深，经济国际化程度大大提高。当今世界，无论是发达国家还是发展中国家，要取得经济的迅速发展，都不可能闭关自守，与世界经济隔绝。发达国家如日本和联邦德国就是从发展外向型经济获得巨大经济利益，使经济迅速发展的突出例子。发展中国家和地区中的亚洲"四小龙"，其经济的蓬勃发展也无不得益于外贸出口旺盛和外资引入带来的先进设备、技术和管理。世界银行在其出版的《1987年世界发展报告》中，把"四小龙"中的中国香港、南朝鲜、新加坡列为采取"坚定外向型"贸易战略的国家和地区，以之与称为"一般外向型""一般内向型"和"坚定内向型"的国家比较的结果是："坚定外向型

---

① 引自赵紫阳在党的十三大的报告《沿着有中国特色的社会主义道路前进》，人民出版社出版，第14—23页。

② 国家统计局《中国统计年鉴1986》，中国统计出版社出版1986年版。当时广东省的资料包括海南行政区。

③ 见《1987中国对外经济贸易年鉴》，中国展望出版社1987年版。

经济总和要素生产率的增长速度比坚定内向型经济高得多"。而在工业国实行贸易保护的情况下，"发展中国家转向内向型战略只能使事情更糟"。"从经济观点看，发展中国家的最佳选择是外向型战略。"①虽然印度有的学者对世界银行报告中的上述结论表示有不同看法，但世界银行的专家在其答复中还是明确肯定了原先的结论。当然，发展中国家的具体国情有很大差别；但在当前世界经济发展的现实条件下，积极参加国际劳动分工，只要善于扬长避短，趋利避害，最大限度地发挥自己的比较优势，通过国际交换和竞争，将能获得更大的经济效益，这已是世界许多国家的实践证明了的。关键在于如何在不同的世界经济发展情势下正确地选择自己的进出口战略和利用外资战略。我国将进一步扩大对外开放定为国策，是完全符合当今世界经济潮流的。

值得注意的是，目前在新技术革命的发展中，世界产业结构的调整再次出现高潮。发达国家和一部分新兴工业国家和地区在产业结构的升级中正将劳动密集型产业和部分资本密集型产业向劳动成本低廉的发展中国家转移。而近几年来国际汇率的变动和由此使一些国家的劳动成本大大提高更使这种转移的过程明显加速。这也为我国调整产业结构，通过加速发展外向型劳动密集型产业、增加出口收入来加强从国外引进先进技术和设备的能力，以提高工农业的技术水平，创造了良好的机遇。

我们再从我国的国情进行分析。我国是一个人口多、底子薄的发展中的社会主义大国。因此，在经济发展中存在着一系列突出的矛盾。例如，人口多，劳动力资源丰富，但也给解决就业、住房等问题造成很大压力，为积累资金和保证社会供给增加了困难；自然资源总量不少，品种比较齐全，但人均资源大大低于世

① 世界银行：《1987年世界发展报告》，中译本，第92—94页。

界平均水平，而且许多资源有待开发，短期内无法利用；社会主义制度无疑有巨大的优越性，但我国还处于社会主义的初级阶段，生产力的商品化、社会化、现代化水平不高，加上传统体制的障碍和官僚主义的存在使这种潜在的优越性未能得到充分的发挥；经济发展虽有一定基础，但水平较低，人民至今尚未摆脱贫穷、落后的生活；国家能够集中一定的力量进行科技攻关，在世界某些高技术领域占有一席之地，但整个社会的文化科技水平与发达国家相去甚远，文盲、半文盲还占全国人口的将近1/4。这些基本国情决定了我国在实现现代化进程中既不能以"速胜论"为指导，盲目冒进，又不能拖拖沓沓，以致在全球竞争中进一步扩大与发达国家的差距，从而面临被开除"球籍"的危险。正确的态度应当是树立危机感和紧迫感，团结一致，奋起直追，抓住国际经济环境所提供的机会，迎接新技术革命的挑战，把现代化建设扎扎实实地搞上去。

联系国际和国内形势来看，尽管当前国际贸易增长的速度已大大低于20世纪五六十年代，国际市场容量有限，但像我国这样一个占世界人口1/5的大国，出口总额仅占世界出口总额的1%多一点，实在太不相称。凭借我国劳动力资源丰富和劳动成本低廉的优势，加上目前一些国家货币升值后劳动成本提高，产品竞争力相对减弱，我国还是有增加劳动密集型产品出口的潜力，提高在国际市场上所占份额的条件的。同时考虑到沿海地区人多地少、劳动力素质比内地要好，对外通商联系口岸较多，科技人才也比较集中，加速外向型经济的发展，包括劳动密集型产业和一些知识与技术密集型产业，不仅可以迅速见效，收到明显的经济效益，而且还能使农村大批剩余劳力转入二、三产业，从而大大减少全国工业化过程中就业结构转换的压力。沿海发展战略的实施确实也是符合我国国情的。

关于我国沿海地区经济发展战略的若干问题

三、沿海和内地的发展不能"齐步走",但也应注意使两者的差距不致过分扩大

实施沿海经济发展战略,许多人担心会进一步扩大内地和沿海的差距。这个担心不是完全没有道理的。从近期看,加速沿海地区外向型经济的发展,难免会使内地和沿海经济发展的差距进一步扩大。问题在于,我们能不能让内地和沿海实行同样的发展战略,做到"齐步走"呢?内地和沿海地区由于历史形成的人口、资源、地理和经济、文化和科技等各方面的条件很不相同,就发展外向型经济来说,沿海地区无疑存在较大的优势,内地则在主客观条件方面受到一定的限制。要内地和沿海"齐步走",势必抑制沿海地区经济的发展,坐失目前良好的国际机遇,结果是沿海经济发展快不了,内地也快不起来,大家都背着"贫穷、落后"的包袱慢慢走。这个道理就像我们希望全国各族人民实现"共同富裕",但从政策上又允许和鼓励"一部分人先富起来"一样。让沿海地区通过加速发展外向型经济先富起来,沿海地区的税利和出口创汇收入多了,国家的财政收入和外汇也才能宽裕起来,可以拨出更多的资金和外汇支援内地。有些沿海地区的企业,还可以将其资金、技术通过与内地企业的横向联合,带动内地经济的发展和资源的开发。在一定程度上也将因沿海一些企业转向利用国外的资源与市场而使目前沿海与内地企业争夺原材料的矛盾得到缓和,并为内地企业腾出一部分国内市场。从这些方面说,近期沿海地区经济的加快发展也可以为内地经济的发展提供更为有利的条件,而从长远看,将更是有利于内地缩小与沿海在经济和技术方面的差距,有助于促进"共同富裕"的实现。

但是,为了不至于在近期使内地与沿海在经济上的差距拉得

过大，确实也需要从政策上注意不能过多地给沿海地区吃偏饭，使内地经济因得不到必要的支援而陷于停滞。如地处西北内地的甘肃省本来经济发展水平就比较低，而这几年由于东部和中部地区经济获得比较迅速的发展，甘肃省的工农业产值已由1978年居全国的第21位退居到1986年的第24位。在实施沿海发展战略过程中，甘肃省和东部及中部省区的差距还可能进一步扩大。而甘肃省具有较丰富的矿产资源（石油和有色金属等），工业尤其是机械、冶金和化学工业也有一定的基础，省会兰州市地处陇海路和兰新路的会合点，是连接东西大动脉的枢纽城市。有人提出，我们不宜狭义地理解沿海地区发展战略，而应注意在有条件的沿海、沿线（铁路线）、沿江（如长江）、沿边（如北部、西北和西南部适宜发展对外通商的边境线）城市和农村，同时发展外向型的产业。这个意见，我认为是有一定道理的。因为，沿海省市发展外向型经济的有利条件之一就在于交通便利，便于商品集散，对外出口。而沿海省份的一些"内地"和山区的交通条件其实未必优于内地省份如四川的重庆，湖北的武汉、沙市，江西的九江，安徽的芜湖，河南的郑州等沿江、沿线城市。这一点从历史上帝国主义侵略中国强迫开辟的通商口岸并不都在沿海也可得到证明。而古代的跨大陆的丝绸之路与现代的跨大陆铁路网相比也原始得多，现代横跨欧亚的"陆桥"可以成为海上航运的重要补充，将太平洋沿岸的产品送往欧洲，或是相反，将欧洲的产品经陆路输往东亚地区。所以，即使是发展外向型经济，我们也应扩大视野，不必仅限于沿海省市，而是因地制宜，在有条件的沿海、沿江、沿线、沿边城市以适当的优惠政策来鼓励发展在当地具有出口优势的产业和企业。这也将有助于使沿海和内地省区在经济和技术上的差距不致过分扩大。

四、发展沿海和内地的横向联合是实施沿海经济发展战略的重要一环

中国疆域辽阔，过去所称的"地大物博"，"地大"完全是事实，"物博"则不甚确切。按人均资源与世界其他国家相比，我国并无优势；按资源总量和品种来说，堪称丰富，但其分布也不尽合理，资源大多集中于中部和西部地区，较少分布于人口密集的东部沿海地区。我们现在为了加速沿海地区外向型经济的发展，减少与内地争夺原料与市场的矛盾，从总体上提出"两头在外""大进大出"是对的。但落实到具体项目上，则应从实际出发，有的可以"一头在外"，即利用国产原材料而市场在外，有的可以"一头半在外"，不仅市场在外，而且在利用国产原材料的同时，也利用部分进口原料进行加工后出口。这样将有利于促进内地资源的开发，也将减少购买原材料的外汇支出，而使沿海外向型经济有更多的外汇资金用于引进先进技术设备，以提高产品的质量和国际竞争力。而从长远看，在发展出口加工业的同时，必须加强自己的基础工业，提高原材料的自给率，才能使出口产业有坚实的发展基础，不至于两头受制于人。

我国的陇兰经济线构想（包括陇海路与兰新路沿线的苏北、鲁南、淮北、河南、陕西、晋东南、甘肃、宁夏、青海、新疆等各省区），通过东部与中、西部的横向联合，以内地的丰富资源支持东部沿海省、区的出口加工业，又以沿海的资金、技术支援内地的资源开发和工业的技术改造，就是很好的设想，不失为使沿海、内地实现共同富裕之途，而且内地、沿海拧成一股绳，也有利于增强发展外向经济的实力。在陇兰经济线上的内地省份，以地处中原的河南省为例，不仅其农业在全国举足轻重（小麦产量占全国的17%以上，居全国之首；烟叶种植面积占全国的

17.6%，也居全国第一；大牲畜占全国的8%，位居全国第二；油料种植面积占全国的8%，居全国第三），而且能源（如煤和水力）资源比较丰富，机械制造能力也较强，又有驰名中外的洛阳、开封和嵩山少林寺等旅游文化资源。省会郑州地处京广、陇海两路交汇点，交通也十分便利。因此，河南省与沿海省区联合发展外向经济的条件是相当有利的，在某些方面正好可以弥补沿海省区之不足。如能采取一定的优惠政策，吸引沿海省区前来投资，可为沿海省区提供发展外向经济所需的能源和原材料，同时本省也可有选择地发展原材料的深加工产品和土特产品的出口，并积极发展进口替代的轻、重工业制品。所以，在加速发展沿海地区的外向经济过程中，内地省、区绝不是无所作为的，而是可以扬长避短，待机而上，通过横向联合，紧跟沿海地区经济的发展，加速自己的产业结构调整，实现资源的优化组合，以争取最大限度地发挥本省、区的比较优势。

五、在实施沿海经济发展战略中要注意保持经济的协调稳定发展

实施沿海发展战略，强调加速外向经济的发展，在一个时期中难免会突出发展出口加工工业。"两头在外，大进大出"，只要出得去，真正实现"大出"，把劳动力的投入部分地转化成出口收入，从全局看，无疑会有利于国际收支平衡和经济的协调发展。但在实施初期，如加工工业发展迅速，出口渠道不畅，原材料"大进"之后，加工产品不能"大出"，就会增加外贸和国际收支逆差。在这种情况下，"大进"也难以为继，相当一部分新建的加工工业将不得不转为"两头在内"，使用国内原材料，产品也销往国内市场。这样，就会进一步加剧已经存在的能源和原材料紧缺的矛盾。所以，在发展外向型经济中一开始就要注意多

数新建的出口加工工业在原材料来源和产品销售方面都能有保证地从国际市场上解决；二是尽早进行部署，包括利用引进的外资和技术，加强能源、原材料和交通运输及通信等"短线"部门的建设，使国内产业结构趋于协调。只要国内经济结构合理，运转正常，将能大大增强对国际经济波动的抵抗力，一旦遇到世界经济出现衰退，出口市场萎缩，也可避免国内加工工业出现大批停产的被动局面。

另一个突出问题就是国内外都十分关注的物价上涨。在加速发展外向经济中，要新建大批出口加工企业，其中包括在沿海地区建立星罗棋布的乡镇企业。这很可能会造成投资信贷和消费需求的进一步扩张，而使这些地区物价加速上涨，并将影响扩展到内地，推动全国物价的上涨。对此，我们应有一定的思想准备。而且在"大进大出"的格局下，国际市场上原料和制成品价格的波动也将比过去对国内同类可比产品的价格产生更大的冲击。当然，物价问题在我国主要还是受制于国内因素。只要出口产业和企业经营得好，能够增加外汇收入，通过进口设备和原材料来加强我国的"短线"生产，增加"短线"产品的供给，将有利于改善供不应求的状况，减缓物价上涨的压力。从根本上说，国内物价能否得到控制将取决于能否通过改善国民经济结构的平衡，以增加产品的供给；同时通过压缩基建投资，尤其是"长线"部门的投资和不正常的消费过热，控制货币发行的增长，以抑制总需求的膨胀。但对发展外向经济所需的投资和信贷，也应按有关规定逐项认真审查，从严控制。既要避免"一刀切"，也不能"大撒手"，形成需求的过分膨胀，从而推进物价上涨，影响经济的稳定发展。

从局部地区来说，在发展外向经济中也有个协调发展的问题。沿海的山东省在加速发展外向经济的同时，把农业放在首要位置，使粮食产量在1978—1986年间由457.6亿斤增至650亿斤，人均占有粮食从620斤增加到816斤。不仅解决了全省7 000多万人口的吃饭问题，而且为调整农村产业结构，加速外向型乡镇企业的发展创造了条件，使全省出口额在1978—1985年间平均每年增长16%，创汇总额超过26亿美元，居全国第三位。与此同时，山东省还注意发挥原有工业优势，建立了以轻纺工业为主体的外向型经济结构，并且通过发展本省东西部地区之间的横向联系，以西部地区的资源来支援东部经济发达地区，形成综合配套的出口生产体系，为参与国际竞争创造了有利条件。山东省通过省内经济部门和地区的协调发展，为外向经济的发展提供了良好基础，并为全国增加出口创汇做出了贡献，其经验是十分宝贵的。当然，我绝不是说，每一省、区应当自成体系。在全国各地区之间应当有合理的分工。重要的是要注意全国经济的协调和稳定发展，以形成国内经济的良性循环。而这正是保证顺利贯彻沿海发展战略，加速发展外向经济，投入国际竞争和交换的基础。

六、发展外向经济也必须坚持有计划、有领导地进行，切忌"一哄而起"

我们应当吸取过去由于种种原因错过了发展外向经济的大好时机的教训，不应当再由于主观决策的失误而错过当前国际上有利于我国发展外向经济的时机。但对"时机"也不应简单地理解为"稍纵即逝"的瞬间。世界产业结构的调整是一个长期的过程。虽然由于国际汇率大幅变动而造成加速国际间产业结构的调整与转移，这样特别有利于我国发展外向型劳动密集产业的时机不会长期存在，但只要我们注意提高劳动力素质，改善企业的经营管理，加速工业的技术改造，保证不断提高生产效率、产品的质量和产品对国际市场的适应性，我国劳动力成本低廉的优势将会存在相当长的时间，至少会存在数十年，不会"稍纵即逝"。所以，我们既要积极贯彻沿海发展战略，不失时机地加速外向型劳动密集产品的生产，又要经过充分的调查研究，了解国际市场的现状和可能出现的变化；各种具体产品规格类型的需求变化；我国的生产、技术条件与国际同类产业的比较；产品的原料来源和销售市场；在国际市场萎缩、出口困难或原料来源短缺的情况下，从国内获得原料和产品内销的可能性；以及建厂所需的外汇和人民币资金来源、设厂的选址、当地劳动力的素质及各种基础设施（能源供给和运输、通信等）条件。如有外商投资还必须对外商企业的生产、技术水平，资本实力和信誉等有详尽可靠的了解。这些事情都是需要花费许多时间来进行的。即使是经过充分的可行性研究，在具体投资项目确定之后，从企业的设计到设备的订购、基建的进行、职工的培训等都有大量工作要做。仓促上阵，草率决定，就必然会增加失误的可能性，将给经济带来重大损失。因此，我们不但要看到"机遇"，也要充分估计"风险"，切不能再犯官僚主义和行政命令的老毛病，盲目布置和追求不切实际的指标，在全国形成"一哄而起"的局面。如果大上大下，企业赔了，职工丢了饭碗，国家也将背上大包袱。发展中国家重债国的某些教训是值得引起我们警惕的。关键是要加强中央和省、市、地区对各部门和企业的指导，有计划、有步骤地来加速外向经济的发展。这样看起来外向经济的发展似乎要慢一些，但由于成功的可能性要大得多，实际进展不是慢了，而是更快了，国家和人民也将从中得到更大的实惠。

我国经济体制改革和建立社会主义商品经济新秩序的问题*

——在全国省会城市经济研究中心第四次联席会议上的讲话
（1988年8月3日）

这半年来，中国社科院、人民大学等几个单位分别研究了下一步改革的设想方案。通过研究探讨，看出了一些问题，有些看法完全不一样。我想讲五个问题：一是改革的环境问题，二是双重体制矛盾问题，三是农村改革的问题，四是改革要抓什么重点的问题，五是建立社会主义商品经济新秩序问题。

一、改革的环境问题

经济体制改革要有一个宽松的经济环境，所谓宽松的经济环境就是总供给大于总需求，因而可能实现买方市场的要求。出现这样一个态势就能够促进企业改善管理。改革要花钱，当然不是所有的改革都要花钱，有相当多的改革是要花钱的，财政上没有后备力量怎么能行呢，物资上没有后备力量怎么能行呢？所以要有一个较宽松的经济环境。改革初期理论界就有人提出这样一

---

* 全文此前未发表。最后一部分"建立社会主义商品经济秩序问题"由哈尔滨市经济技术研究中心根据录音整理，原载《城市改革与发展》1988年11月第6期（总第29期）。

个观点，20世纪80年代的初期，我们就是根据这一种看法，正确处理了调整与改革的关系。当时提出的八字方针的头两条就是调整与改革，以调整为主，压缩了基本建设的规模，调整了农轻重的关系，特别是农业的改革，农村的改革，使我们的经济状况发生了很好的变化，出现了比较宽松的条件，从而促进了经济改革和经济发展。但是1984年的第三季度发生了经济过热的现象。自1984年以来，理论界又出现了另一种看法，这种看法认为宽松的经济环境不能是改革的前提，只能是改革的结果。因为短缺的、紧张的、供不应求的这种状况，是旧体制所固有的特征，我们在这个旧体制之下，吃"大锅饭"、大家争投资、争项目、争外汇、争物资，建设的效益如何？谁也不过问，谁也不负责任。我们的经济改革只能在这个旧体制还没有完全改革掉时，在供不应求的、紧张状况下进行。而且这种短缺、紧张状况只能通过彻底改革旧的体制，才能解决，有的经济学家认为，中国现在正进入一个以结构调整为中心新的高速成长阶段。这个阶段大体上从人均国民生产总值二三百美元，发展到人均2 000美元，我们正好处在这个阶段。所有的国家在经过这个阶段的时候都要进行比较大的结构调整，这就是结构大变动时期。在这样一个高速成长的结构变动迅速的时期，投资的迅速增长和消费的迅速增长不可避免。下面举个农村的例子，乡镇企业的迅猛发展，一方面增加投资的需求，另一方面农民的收入提高、消费的需求大大增加。我们在经济的改革当中，要调整利益关系，而调整利益的关系就要求经济增长有一定的势头，经济增长如果没有一定的势头，没有一定的速度，那么我们的财政收入就不行了。财政收入不行，各方面的利益绷得很紧，又怎么能调整？所以经济要求有一个增长的速度。这种意见反对人为地来抑制消费，抑制需求，抑制投资，人为地来控制投资，这种主张是相当受一些决策人欢迎的。特别是各地方不能控制速度，不能控制投资，这种意见认为控制总需求的政策不符合当前中国经济发展和经济改革的要求。那么从实际情况来看，中国的经济改革是在经济不怎么宽松的条件下进行的。我们不能等待出现了全面的、稳定的、宽松环境以后再进行改革，因为体制还没有转过来。另外一方面，1984年发生了经济过热的现象以来，由于第二种理论、第二种观点出现，我们在整治经济环境上的决心不够大，力度也不够强。1985年紧缩了一下，到1986年资金的周转上遇到了一些困难，各方面叫嚷很凶。1986年下半年又放松。我们的经济还没有着陆，就又腾飞起来了。日本的以及国际上的专家们观察我们的经济也是这样的意见。那么经济过热现象的反复，使在经济紧张的环境下的一些重要的关键性的改革，特别是价格这几年就很难迈开步子。比如说我们原来定在1987年以生产资料价格为中心，进行较大步的配套改革，由于1986年下半年宏观经济的态势又重新紧张，就不能出台了。在经济不稳定当中，经济改革往往就可能进进退退或者是进进停停，这样就可能把我们的改革拖很久。在过渡时期，因为有旧体制的惯性作用，惯性影响，还有一些不确定的因素，政策变化的因素，因此难以指望出现一个全面的、稳定的宽松环境。如果我们这样来要求的话，那是不现实的，因为旧体制还没有完全地改过来。但也不能因为这样就放弃为改革创造一个良好的经济环境的努力，创造相对宽松环境的努力，用另一种提法代替了为改革创造良好的经济环境，什么提法呢？就是改革只能在紧张的环境当中进行，这是第二种意见。强调这一面我们就会放松为改革创造一个相对良好条件的努力。所以我说这一种努力和认识一旦放松，就会有意无意地为通货膨胀政策打开一扇大门。遗憾的是这几年来通货膨胀这一扇门被悄悄地打开，而且现在越开越大。所以我说的这个经济环境问题，到现在在理论上或实践中都是一个没有得到很好解决的问题。而且到现在这个问题已经同日益发展的通货膨胀的问题又纠缠在一起。我们在主观上，要努力创造一个比较宽松的环境，除了体制改革以外，还有在发展的政策上，在速度的政策上，在投资的政策上，有消费的政策上，我们不是无能为力的，可以创造出这样一个比较宽松的局面，这是第一个问题。

二、新旧体制摩擦问题

中国的经济体制改革由于种种原因，我们没有采取"一揽子"方式而是采取渐进的方式。在国际上，社会主义国家的改革有两种方式，一种叫作"一揽子"方式，就是什么东西都想好了，方案都制订好了，各个方面都配合得天衣无缝，宣布在某年某月某日一起动手，这是很理想的，但实际上是很困难的。尤其是我们国家大，情况复杂，是不可能的。我们采取渐进的方式，在改革采取逐步推进的情况下，新旧双重体制并存的局面是不可避免的。不管人们主观原因如何，现实虽然是双重体制的并存，表现在改革过渡时期经济生活的许多方面，我们的企业机制也好，市场机制也好，国家管理的机制也好，没有一个领域里面能够摆脱新旧双重体制并存的局面。在企业，大家都知道一个很流行的说法，就是企业的一只眼睛紧盯着市场，另一只眼睛还要盯着上级领导。我们逐步推进的改革一步步前进，可以避免改革的大震动，双重体制的实际作用，有它积极的一方面，但是这个过渡时期两种体制混杂地并存在一起，也会给我们的经济运行、经济生活带来一系列棘手的问题，带来很多的麻烦。旧的命令体制、责任体制和新的市场体制都不能作为一个整体来有效地发挥作用，而且两者的各自的缺陷反而叠加在一起，比如说我们的计划不能与市场的优点结合到一起，而是把计划搞得很死的那一面同市场搞得很乱的一面结合到一起，又死又乱，那么叠加在一起，就造成生产流通和管理上的许多混乱。那么这双重体制的并存使我们的生产流通和管理及经济效益上都很难正确地掌握统计，所以，以效益为标准的，给出的报酬及收入也很难评判是公平的还是不公平的，标准太多了，因而失去了标准。特别是双轨价格和多轨价格给经济的运行和社会的风气带来严重不良后果，所以很多的经济学者，包括外国研究我们中国的经济学者、专家一方面承认中国的双重体制是不可避免的，另外一方面也指出来应该尽快地结束这种双重体制。

由双重体制过渡到新体制要受到很多条件的制约，主观条件和客观条件的制约，这个我就不详细地讲了。其中很重要的一条是前面讲的。

总需求大大超过总供给，就是我们国民经济失衡的问题没有很好地解决，同时通货膨胀性的物价上涨没有得到扼制，这个问题没有解决，我们就很难完全摆脱双重体制的并存。所以看起来双重体制的共存恐怕还得持续一段时间。当然在这个过程中，我们要努力促进这个转化，促进新体制逐渐地取代旧体制，居于主要地位。

三、走利益刺激的路还是走机制转换之路

要从根本上改变传统的机制。建立在传统经济理论上的机制，不符合社会发展新阶段的要求，而要建立符合商品经济的新分配方法和机制。在机制转换方面，农村第一步改革做得比较好。农村的经济改革就是建立经济责任制取代原来人民公社的"大锅饭"，统一经营、统一分配、统一劳动的体制，那么这样的转换具有机制转换的性质，当然在农村改革的过程，它包含了利益结构的改变，承包责任制代替了原来生产队的"大锅饭"，就是从生产制度改革和机制转换入手，而不是单纯地在原来的机制不变的情况下，提高农民

263

的收入，把农民从吃"大锅饭"自然的经济体制转向自负盈亏的、竞争性的、主要是靠市场的调节机制，通过经济的机制改革，来实行利益分配的改革，寓利益调整于机制转换之中。那么这一条正是中国农村第一步改革获得成功的一个要害，就是我们在农村抓了一个机制的转换，而不单纯是利益的调整。

在城市经济体制改革上，开始却抓了利益调整。比如国有企业的改革，特别是大中型企业的改革，在减税、让利和放权上，国务院发了许多文件，中心内容是给企业利益，增加活力。这种方式虽起了一定作用，但作用只是暂时的。就像打吗啡针一样，打一针起一会儿作用，药劲过了，又不起作用了。机制不转换，产权关系没发生变化，尽管在减税让利上做了不少调整，企业也仍不能成为一个自主经营的生产者和销售者。企业不能自负盈亏，它的经济困难就要转嫁到国家身上。对于职工，国家花了不少钱用于增加工资和奖金，而工资和奖金却没能真正体现按劳分配和奖勤罚懒。结果，"大锅饭"还是"大锅饭"，没有根本变化。总之，我们过去只偏重于利益刺激，而缺乏利益约束机制。

企业同政府的关系，在分配上，还是"讨价还价"的关系。这是单纯的利益启动，而不是机制转换的改革。这也是促使企业行为短期化，造成需求膨胀，影响经济稳定的重要原因。据调查，企业内的70%~80%的留利都被分掉了，而真正用于生产发展的极少。对于这种情况，我们正通过两权分开和使产权明晰化为主要内容的企业机制的改革摸索机制转换的道路，如承包制、租赁制、股份制，等等。虽然改革的过程步履维艰，但是我们明确了单纯的让权让利，单纯的物质刺激不能实现改革的目标，而必须立足于机制的转换。这一新的改革思路的形成，是我们花了代价所取得的收获，这是一个很大的进步。

四、关于改革的侧重选择的问题，也就是以所有制改革为主还是以价格和市场机制改革为主的问题

中国的经济体制改革是由两个方面的改革组成的：一个方面就是所有制关系或产权关系为中心的企业机制的改革；另一方面是经济运行机制的改革，其中心问题是价格改革或以价格改革为中心的市场机制的形成。这两方面哪方面更重要呢？这个问题在理论界颇有争议，形成了两种对立的观点。一种强调所有制的改革，另一种强调价格和市场机制的改革。前者的代表是厉以宁，后者的代表是吴敬琏。强调企业所有制改革的理由是，搞活企业是整个经济改革的目的。因为企业是经济的微观基础，企业是老一套，不进行再造，那么，即使把价格和市场改了，也没有用处，宏观调控也很困难，所以必须首先进行所有制改革。强调价格和市场改革的同志认为，如果我们的价格是扭曲的、僵硬的，不反映价值规律，不反映成本和供求关系，价格管理也是僵硬的，市场是残缺的，那么，企业的所有制改革也不能真正进行，企业当然不可能成为自主经营、自负盈亏的商品生产者和经营者。因为企业不能自主、自由地在市场上找到它所需要的生产要素，也不能自主地到市场上销售自己的商品，而且价格扭曲，从而不能进行正常的经济核算，经济效益就必然失真地表现出来。所以价格与市场的改革是主要的。

这两种观点，从它们自身的逻辑上看都有一定的道理，但它们都过分强调全面推进。当然这两种观点都不否认对方的必要性。强调企业和所有制改革的同志认为，当前可以绕开价格和市场的改革，等企业改革有了成果，然后再搞价格改革；强调价格和市场改革的同志也不反对企业和所有制的改革，但是认为当前

应主要抓价格改革。这两个方面的改革在经济体制改革中的地位，在十二届三中全会《中共中央关于经济体制改革的决定》中已经作了全面的辩证的回答。文件认为，企业改革是经济体制改革的核心，价格改革是经济体制改革成败的关键，两者都很重要。企业所有权的改造，要求作为外部条件的价格的理顺，要求有一个竞争性的市场；反之，价格的理顺和市场的放开，要求企业行为合理化。这两方面是不可分割的组成部分，即经济体制改革的两条主线，这两者存在着相辅相成的关系。企业的改革就是要造成一个真正的市场活动的主体，这个主体是自负盈亏的；价格改革造成了公平竞争的市场环境。两者必须配套。当然，在不同的时期，不同的地区，两者的侧重点可有所不同。前面讲的1987年前准备出台的价格改革方案后来没实行，与企业机制改革不协调有关。以承包责任制为主要内容的企业机制的改革，如果没有经济环境的改革和以价格为中心的经济运行机制的改革来配合，那么它是难以真正深化下去的。

最近，由于物价问题突出，中央重申要加快价格改革的步伐，要闯价格和工资关。看来，价格问题是绕不开了。容易改的我们都改了，下一步就是克服难点。

五、建立社会主义商品经济新秩序的问题

这个问题前不久赵紫阳已提出来，并叫我们大家来研究。前面讲过，在改革中我们遇到不少困难，但在试点改革中，我们取得很大成就，我们的经济体制从产品经济的僵化体制到建立社会主义商品经济的过程中发生了巨大的变化。我们的经济生产走了一个持续、稳定发展的道路，经济实力的增长这几年最快，人民得到的实惠也最多。国民收入，居民收入，城乡收入，都有很大发展。这十年是新中国成立以来没有过的。这是任何人都不能否

认的。同时，在前进过程中也确实发生不少问题。一方面，经济上欣欣向荣，另一方面，又有很多问题。这说明我们在改革开放过程中，还没建立很好的经济秩序。所以，这个问题很重要。我们要研究秩序混乱是一种什么问题，是什么原因，找出治理的办法，以建立我们社会主义商品经济新秩序。

当前，在我们经济生活中，人们议论最多的最敏感的不满最多的：一是物价问题；二是收入分配问题；三是腐化风气的蔓延问题。

我们的物价在近几年来，确实出现了大幅度的持续的上涨，特别是从1985年开始，商品零售物价指数上升很快。1985年上升8.8%，1986年上升6%，1987年上升7.3%。这是全国的平均，城市比这一数字要高，城市已超过两位数。1988年上半年，商品零售物价指数平均上涨13%，城市在15%以上。而物价上涨有强化的趋势。为什么有强化的趋势呢？从1988年的货币投放看，不是很乐观的。当然上半年经济好像不错，工业增长17.2%，但是，我个人认为，这一增长，有相当程度是通货膨胀支持的，以两位数的物价上涨为代价。这个问题是有争议的。按规律，上半年我们的货币是回笼，下半年货币是投放。而1988年上半年不仅没回笼，反倒投放88亿元，1987年上半年则回笼83亿元，和1987年上半年相比，实际多投放170亿元。上半年货币只有投放而没有回笼的情况，在历史上只有三年，即1956年、1960年和1961年。而1988年又出现了这种情况，应引起我们的重视。1988年货币投放量将超过计划一倍以上。货币的投放和物价的上涨不是同步的，有个滞后过程，所以今后的物价形势是严重的。

这几年的物价上涨，不完全是物价改革所造成的，在相当大的程度上是通货膨胀造成的。1987年国家直接调整的价格很少，由国家调整而引起的物价上涨率只有1%，而整个物价上涨率却是7.3%。1988年国家有意识地、主动地调整价格，就是两大行动：

一个是副食品，再就是名烟名酒。而且宣布，1988年不再有其他行动。这些行动对物价的影响是可以计算出来的。实际上，影响物价上涨的主要原因是各企业、各部门自发调价，互相攀比，这是货币发行量过大、票子过多引发的结果。

不合理的价格要调，这种调整所引起的物价上涨是一次性的。不合理的价格主要是初级产品的价格，包括农产品、能源、原材料。初级产品的价格上涨必然带动后续的最终产品的价格上涨。另外，利益机制的能上不能下也影响了价格机制的正常运行。本来有些商品应涨价，有些商品应降价，但现在，该降的降不下来。所以在物价改革过程中，价格必然上涨，如果你不允许物价上涨，那就机械地理解了稳定物价改革的方针。稳定物价的方针我们要坚持，但在物价改革中，还应允许物价有一定的波动，不然理不顺各种关系。因而，这种一定程度的价格上涨是合理的，我们应该能够接受，同时，当涉及消费品时，要能够给以补偿。因为这种物价上涨是一次性的，如果我们在通货上控制住，就不会有太大问题。但是，通货膨胀性物价上涨与此不同。通货膨胀性物价上涨是发票子过多了，票子超过了经济增长的需要，也就是总需求超过总供给，没有那么多东西，靠发票子来支持投资和消费。这种需求很大程度上是发行票子过多造成的。这样，需求过旺必然导致价格上涨。这种通货膨胀性物价上涨是好事还是坏事呢？这仍是一个很大的、有争论的问题。我看，多数同志不赞成通货膨胀。通货膨胀的坏处很多，而它的好处是在短期内有一定的刺激。凯恩斯理论认为，在经济萧条、失业、有效需求不足时，用通货膨胀政策来刺激需求，从而促进就业和经济增长。这种政策短期内还可以，但长期就不行了。在我国，资源短缺，不是有效需求不足，而是过多，总的来说需求大于供给，所以不能用通货膨胀政策，而且这一政策，会扰乱经济生活的各种关系，使其不能正常运行。这样会对大多数人不利，只有极少数人得利。靠固定收入的人辛辛苦苦有点钱，利率都低于物价上涨率，这必然导致大量提取存款，储蓄率下降，大多数人在通货膨胀面前毫无办法，只好进行消极怠工，这就必然对我们的经济机体发生损害。开始看不见，但最终还是能看得见的。通货膨胀政策像打吗啡，开始有刺激，瘾很大，它有一个自身惯性机制。理论界有很少一部分人认为膨胀政策可以应用，他们认为，很多发展中国家不都是这样搞的吗？人家的价格上涨率比我们高得多。南斯拉夫160%，巴西是百分之几百，委内瑞拉是百分之几千。我们才百分之十几算什么呀！主张用通货膨胀政策刺激经济发展，用膨胀的方法，把人们口袋里的钱拿出来，使其贬值，叫作强迫储蓄，以此发展经济，这种意见是有一定影响的。这是把凯恩斯的理论拿到中国来用。有些与决策有关的人士欢迎这种理解，这是很危险的。

现在讲收入分配不公开问题。大家知道，我们过去的收入分配制度是平均主义，吃"大锅饭"。改革以来，我们强调按劳分配，拉开差距，多种经营成分共同发展，承认除劳动收入以外的资金收入、经营收入、风险收入等。按劳分配，拉开差距的政策是对的，否则效率上不去。但是，经过几年的改革，一方面，在大多数人的内部收入差距并没有拉开，反而缩小了；另一方面，在少数人同大多数人之间，不合理的收入差距拉得越来越大。这两方面都是不合理的。大多数人内部收入差距缩小，说明"大锅饭"、平均主义更厉害了。奖金制度绝大部分是平均主义的，副食补贴也是平均主义的。平均主义的习惯势力太大了，这不是谁的责任。在我们的历史上就有，农民战争的旗帜就是均贫富。1988年1—4月，根据对48个城市的调查，国家机关的办事员同司局长的收入差距，在1985年工资改革以前的差距比例是1：3.1，现在是1：1.6，差距缩小了；大学教授和助教的差距，在1985年工资改革以前是4.1：1，现在是2.1：1，也缩小了；医院的医士和主任医师的工资差距原来是1:3，现在是1:2。可见，工资改革后，体脑倒挂反倒发展得更加严重了。在北京上半年18个行业的调查表明，机关人员的收入最低为128元；其次是中小学教师，为133元；大学为140元；建筑业、服务业达300元以上。这些都是全民所有制内部的情况。如果把各种所有制企业都进行比较，不合理的收入差距就更大了。这个问题已经引起了中央的注意，工资改革的目的就是解决这个问题，财政部也在研究这个问题。这个问题的治理相当不易。

再说社会风气腐化问题。走后门，以权谋私，投机倒把，行贿受贿，贪污等不良现象现在颇有发展。广州有一个对120个厂长经理的调查，办成一件事，靠政策、法律只占24%；靠请客送礼的占64%。办事的价码越来越高，越来越公开化。从烟酒到家电，从实物到现金，从暗中送到公开要，从礼尚往来到讨价还价。流通领域中的"官倒""私倒"发展得很厉害，他们在不断地抬高物价，大量地吞食社会财富，纳入小集体的金库或私人腰包。这几年因物价上涨所得的钱都哪里去了？按理，因物价上涨而得到的钱应收入国家财政，但实际上财政并未多收。这些钱的很大一部分在流通领域中，通过倒买倒卖而流失了，国家没拿到，钱都流到"倒爷"手里去了。"官倒"发展得很厉害，登记的36万家公司，其中有25万多家靠"倒手"过日子。现在的"官倒"不是国有企业或集体企业插手商品买卖，而是一种掌握某一种行政权力的政企不分的公司。有的机关干脆把一部分行政职能转给公司，比如，项目审批的职能，物质分配的职能，资金分配的职能，都交给公司。也就是把行政单位换个牌子而已。这些单位利用手中的权力向企业征收各种费用。另一种干脆是"官倒"，经营者以前是当官的，他们利用自己的余权和各种关系在流通领域中兴风作浪，把生产资料平价买来，又高价卖出。最近赵紫阳在黑龙江省的讲话也讲到这个问题。赵紫阳认为，又有权力，又去经营，这是扰乱中国经济的重要因素。这种行政公司从上到下都有，中央的每个部门至少10个；省、市、县都有；民间的公司也有。有的老干部当了董事长，到处插手，乱批条子、拉关系，然后转手倒卖。这比行政性公司还要坏。这里面的水有多深，要摸清楚。对于这个问题，国务院很重视，并发了许多文件。

以上，讲了在我们试点改革出现勃勃生机的同时出现的几个方面的问题。这些问题是商品经济新秩序尚未建立起来的表现。由于我们经验不足，在建立新秩序的过程中，不能不付出一定的代价。当然，我们应尽量减少这种代价，这还是我们现在所要解决的问题。

下面，我讲一讲建立商品经济新秩序本身的问题。

所谓经济秩序，是人们经济行为的准则、规则，还有人们之间的准则、规则。经济秩序是由经济制度所决定的，有什么样的经济机制和制度，就有什么样的经济秩序。反过来，经济秩序也维护产生它的经济制度、经济机制。所以，社会主义商品经济新秩序，应该是符合社会主义商品经济的新体制、新机制的新秩序。建立社会主义商品经济新秩序的前提，就是要变革旧的经济体制，变自然经济、产品经济的体制为有计划的商品经济的新体制，即建立商品经济新秩序的前提是实现经济机制的转换。前面讲到，我们以前的改革，更多地着眼于物质利益的刺激，在机制转换方面，我们做得不够。尽管我们花了不少钱，但是企业机制仍是软预算、"大锅饭"，职工仍是铁饭碗，人浮于事，因而也谈不上新秩序的建立。所以，要建立新秩序，首先要把今后的改革方向从单纯的利益刺激转向机制转换。当然，仅靠机制转换还是不够的。我们还应该建立一套规范、规则，包括成文和不成文的。成文的就是法律、制度、章程等；不成文的包括道德观念、习惯及价值观念等。这涉及社会的文化背景的改造。成文的法规我们可以借鉴国外的，但要根据我们的情况进行改造和应用。文化背景的改造需要更复杂的过程，不是一朝一夕就能搞好的。那么，社会主义商品经济新秩序要符合商品经济机制的一般原则：等价交换、公平竞争。特殊地讲，社会主义商品经济的新秩序要符合社会主义经济运行机制的总原则：国家调节市场，市场引导企业。根据一般原则和特殊原则，我认为，社会主义商品经济新秩序应包括下面八个方面的内容：（1）官办经济要民营化。官办经济是政企不分的。民营经济不等于私有经济。民营经济既可以是公有经济，又可以是私有经济，它是所有权与经营权分开、政企分开的。它是完全按市场来导向的。随着股份制的发展，将来更多的可能是混合所有制。（2）公平竞争，排除垄断。这一条与上一条相联系。官办经济必然是垄断的，它靠行政权力垄断市场。民营企业也可能是垄断的，但应通过法制排除。（3）形成买方市场，实现消费者主权。我们需要一点物资过剩，这点过剩仅仅是必要的储备。（4）要素配置的商品化。资金、劳动、生产资料、房地产等都应该商品化。这样就能使其自由活动，从而达到生产要素配置的优化组合。这就要求我们打破商品流通的障碍，特别是要打破条块分割。（5）交易活动要货币化、票据化。为了创造平等竞争的环境，保证国家的财政收入，实行交易活动的货币化和票据化是十分重要的。现在有不少单位，以横向经济联系为名，进行物物交易，这就为偷税漏税打开了方便之门。这样，也就不能平等竞争。经济发达的国家，对这样的交易都是禁止的。（6）个人收入的透明化。有三种不透明的情况：一是企业、机关在国家限额之外所发的奖金；二是高干的实物待遇；三是回扣。（7）官员的收入和财产的公开化。这样，有助于政府官员的清廉。应该从他的收入判断出他的财产，而不应该像我们现在这样，有些官员的收入不高，财产却不少。（8）多轨制的单轨化。这是建立新秩序的基本条件。我们的新秩序不能

刘国光

经济论著全集

第
7
卷

有多元的组织，只能是一元的组织。在多轨制下，不可能有公平竞争。我们当前出现的问题都与价格多轨制有关。由于多轨制，又不能公平竞争，使许多人钻了空子。因而，不实行单轨制建立商品经济新秩序，便无从谈起。所以，必须实行单轨制。在最初价格改革时，我们面临着一是价格管理体制僵化，二是价格结构扭曲。经过几年的调放相结合的价格改革，这两种情况都有所改变。但是，经过这几年的转变又出现了比价复归的现象。改革初期，工农产品的剪刀差缩小了，现在又拉大了。1983—1984年以后，我们实行双轨制，造成了新的扭曲，这种情况与物价的持续的、大幅度的上涨相联系。我们现在的任务更艰巨了。现在如果我们不抓紧价格改革，环境会更加恶化。只要进行配套改革，我们还是能闯关的。这一关一过，建立商品经济新秩序就容易了。

要搞好物价改革，除了要注意价格本身以外，还要注意与之相联系的诸方面：（1）物价改革与宏观平衡的关系；（2）物价改革与工资改革的关系；（3）物价改革与企业改革的关系；（4）物价改革与建立市场新秩序的关系；（5）物价改革与法制监督的关系。

我们的改革是一个系统工程，只抓物价改革是不行的，不仅要进行经济体制的配套改革，而且还要进行政治体制改革。这样，我们才能建立社会主义商品经济的新秩序。

经济体制改革策略选择的理论问题

（1988年8月）

经济体制改革理论要研究两方面的问题：一是改什么和朝着什么方向去改，二是怎样改和循着什么途径去改。前者涉及改革战略目标的选择，后者涉及改革过程本身的策略选择。下面就后一方面扼要讲三个问题。

改革的经济环境问题

在改革的最初几年，我国经济学者一般都同意这样一种看法：改革需要一个比较宽松的经济环境，即总供给略大于总需求的有限买方市场，以促进企业对于改革的压力感，使市场竞争机制能够发挥作用，并保证有一定的财政物资后备以支持改革。20世纪80年代初期，就是根据这种看法正确处理了经济调整与经济改革的关系，促进了经济改革和经济发展。1984年发生经济过热以来，出现了另一种看法，认为宽松的经济环境不能是改革的前提而只能是改革的结果，因为短缺是旧体制固有的特征，改革只能在供不应求的紧张状况下进行，并通过改革来消除造成短缺的体制原因。有些经济学者还指出，中国正在进入一个从低收入向中等收入转变的以结构变动为中心的新的高速成长阶段，广大人民的消费从温饱型向选择型过渡，农村劳动力大量从农业向非农产业转移，个人收入和消费额必然迅速增长；经过三十多年的建设，我国固定资产进入全面更新阶段，投资额加速增长也不可避免。因此，总需求增长超过总供给增长是我国经济进入高速成长时期的内在要求，并且经济体制改革本身意味着各方面利益关系的调整，这也要求经济有一定的增长势头。所以，他们反对人为地抑制投资和消费需求，认为控制总需求的政策不符合当前中国经济发展和改革的要求。

从实际情况看，中国的经济改革的确是在经济环境不那么宽松的条件下进行的。我们不能等待出现了全面稳定的宽松环境以后再着手进行改革。但另一方面，1984年发生经济过热以来，由于整治经济环境的决心和力度不够，经济过热现象反复迭起，在经济紧张的环境下，一些重要的关键性的改革，特别是价格改革，前几年就很难迈开步子。例如原定在1987年进行的以生产资料价格改革为中心的价格、税收、财政、金融配套改革，因宏观经济形势紧张而不能出台。在经济不稳定中要反复地进行比较大的经济调整，于是经济改革就往往进进退退，成为旷日持久的事情。

这几年的实践告诉我们，经济发展和经济改革必须相互协调，相辅而行。经济发展的剧烈波动往往会导致经济改革的挫折。一旦出现总需求总供给及其结构的严重失衡，就会使通过改革利用市场机制来优化资源配置的作用受到削弱，而通货膨胀的压力又会迫使人们强化行政手段来控制经济生活，使改革陷于停顿或倒退。虽然在改革的过渡时期因有旧体制惯性的影响和许多不确定因素的存在，难以指望出现全面稳定的宽松环境，但是我们不能因此而放弃为改革创造一个相对宽松的经济环境的努力。除了通过改革逐步消除导致需求膨胀的体制原因外，我们还要在经济发展的战略方针方面采取有克制的增长目标和明智的政策措施，以利于控制投资和消费需求的膨胀，缩小并力争消除总需求超过总供给的局面，创造一个比较好的改革环境。这种认识和努力一旦放松（比如用强调"改革只能在紧张环境中进行"来代替"为改革创造良好的经济环境"），就会为通货膨胀政策打开方便之门。遗憾的是，几年来这扇门实际上已被悄悄打开，而且越开越大。所以，改革的环境问题至今在理论上和在实践中都是一个没有很好解决的问题，这一问题目前已同日益发展的通货膨胀问题纠缠在一起，继续引起人们的关注和讨论。

体制转换方式和双重体制问题

经济体制的改革，旧体制向新体制的转换，可以有两种方式，一种是"一揽子"方式，一种是渐进方式。对这两种方式的一般利弊，经济学者们都是熟知的。中国的经济改革由于其复杂性，没有采取"一揽子"方式而是采取了渐进方式。在改革采取逐步推进方式的情况下，新旧双重体制并存局面的出现是不可避免的。不管人们喜欢不喜欢，新旧两种体制并存已经是当今中国经济的实际。双重体制并存表现在体制转换时期经济生活的许多方面：企业机制、市场机制、国家管理经济的机制，没有一个领域能够摆脱双重体制并存的局面。渐进的改革方式和新旧体制的逐渐消长，可以避免改革中的大震动，有它积极的方面。但是两种不同体制混杂在一起，也会给经济带来一系列棘手的问题。旧的计划体制和新的市场体制谁也不能发挥有效地配置资源的作用，它们各自的缺陷反而叠加在一起。在双重体制并存现象中，十分尖锐的是同种产品的计划内价格和计划外价格双轨并存现象。这是计划管理上的双重体制和物资流通上的双重体制的集中表现。这种情况的存在在过渡时期有着它的必然性。有些经济学者认为，双轨价格的并存和调放手段的并用，可能是中国经济体制改革中创造的一种风险性较小、兼容性较大的价格向市场化转换的特殊方式。但是，只要这种转换没有完成，以双轨制价格为代表的双重体制并存的弊病也是十分明显的。它使国家计划重点项目的物资保证受到冲击，造成生产流通和核算管理上的许多混乱，还给投机倒把、非法牟取暴利造成可乘之机，极有害于机关廉洁和社会风气，等等。由于连年出现总需求膨胀，过量的需求到处冲击，加上流通中各种"官倒""私倒"层层抬价，更加突出了双轨制的固有的矛盾。鉴于双重体制的矛盾和摩擦对经济和社会生活带来的种种不良后果，不少同志主张早日结束双重体制对峙的状态，尽快地过渡到新体制占主导地位。

但是这种过渡受着许多主客观条件的制约。其中特别重要的一条，还是上面讲的宏观平衡问题。只要总需求大大超过总供给的经济失衡问题没有解决，通货膨胀性的物价上涨没有得到遏制，就难以完全摆脱双重体制并存的羁绊。否则，在总供求严重失衡的情势下放开市场和价格，很可能会火上加油，恶化通货膨胀。看来双重体制将要在不同领域持续相当长一段时间，当然在这个过程中我们应当努力加快改革的步伐，以促进新体制尽早取代旧体制而居于主导地位。这种取代过程的长短，同通货膨胀的治理，同宏观经济环境由卖方市场向有限买方市场转化的过程是分不开的。

改革关键环节的选择

中国的经济体制改革是由两个主要方面的改革交织而成的过程，一方面是以所有制关系或者产权关系为中心的企业机制的改革，另一方面是以价格为中心的经济运行机制的改革。哪一个方面更为重要？在中国经济学者中间颇有争论，形成两种对立观点。一种是强调"所有制—企业"方面的改革，因为搞活企业是改革的核心，而且如果不对企业这一微观基础进行再造，那么市场机制和间接的宏观调控也难以运转。前些时候有的同志还认为，改革时期紧张的经济环境难以改变，只能暂时绕开价格改革，集中力量加快以产权制度转换为中心的企业改革。另一种观点则强调"价格—市场"方面的改革，因为如果价格是扭曲的、僵硬的，市场又是残缺的、阻滞的，企业就不可能真正成为自主经营、自负盈亏的商品生产者和经营者。这两种观点就其自身来看各有一定的道理，但都过分强调单面的推进。其中两方面的改革并不是相互排斥的。中共十二届三中全会关于经济体制改革的决定中明确指出，企业改革是经济体制改革的中心环节，而价格体系改革是整个改革成功的关键。企业产权制度的转换，要求作为外部条件的价格改革和竞争性市场的形成，而价格的理顺和放开又要求企业行为机制的相应改革。因此这两方面的改革是整个经济改革不可分割的两个组成部分或两条主线，两者之间存在着相辅相成的关系，一个是形成市场活动的主体，一个是造成市场竞争的环境。这两方面的改革应当互相配合进行。当然在不同时期和不同情况下，对这两者的侧重点可以有所不同。前面所说原定在1987年出台的价格改革为中心的价、税、财、金配套改革方案缓行，从1986年第四季度起实践中开始突出企业机制方面的改革，有人认为这是"所有制—企业改革中心论"的胜利，其实这并非理论风向改变的结果，而是因为1986年下半年总需求再度膨胀、宏观经济失衡的客观情势逼迫我们不得不这样做，当然这也是为今后转向间接的宏观调控准备一个适宜的微观基础所需要的。前一两年理论风向的变化（企业改革中心论占上风）不过反映了这一客观情势。但要看到，企业机制改革，如果没有经济环境的改善和以价格改革为中心的经济运行机制改革的相应配合，是难以真正深化下去并获得最终的成功的。

最近，由于物价问题突出，又重新提出加快价格改革、过好价格改革这一关的问题。经过十年改革，目前的价格问题，除了过去遗留下来的结构扭曲和管理僵化问题仍然存在外，又加上双轨和多轨价格问题，而这些问题又同物价总水平的全面持续大幅度上涨交错在一起。改革到了目前的深入阶段，价格改革的确是再也不能绕开走了。价格改革本身难度就很大，加上通货膨胀的存在，问题就更复杂。价格改革本身就要带动价格总水平的一定上涨；不让有一定的上涨就等于不让改革，那当然不行。但是在实行价格改革的同时，如果目前通货膨胀性的物价上涨不加遏止，将会给经济生活带来更大的压力。所以要加快价格改革的步伐，就必须同时坚决治理通货膨胀，并审慎安排价格改革本身的步骤和相应的配套措施，这样我们就能比较稳妥地闯过价格改革这一险关，促进整个新经济体制在我国的形成。

经济体制改革策略选择的理论问题

谈物价改革问题*

——《经济学周报》记者专访
（1988年8月21日）

物价改革，众说纷纭。长期从事价格理论研究的经济学者们，至今仍把物价、工资、收入差距视为中国改革的"百慕大三角"。虽然人们毫不怀疑中国的经济体制改革必将闯进物价这个难关，但现实生活中通货膨胀、物价上涨、市场动荡的经济现象，又不能不使相当一部分人，对中国价格改革普遍抱有疑虑。找出一条路子——这又是疑虑的人们迫切的希望。

对此，经济理论界权威人士怎么看呢？

我国的价格改革，并不是始于今天，1979年以来，价格就在不断地改。十年改革的巨大成就和成功经验，给了人们一种信念——价格改革的前景是光明的。但眼前的路怎么走，却有不同的回答，人们在冷静思考这个问题的同时，产生种种疑虑和担心是难免的，经济理论界有责任对此作出明确的回答。但是无论路怎么走，首先必须看到——

我们面临着比过去更加复杂的价格环境

过去我国的价格体制有两大问题：一是管得太死，管理体制

---

* 本文系《经济学周报》记者温莹专访，发表于该报，原题为《改革步子要大，闯关步子应稳》。

僵化。计划价格一经确定，就很难改变；二是价格结构扭曲。这是由于不变的计划价格同变化着的经济条件和供求关系之间的矛盾而形成的。近些年来，为了解决这两个问题，我国在价格管理上采取了两个办法：一个是调——如调整粮食、棉花收购价格和部分原材料价格；一个是放——如放开部分农产品价格和部分小商品的价格。经过十年的努力，我国价格体制僵死的状况有所松动，结构扭曲的状况也有所改变。

但是，现在的物价问题比过去更复杂了。经过调、放，农产品价格、原材料价格上去了，工农产品比价的剪刀差缩小了，但由于我国整个经济体制没有发生根本的变化，因此，工业产品的价格，主要是加工产品的价格很快也提了上来，使剪刀差又有所扩大，经济学上称之为"比价复归"的现象在现阶段出现了。从现象上看，就是工农业产品价格、原材料和加工产品价格轮番上涨。特别是1983年以后，由于双轨制的出现，发生了新的问题，后来实际上形成了多轨，价格混乱多样，再加上这几年物价持续、全面上涨，所以，一些同志对当前物价情势的忧虑不是没有道理的。现在必须清楚地看到我们所面临的价格改革环境比过去更加复杂，在这种复杂的价格环境中改革，是要冒一定风险的。确切地说——

我们将在通货膨胀的风险下进行价格改革

现在我国的价格改革面临三个主要的社会问题：一是物价上涨过快。群众过去是持币待购，现在是提款抢购。二是收入不公。收入不合理的现象大量存在，而且很多单位和个人多渠道创收，实际收入情况是不透明的。三是社会风气问题。投机倒把、行贿受贿、贪污腐化、为政不廉。造成这些社会问题的原因很多，但双重体制和多轨价格是其中重要的因素。反过来，这些问题又直接影响到了价格改革的进行。我们说，当前价格改革有一定的风险，这个风险，就是指价格改革要在通货膨胀的环境下进行。人们直接感受到的经济现象就是价格上涨，但对此必须要作出客观的分析。首先应该认识到——

价格改革将带来物价的合理上涨

物价改革是要改不合理的价格为合理。过去，我们初级产品的价格包括农产品、矿产品、原材料价格偏低；而工业品、加工产品价格偏高，我们要把这些偏低的产品价格提高，却很难把偏高的产品价格压下来，因此，调整初级产品价格偏低的扭曲现象，必然会引起价格总水平的上涨。这样的价格上涨，在一定意义上说是合理的，对此，我们应该理解。另外，为了理顺不合理的价格关系，改变不合理的价格管理制度，把过去硬性的行政性定价，变为灵活的市场定价，这本身也会引起一定程度的价格上涨，这种价格上涨，是把过去压抑性、隐蔽性的物价上涨公开化、透明化。上述两种物价上涨，都是价格改革中将出现的合理的经济现象，这一点，我们要向群众讲明白说清楚。当然，在价格改革中，由于物价上涨，涉及了消费品，政府要对群众在工资收入上给予补偿。

我们不是简单地承认或者说是鼓励当前的物价上涨，无论对于理论工作者，还是实际工作者，关键是区分物价上涨这一经济现象背后，所隐藏的合理或不合理的本质因素。当前，我们需要特别强调的另一点是——

最大限度地制止通货膨胀性的价格上涨

当前，严重的超前消费趋势，使通货膨胀愈演愈烈，由此又带来了价格的上涨，这种价格上涨和我们为了推进改革、理顺价格关系而让价格作适当的调整有本质的区别。对于这种性质的物价上涨，我们要积极地想出办法，加以制止。

对于通货膨胀，现在争议颇多，有人持赞成态度，认为要用通货膨胀来发展我们的经济，实际上，这对于长期的经济建设是不行的。通货膨胀对于一个国家的经济建设，就像是一剂鸦片烟，开始感觉不错很有刺激，甚至还有一点振奋作用，但时间一长，国家的经济机体，将会受到严重的损害，整个经济生活，就要出现难以扼制的问题。从其他国家的经验看，靠通货膨胀发展经济是不行的，在通货膨胀情势下过物价改革这一关，也是不行的。

价格改革要过五关

第一，要控制通货膨胀，腾出一个空间，使社会经济生活对物价改革带来的合理的价格上涨能够承受。为此，要压缩投资规模、建设规模，限制消费水平增长，特别是集团消费。另外，通过住房改革，发行股票、债券，收回一些货币。还要相应提高利率，以安定人心，鼓励储蓄，限制效益低的投资。第二，解决好群众收入的补偿问题，一方面要补偿由于合理的物价上涨带来的收入水平下降，另一方面要解决在收入不公现象背后的收入结构不合理问题。第三，要狠抓企业内部机制的改革，重点是提高企业经济效益，同时要采取有力的经济措施，控制企业轮番涨价，避免比价复归现象再度发生。第四，价格改革要同市场培育配套，建立市场秩序，健全市场组织。第五，要加强法制建设，加强国家的立法、执法、监督检查工作；同时，政府机构要廉洁，以保证价格改革政策的实施。

谈物价改革问题

283

当前价格改革步子既要大，又要稳。解决好上述五个问题，就可以闯过物价改革这个大关，再加上我们当前进行的企业改革、宏观管理体制改革，我们整个经济体制改革将会出现一个新的局面。

社会主义商品经济新秩序的
基本要求*

——在上海社会科学院所作《改革十年》学术讲演
（1988年9月21日）

建立社会主义商品经济新秩序必须符合商品经济的一般原则，即等价交换、公平竞争。具体来说，社会主义商品经济新秩序要符合社会主义有计划的商品经济运行机制的原则，就是国家调节市场、市场引导企业的总原则。根据这一条，我认为社会主义商品经济新秩序应有以下八条基本要求。

第一，官办经济民营化。官办经济是政企不分，以行政命令为导向，靠行政权力来支撑的。它的毛病我们很熟悉。所以，官办经济要改为民营经济。所谓民营经济不等于私有经济，它还包括公有经济。将来更多的可能是混合所有制的经济，如股份公司。现在美国的股份公司持股人很多是法人，包括基金会、保险公司。我们的公司可以有中央政府的投资、地方政府的持股，以及各种公共福利事业基金的持股，也可包括个人的持股。这种混合基金是民营的不是官办的。民营与行政机构脱离，实现政企分开，不按上级行政命令，而以市场供求的变化为导向，不是依靠行政权力来支撑，而是依靠经营效率来取得生存和发展的机会。

第二，垄断经营竞争化。这与官办经济民营化是相联系的。

* 此文是根据1988年9月7日在上海社科院所作《改革十年》学术讲演的第三部分整理的，原载《文汇报》。

官办经济必然是垄断的，它依靠行政权力来垄断产品、垄断市场。而民营经济也可能产生垄断。现在有些民营企业实际是官办的，它们凭借行政权力及职务关系，来垄断某一种商品、某一种物资。这暂且不说。即使是真正的商品经济的发展，也会逐渐产生出垄断、半垄断的企业。这是经济规律。我们不仅要反对一些官办企业和一些假民营企业的垄断，也要防止真正民营企业的市场垄断。制定反对垄断、保护公平竞争的法律是制定社会主义商品经济新秩序的不可缺少的一条。

第三，卖方市场买方化。卖方市场是供不应求的市场，卖方说话算数的市场；买方要听卖方的话，看卖方的眼色；卖方颐指气使，买方低声下气，这是我们现在的市场——没有竞争的市场。这当然是不符合社会主义商品经济要求的市场。连市场经济发达的国家也实行顾客第一，提出所谓实现消费者的主权。为此，卖方市场必须转变为有限的买方市场，其前提是我们要努力使总供给大于总需求。在这种情况下，卖方才会出现竞争，才会改善经营管理、服务态度。马克思的《资本论》第二卷中，曾经提出将来的社会主义社会生产应略大于有效需求这个论点。我们过去讲的生产计划、生产速度要留有余地，留有后备。实际上这就是逐渐建立有限买方市场的前提。除了要进行经济体制改革，消除物资短缺的体制原因以外，我们在发展战略、发展政策方针上要有所克制，不能盲目追求产值速度。

第四，生产要素配置商品化。生产要素指资金、劳动力、技术、信息、物资、房地产等。这些生产要素，原来不当作商品来看待，现在有的已明确，如生产资料是商品，技术是商品。资金被回避了，劳动力、土地、房地产都有争论。不管是不是商品，在社会主义商品经济中，它们可以商品化。《资本论》也讲过，不是商品的东西可当作商品来经营。生产要素配置只有商品化，才能自由流通，自由组合，才能达到资源优化配置，优化组

刘国光

经济论著全集

第
7
卷

合。提高资源的宏观经济效益，就要打破一切妨碍商品流通的障碍，特别是条块分割造成的障碍。现在许多地方乱设关卡、乱堵截、乱收费、乱罚款现象相当普遍。阻碍本地原材料运出，挡住外地制成品运入，保护地区利益。当然，这里有体制上的原因、财政包干的原因，等等。但是市场分割的现象在新秩序建立后，就应该逐步改变。西欧不同国家也能组成共同市场，许多东西免除关税，自由流通。我们是一个大一统国家，反而不能这样做，这是很不正常的。应当从体制上、立法上逐步扫除妨碍商品、物资、资金、劳动力自由流通的障碍，以促成全国统一市场的逐步形成。

第五，交易活动货币化、票据化。为创造平等的竞争环境，以保障国家的财政税收，实行交易活动的货币化、票据化十分必要。现在有不少借横向联系之名进行的物物交易，物资串换，各种双边优惠的易货贸易等，实际上是为偷税漏税大开方便之门，并且不利于平等竞争，不利于交易双方以外的第三者参与竞争。在市场经济发达的国家，这些现象都是法律所禁止的。当然横向经济联系需要大发展，但是，一切交易活动都应实行明码价格，一切优惠条件，包括横向联系的优惠条件，都应在契约上写明，以保证公平竞争和国家财政税收。

第六，个人收入透明化。现在个人收入不透明是个大问题。大致有三类：一是国家规定限额以外的奖金、津贴等。二是高干的实物待遇，如住房、特供。我不是反对这些东西，对劳苦功高的老干部、老红军，有些优惠的待遇也是应该的。但是，这些东西应该货币化，变成工资。特供也应打入工资，然后到市场上去买。差别在工资上体现出来，这样可以堵塞一些漏洞。有些不应享受这种待遇的人也由于种种原因享受了这种待遇。如果我们把它透明化、货币化，就可堵住这种不正之风。三是在商业交易中一些不透明的收入和各种回扣、辛苦钱等造成了收入与分配的不公平，也掩盖了许多不法行为，助长了腐化风气的蔓延。实行货币化，建立票据、契约、公证制度。现在到了切实研究解决这些问题的时候了。

第七，官员的收入和财产公开化。"党政机关要廉洁"的口号现在已提出来了。要做到这一点的方法之一就是官员收入和财产的公开化。美国总统选举和州长选举都要公布他的私人财产，下台时再检查，看看是不是有营私行为。当然，以权谋私各级官员都有。许多人，吃饭、抽烟、住房与他们的地位很不相称。钱从哪里来的？香港的廉政公署要检查，如果有公职人员生活水平与职务收入不相称可检举。国务院法制局现正在草拟一个公务人员的收入财产申报条例。

第八，双轨制、多轨制单轨化。这是建立新秩序的一个基本要求，也是建立商品经济新秩序的一个重要条件。因为新秩序本身不能有多种标准，而应是统一的，否则会乱套。在双重体制或多种准则的条件下不可能有公平的竞争，不可能有正常的生产秩序和经济秩序。在建立新秩序的条件中，最重要的是机制转换。双重机制要转换为一元化机制。当前经济运行中的困难都同双重体制的矛盾和摩擦有关系。通过逐步调整、放开的方法，过渡到单轨制，这是一个很重要的前提。

提出价格改革和工资改革在当前是十分及时的。中央准备用五年时间基本过好这一关，任务很艰巨。要使价格改革成功，必须解决好五个方面的配套改革：一是宏观经济的改革，当前主要是制止通货膨胀问题。二是工资改革要配套，以使我们在价格上涨、实际工资下降时得到补偿。同时工资结构不公平的问题也要逐步解决。三是企业改革的配套，提高企业效益，避免轮番涨价。四是市场改革配套。市场组织、市场秩序要建立起来，现在的官倒私倒现象、不公平竞争以及条块分割、阻碍商品流通、资金流通的障碍等都要逐步消除。五是法制监督的改革和配套。

围绕价格改革，这五个方面的配套改革，实际上是整个改革的深化。价格改革步骤要适当，不能太快。中央已经宣布1989年步子很小，主要的力量放在整治经济环境上。如果整个配套改革搞得好，特别是通货膨胀治理得好，同时价格体制改革本身步子也比较稳妥，我们就能成功。否则就有失败的可能。相信经过各方面的研究探讨，我们会制定出比较正确、比较完整的整治经济环境和深化改革的办法，在五年或更多的时间内逐步建立起新的经济体制和经济秩序。

社会主义商品经济新秩序的基本要求

通货膨胀有百弊而无一利*

（1988年9月22日）

理论界有人鼓吹"通货膨胀有益论"是非常有害的。通货膨胀有百弊而无一利。我们现在实行的是有计划的商品经济，巴西、阿根廷等国的例子不能照搬照套，通货膨胀犹如鸦片、吗啡，开始可能有刺激作用，但带来的损失无可估量，且其后果将愈益严重。凯恩斯主张赤字财政、通货膨胀，必须看到凯恩斯处于特定年代，需求不足，我们则是需求旺盛，短缺经济。

最近召开的中国人民银行全国分行长会议，强调不能靠银行拿钱支撑高速度，造成通货膨胀的重要原因之一，是建设发展速度过快。乡镇企业要发展，沿海发展战略要实施，这些都离不开资金。希望发展得快些，本来都是好心，也都是好事，但凡事都有个度，都要根据客观可能，何况有些地方大搞楼堂馆所、非生产投资之风仍刹不住；有的则热衷于搞生产性重复建设。听说黑龙江有个地区每个县都要建造一个啤酒厂，本来能力已经过剩，还要用外汇自国外引进设备，实无必要。集团购买力总是控制不下来。有的接待宾客说是实行四菜一汤，却并未规定价格，自欺欺人，流于形式。总之，在控制经济过热上，总感到力度不够，决心不大。要扭转这种局面，在速度政策上、投资政策上和消费政策上都要下决心。尽量用经济办法；经济办法不行，也要用行政的办法。对乡镇企业和有些国有企业以提高利率的办法是有效

　　*　原载《社会科学报》。

的。利率要高于预期的通货膨胀率，其作用甚大，既可鼓励储蓄，安定人心，又可制止不经济的投资和低效益的生产。对无效益的企业要忍痛关闭或兼并。对于与国计民生关系较大的项目，由于价格不合理等原因贷款者，国家可以贴息。还可以出卖一些国有财产，如小企业、住房，发行一些股票、债券等，收回流通中的货币。

通货膨胀有百弊而无一利

谈谈中国经济学界对近期中期
经济改革的不同思路*

（1988年9月）

　　前些时候，中国经济学界对近期（1988—1990）和中期
（1988—1995）的改革方案进行了广泛的讨论。基于对当前经
济形势的不同估计，对今后改革的思路也不一样，大体有以下
三种：

　　第一种思路在承认九年多来改革取得重大成就的同时，认为
当前的经济形势比较严峻，表现在经济增长过热现象并未消除，
社会总供需继续失衡，结构矛盾日益突出，经济效益仍未回转，
物价上涨过快和价格严重扭曲并存，经济秩序紊乱，收入分配不
公以及各种腐败现象滋生等。在这种严峻的经济情势下，重大的
改革措施特别是重要的价格改革根本无法出台，因此，这种思路
主张首先采取直接的行政手段紧缩社会总需求，实行严格的宏观
控制；在整顿治理经济环境的基础上，以重要生产资料价格为重
点，先调后放，在较短时间内把绝大部分产品价格全部放开。配
合价格改革，实行财政、税收、金融的改革联动，为市场活动提
供较为合理的参数，为企业创造大体平等的竞争环境，同时积极
推进国有企业经营机制和其他方面的配套改革。

---

* 本文据1988年4月在英国牛津大学现代中国中心举办的"中苏改革比较
　研讨会"上发言的部分内容，以及同年8月在美国夏威夷大学经济系讲
　演的部分内容整理而成。

这种思路比较强调改革的配套性，如果能够实行，有利于早日消除双重体制对峙摩擦所产生的种种弊病，使新体制能够较快地发挥其整体效益。但是这种思路所设想的改革步子迈得大，风险和震动也很大。人们担心，由于紧缩过猛，会不会导致经济萎缩进而发展为滞涨，能不能形成一个有利于大步改革的经济环境，把握不大。

第二种思路不同意"当前经济形势严峻"的判断，认为经过九年多的改革，中国经济的生机活力大大增强，现在虽然经济环境仍然偏紧，但是向着好转的方向发展。认为1987年工业生产增长速度（14.6%）虽然比较高但也是正常的健康的，今年上半年比去年同期增长17.2%也是正常的，经济生活中存在的不稳定因素主要是食品价格上涨幅度过大，可以采取发展副食品生产并对城市居民适当补贴等办法来解决。这种思路一般不主张实行严格的紧缩政策，而力主继续保持较快的增长速度，"把蛋糕做得更大一些"，以缓解利益分配上的矛盾。至于稳定经济，则只能靠深化改革来解决。近两三年改革的重点在于落实和完善以承包制为主的企业经营机制的改革，同时进行投资体制、物资体制、外汇体制、金融体制、财税体制、房地产制度等方面的改革，在提高企业效益、增加供给、改善宏观管理的基础上，后几年再进行以价格改革为中心的配套改革，进一步改善企业的外部环境，争取经过八年时间使新体制占主导地位，然后再逐步充实和完善。

这一思路实际上是前几年曾经出现的"发展与改革双加快"意见的继续，认为中国的经济改革只能在经济紧张的环境中进行，而相对宽松的环境只能是改革的结果，不能是改革的前提。还认定中国当前经济紧张的主要症结不在需求过旺而在供给不足，主张抓住几年来经济改革所取得的好势头和国际经济环境对中国有利的好时机，采取适度的通货膨胀政策来加速经济发展并加快经济改革。这种思路曾经是占优势的想法，在1984年以来的经济波动中被不时反复提出，现在还强烈地影响着经济决策。但是，发展与改革双加速的思路不大能够解决当前已经显露的越来越严重的通货膨胀问题，按照这种思路走下去，后一阶段设想以价格为中心的配套改革所需要的经济环境不大可能出现。而双重体制摩擦所造成的混乱如果长期胶着下去，对于中国经济的改革和发展前景来说都是不好的。

第三种思路对当前经济形势的估计接近第一种思路的估计，但不赞成该思路"先治理环境、后推出配套改革"，以及在治理环境上用"猛药"的构想。它更不同意第二种思路"发展与改革双加快"的构想，而提出稳定经济与深化改革"双向协同、稳中求进"的主张，即以稳定经济的措施来保证改革的赓续推进，同时用有计划、有步骤的改革措施来促进经济的持续稳定发展。近期两三年内着重治理环境，消除不稳定因素，重点是控制通货膨胀，把通货膨胀性的物价上涨率由目前的10%左右，到1990年降到3%~4%，以便为价格改革带来的物价上涨腾出必要的空间。改革方面要选择那些有利于稳定经济的措施，包括改善宏观调控机制；完善事实上已在广泛推行的企业承包制并为承包制过渡到股份制做好准备；同时积极推进市场发育，建立市场规则，并在局部范围进行必要的价格调整和改革（如农产品价格）。经过前三年的以"稳"为主的改革，经济生活中的不稳定因素应该基本上得到消除。这样，在后一阶段（1991—1995年）就可以转向以"进"为主，一些大的改革动作可以陆续出台，特别是推出以价格改革为中心的市场运行机制的改革，同时推进以明确产权关系为主要内容的企业股份化改革，逐步完成宏观管理由直接控制为主转向间接调控为主的过渡，基本上实现"国家调节市场、市场导向企业"的改革模式。

以上改革思路，是就其主要者而言。我个人和中国社会科学院一些经济学者倾向于第三种思路。1988年5—6月间国家体改委召开的中期改革规划研讨会上，提出改革思路和方案的已有九家之多。[①]经过1987年到1988年的讨论，特别是不久前中央提出加快物价改革、工资改革的问题后，各种不同的改革思路在一些主要问题上有趋同的趋势，比如原来认为价格改革可以暂时绕开、主张把重点放在企业改革上的同志，现在也不否认加快价格改革，但仍强调企业改革为主体，保持了原有的独立风格。各家提出的中期改革不同思路和方案都各有千秋，国务院负责同志说将不是只取一家之说，而将是博采众长。现在，中期改革规划仍在研究之中，大体要用五年左右的时间，主要解决物价问题、工资问题和企业问题，基本上建立新经济体制，当然这是会有风险的，要准备冒一些风险。看来这主要是指物价方面的风险。要使物价改革能够比较平稳地渡过去，不但要协调好物价改革同工资改革、企业改革的关系，还要协调好物价改革与宏观控制的关系。因为如果宏观经济环境不加整治，大步改革措施是难以出台的。这些问题都要由决策当局作出抉择。

---

① 国家经济体制改革委员会综合规划司：《中国改革大思路》，沈阳出版社1988年版。

中国经济改革理论十年回顾*

（1988年10月）

同志们：

由中央宣传部、国家体改委和中国社会科学院联合发起召开的全国经济体制改革理论研讨会，今天开幕了。在这里，我谨代表中国社会科学院，向出席这次会议的各位理论工作者和实际工作者表示热烈的欢迎和祝贺。按照会议筹备领导小组决定的分工，下面，我就"中国经济体制改革理论十年回顾"这个题目，作一个抛砖引玉的发言，供同志们研讨参考。

一、经济改革的一些基本理论问题

始于20世纪70年代末的中国经济体制改革，从实质上看，是社会主义制度实现形式的再选择，即用新的社会主义经济模式来改造和代替旧的体制模式的过程。因此，以经济改革为研究课题的经济改革理论，从一开始就碰到改革目标选择从而碰到对社会主义的再认识问题。

1949年以后，我们按照传统的理解，在中国这块土地上建立了社会主义社会经济体制。传统的对于社会主义的理解，来自马克思主义经典作家对于未来社会的构想，来自第一个社会主义国

---

* 本文系1988年10月在全国经济改革理论研讨会上的主题发言，亦系1988年12月召开的纪念党的十一届三中全会十周年理论讨论会上的发言。

家苏联20世纪30年代至50年代形成的模式，也来自我们自己革命战争时期军事共产主义社会供给制的影响。概括起来说，传统认识就是把社会主义经济看成本质上不是商品经济，而是建立在高度社会化生产力基础上的产品经济，而对这种"产品经济"又是从事实上生产力极不发达状况下的"自然经济"观来理解的。中国改革前的传统经济体制，就是按照上述对于社会主义的"自然经济—产品经济"观来构造的，因而具有所有制单一化、经济运作实物化、经济管理集中化、分配关系平均主义化等特征。

十年来改革理论的最根本的成就，就是我们的经济理论工作者，按照中国共产党第十一届三中全会提出的解放思想、实事求是、一切从实际出发的思想路线，一步步地纠正了传统的非商品经济的社会主义观，树立了社会主义的商品经济观，并且确认中国现在还处在生产力水平较低、商品经济很不发达的社会主义初级阶段，要大力发展商品经济并通过商品经济的发展来迅速提高社会生产力。

这样，对社会主义的再认识，首先导引出"社会主义商品经济论"和"社会主义初级阶段论"。这两论可以说是中国改革理论的两块基石，也是中国新经济理论体系的基石。前一论即社会主义商品经济论是在中共十二届三中全会（1984年）被确认的；后一论即社会主义初级阶段论是在中共十一届六中全会（1981年）就已经提了出来，到中共十三大（1987年）第一次给予系统化的阐明。党中央正式确认社会主义经济是商品经济，意味着中国经济改革的方向是建立市场取向型的社会主义经济，这一确认标志着中国的改革当时在理论上已经站到改革中的社会主义国家的前沿。而关于中国的社会主义处于初级阶段的理论，则是针对中国经过一百多年半殖民地半封建的长期统治所带来的特别落后的状况，因此中国的改革具有其特殊的迫切性，这是一个具有中国特色的社会主义阶段理论观点。当然，它不妨碍对处于同中国类似历史条件下的国家在选择社会主义道路时的参照意义。

社会主义商品经济论和社会主义初级阶段论这两个理论基石的重要含义，在于它们把传统的马克思主义经济理论中的空想因素和教条式的理解予以摒弃，打破了社会主义必须是单一模式的框框，使社会主义经济理论面向当代中国的实际，重新恢复了马克思主义把是否有利于社会生产力的发展和是否符合中国社会主义现代化要求，作为评价各种理论、方针、政策的最终标准。当然在坚持四项基本原则的前提下我们并没有放弃社会生产关系的分析，但是这要紧密结合生产力标准而不能像过去我们长期做过的那样离开生产力来抽象谈论社会主义。

在社会主义商品经济论和社会主义初级阶段论两个理论基石的基础上，中国的马克思主义经济理论发生了一系列突破性的进展。其中与经济体制改革直接相关的主要之点，首先是在搞活企业这一改革的核心中碰到的所有制关系问题。

（一）所有制问题

社会主义商品经济是以公有制为基础的。发展社会主义商品经济，首先要求企业成为独立的商品生产者。而企业要成为独立的商品生产者，又是同企业所有制形式的选择和产权关系的理顺分不开的。

怎样才能把公有制和商品经济结合起来？初级阶段的社会主义社会应当建立什么样的所有制结构？改革前，人们对所有制问题误解最多，简单化倾向最甚，在"社会主义"的名义下附加了一些现在看来不是社会主义的东西。在近十年的改革实践中，理论界围绕着如何才能使企业成为独立商品生产者这个课题，努力探索发展社会主义商品经济所需要的所有制形式，突破了传统观念，使所有制理论获得了新的发展：

1. 破除越"大"越"公"越好的旧观念，确立由生产力性质

决定所有制结构的新观念

在1957—1979年，我国所有制模式基本上是国家所有制和集体所有制两种公有制并存的模式。在一个相当长的时间里，由于"左"的错误，忘记了马克思主义关于生产关系一定要适应于生产力性质的原理，以为衡量社会主义程度的高低与社会生产力发展水平无关，而仅仅在于生产关系的先进与否，在于是否将所有制提高到全民化的水平。在越"大"越"公"越好的思想影响下，重视发展全民所有制经济，轻视发展集体所有制经济，排斥个体等非公有制成分，急于趁"穷过渡"搞合并升级，如把小集体经济合并为大集体经济，把大集体经济升级为全民所有制经济。这样，在1979年以前，形成了朝国有制单一化方向发展的所有制格局。这种格局使经济体制日益僵化，降低了效率，助长了官僚主义，阻碍了生产力发展，使得社会主义制度的优越性不能真正发挥出来。

改革突破了这一格局，革新了理论观念。我们从这几年所有制关系改革实践中得出的一条基本经验是：所有制形式的选择不应当由主观上的理想追求来决定，而应当由生产力水平、生产力组织的客观性质以及发展生产力和提高经济效益的客观要求来决定。在中国，特别现在处于社会主义初级阶段，生产力水平发展很不平衡。社会化、集中化程度较高的大生产可以采取全民所有形式，而分散化的小生产则比较适合于非公有性的个体或私人经营。集体所有制、合作所有制以及各种类型的混合所有制是一些兼容性很大的所有制形式，它们可以兼容社会化程度不同的生产力，"越大越公越好"的观念实际上是违反马克思主义关于生产关系必须适合于生产力性质的基本原理的。这一错误观念的破除，不但使我们回到了马克思主义的正确观点，而且为我们根据生产力的多层次性，正确选择所有制结构提供了理论依据，大大推进了我国所有制关系改革的实践和理论的发展。

2. 破除越"纯"越好的旧观念，确立多种所有制同时并存、相互交融的新观念

与"越大越公越好"相联系的是社会主义所有制越"纯"越好。这种观念认为，社会主义所有制应当是纯而又纯的，社会主义社会应当只容许公有制存在，而不应当允许非公有制成分存在。把非公有制成分当作社会主义的异物来看待。这样，不但个体经济不断被排挤而濒于消灭，而且农村人民公社社员的少量自留地和家庭副业也被当作"资本主义的尾巴"受到反复的刈割。另外，认为社会主义所有制要纯而又纯的另一个表现是强调不同经济单位（企业）的所有制形式的纯一性和排他性，全民、集体、个体企业在所有制关系上处于互相隔绝、界限分明的状态。因此，每个具体的经济组织的所有制形式是自我封闭的。

几年来的经济体制改革打破了原来公有制经济单一化的格局，首先是个体经济有了一个相当大的发展。在个体经济发展的过程中，又逐渐出现了雇工超过7个人的私营经济。1987年中央5号文件正式肯定了私人经济成分，十三大报告又专门写了一段指出个体经济、私营经济和涉外"三资"企业等非社会主义成分，在社会主义社会很长一个时期中，都将是我国社会主义经济的必要的和有益的补充。除了非公有制经济成分有了一定发展外，公有制经济本身也发展了多种形式。在城乡之间以及在城市经济内部，形成了跨越不同所有制界限、跨地区、跨部门的新的经济联合体和企业群体。这样，企业的所有制性质越来越不纯一，开始出现了不同所有制之间的相互渗透和相互融合，产生了各种类型的"合营企业"。在保持公有制为主体的前提下非公有经济的发展，以及不同所有制之间彼此渗透和互相融合，大大地活跃了城乡经济生活，刷新了社会主义社会的所有制观念。

3. 破除越"统"越好的旧观念，确立所有权和经营权可以分离的新观念

在所有制关系问题上，还有一个传统观念，这就是，公有制经济应当实行所有权和经营权的统一，认为"两权分开"只适用于私有制经济，不适用于公有制经济。过去批判孙冶方的扩大企业独立自主权的主张，就是以这种认识为论据的。改革中逐渐突破了这一旧观念，到了十二届三中全会，明确提出了"所有权同经营权可以适当分开"的观点以后，越来越多的同志认识到，这种分离是解决公有制企业活力问题的一个关键。

在十年来的改革实践中，由"两权统一"向"两权分离"的过渡，先是在农村开始，以后发展到城市；先是在集体所有制经济范围内进行，以后发展到全民所有制经济。在农村实行的家庭联产承包责任制，就土地所有制关系来说，也是所有权（集体所有）及经营权（农户经营）分开的一种形式。除了一部分原来生产条件很好的集体所有制和个体工商户，资产所有权与经营权还是合一的以外，很多合作企业和集体所有制企业都实行了两权分开。其形式是"集体共有、小集团经营"，"集体共有、个体经营"，"集体成员分股占有、少数人承包经营"，等等。因此，目前农村经济已经打破了改革前那样一种单纯"集体所有、集体经营"的清一色格局。我国城市的集体所有制经济和原来的国有小型企业在实行承包租赁的场合，也实现了资产所有权与经营权的分开。近几年来，我们又探索在国有大中型企业实现"两权分离"的途径。十三大报告指出实行两权分离的具体形式，可以依产业性质、企业规模、技术特点而有所不同。目前实行的承包制、租赁制等多种形式的经营责任制，是实行"两权分离"的有益探索，应当在实践中不断地改进和完善。十三大报告特别指出，改革中出现的股份制形式，包括国家控股和部分地区企业间参股和个人入股等，都是社会主义企业财产关系的一种组织形式，也是两权分开的一种方式，可以继续试行。当然，国有大中型企业所有制关系的改革，特别是产权关系如何进一步明朗化的问题，还有待深入探讨和继续试验。前些时候有的同志曾把承包制、租赁制、股份制等，看成是搞私有化，看成是资本主义特有的东西。其实，这些都是在商品经济发展过程中和社会化生产的条件下，解决产权关系的具体组织形式，私有制可以采用，公有制也可以利用。中国改革中所有制形式和企业组织形式的多样化发展，一般是以"公有制为主体"作为前提的，这一原则不放弃，社会主义方向就不会改变。

所有制和产权问题的解决，直接关系到社会主义商品经济的主体，即企业作为自主经营、自负盈亏的商品生产者的形成。与经济主体的变革相适应，社会主义的经济运行机制也要按商品经济的原则来构造。下面我们就改革以来社会主义经济运行机制方面的理论观点的变化作一概括分析。

（二）经济运行机制问题

在党的十一届三中全会以前，我国在经济运行机制问题上广泛流行的观念是：社会主义经济只能是计划经济，它的运行只能由计划来调节；社会主义经济同商品经济、同市场调节是不相容的。这种观点原封不动地照搬经典的设想，但实际上是不符合科学社会主义在当代实践中的发展要求的。照搬的结果只会是使具体、复杂、多变的实际经济过程理想化，使社会主义的经济运行发生诸多障碍。实际生活的进程表明，对于社会主义经济的发展来说，商品经济也是一个不可逾越的阶段。因此，在现代社会主义阶段，尤其在其初级阶段，我们只能从现实的社会生产力水平出发并按照发展社会生产力的要求，在保留和完善计划调节的前提下，引入市场机制，发展商品经济，建立使计划和市场有机地结合起来的社会主义经济运行机制。这是从我国社会主义经济建设实践中引出的一个基本结论。

党的十二届三中全会通过的《中共中央关于经济体制改革的

决定》明确肯定，"社会主义经济是在公有制基础上的有计划商品经济"，一举破除了在计划经济与商品经济，计划与市场关系问题上长期占统治地位的僵化观点，从而也指明了中国经济改革在运行机制上所要达到的目标，即计划调节与市场调节有机结合的目标，这是在中国经济改革理论的发展中，迈出的具有划时代意义的一步。

提出"有计划的商品经济"概念，确认计划和市场可以结合，就要碰到对计划和对市场如何认识、如何理解，以及计划和市场究竟如何结合的问题。

1. 对于计划的认识，过去有三个观点：（1）计划是指令性的。（2）计划应包括国民经济一切方面和细节，不仅包括控制宏观领域，而且包括控制微观领域。（3）计划实施方式主要采取实物指标体系，实行直接的计划分配。随着我国计划体制改革的进行，上述三个旧观念转变成了三个新观念：（1）计划管理并不等于实行指令性计划，它也可以是指导性计划。改革应当逐渐缩小指令性计划范围，向以指导性计划为主的目标过渡，和市场结合的那个计划就是指导性计划。（2）计划不能包罗万象，一般不需要涉及微观经济活动的具体细节，而主要是组织经济的宏观平衡，计划管理的重点应转向制定和实现产业政策。（3）计划的实现不一定都需要采取计划指标（特别是实物指标）体系，而应当更多地运用经济政策和价格、税收、利率、汇率等经济参数来调节经济活动。这样，在计划和市场相结合的新概念下，计划的含义发生了变化，计划的内容也要逐步加以更新。

2. 对于市场的认识，过去的概念是，认为只有个人消费品是商品，可以进入市场；生产资料则完全排除在市场之外，因为它们不是商品；资产、技术、信息、劳动、房地产等这些生产要素是绝对排除在市场之外的。改革以来，市场概念的范围逐渐扩大，我们开始承认不仅消费资料，而且生产资料也是商品，应当允许它们进入市场。不但承认包括消费资料和生产资料的商品市场，而且承认有生产要素市场，如资金、技术、信息和劳务等市场；我们最近又开始搞了房地产市场。这样逐步形成了社会主义市场体系的新概念。在改革中人们逐渐认识到，单有商品市场而无生产要素市场，企业不可能有真正的经营自主权，市场不可能以完整的机制发挥作用，政府对经济的管理也难以转向间接调控为主。所以，社会主义市场体系概念的形成，具有十分重要的意义。

3. 与市场概念发展密切相连的是价格概念的更新。随着经济运行的商品化和货币化，资源配置和收入分配中的非价格分配因素在缩小，通过价格机制实现经济运行的范围逐渐扩大。传统理论把价格看作主要是经济运行的核算工具，因此把稳定物价看作是保持物价水平的基本不变，因此价格只能由国家统一制定，在它必须变动时也只能国家统一调价。在这种传统认识基础上形成的僵化的价格体制和扭曲的价格结构，成为经济运行中绕不开的绊脚石，价格改革成为整个经济体制改革中的一个最严峻的挑战。改革以来，在价格理论上实现了以下几个"破"和"立"。破除了把价格仅仅看作核算工具的传统观念，树立了把价格作为资源配置和经济调节的重要杠杆的新观念；破除了把稳定价格看成物价固定不变的传统观念，树立了把物价总水平基本稳定与各种商品的相对价格灵活调整变动结合起来的新观念；破除了单一国家定价、国家调价的旧观念，树立了调放结合，并逐步扩大市场价格范围的价格形成机制的新观念。越来越多的经济学家和改革决策者认为，在社会主义商品经济条件下，除了少数自然垄断性商品和劳务价格要由国家直接控制外，一般的商品和劳务的价格应当逐渐做到由生产者和消费者根据市场供求情况来决定，因此价格决定过程应当基本上发展成为市场的自动实现过程，当然这种市场的自动实现过程是在国家的宏观调控下实现的。

4. 计划与市场结合的目标模式是什么？我们又如何向这个目标模式过渡？严格说来，在改革之前，当代各社会主义国家虽然理论上盛行"计划—市场排斥论"，但在实际生活中，各社会主义国家市场并未完全绝迹。不过，改革前的市场不具有对经济运行进行调节的作用，市场只是存在于大一统计划体系中的"被遗忘的角落"。因此，在一定意义上改革前的经济可以说是大一统的计划统制经济。在理论上突破"计划—市场排斥论"，提出"计划—市场结合论"后，经济学界提出了几种计划与市场相结合的模式。第一种是"板块式结合"，即在原来大一统的计划统制的旁边，出现一块"计划外"的市场调节。第二种是"渗透式结合"，即上述计划和市场两个并行的板块，各自渗透了对立面的因素；计划调节这一块要考虑价值规律的要求，而市场调节这一块则要受宏观计划的指导和约束。第三种是"有机式结合"，即计划与市场不再是分别调节国民经济不同部分的两个并立的板块，而是有机地融为一体，在不同层次上调节国民经济的运行：计划主要调节宏观层次，市场主要调节微观层次的经济活动，但是宏观调控要考虑市场供求的变动趋势，而微观活动又必须接受宏观计划的指导。这样一种计划与市场、宏观与微观有机结合的间接调控体制，后来理论界把它进一步概括为"国家调节市场、市场引导企业"的简明公式，这样就把企业行为、市场机制和国家管理这三个基本的体制环节有机地构造成为一体，而以市场机制为其枢纽。对社会主义经济运行机制改革目标模式的这一总括的提法，已经吸收到党的第十三次代表大会文件中，十三大报告又用计划与市场内在统一的机制来表达同一含义。

上述几种计划与市场相结合的模式，从整个改革的历史进程来看，与其说是互相排斥的选择目标，毋宁说是互相衔接的发展阶段，即（1）从大一统的计划统制模式发展为（2）改革初始阶段出现的计划与市场的板块式结合；再发展为（3）改革深入阶段出现的两块的渗透与重叠；最后发展到（4）计划与市场在整个经济范围的有机结合。目前我国的改革大约处在第（2）向第（3）阶段的过渡中。这当然是极其简单的抽象描绘，实际进程远为错综复杂，探明中国经济调节机制的转换途径，设计有计划的商品经济的理论模型，仍是当前中国马克思主义经济理论研究的一个重大任务。

（三）收入分配问题

经济体制改革是人们利益关系的大调整，而人们利益关系的调整，同收入分配格局的变动是分不开的。与改革前相比，关于收入分配的理论观点也起了很大的变化，下面讲讲三个主要方面的变化。

第一，破除平均主义观念，恢复按劳分配原则。过去，出于对社会主义的误解而附加给社会主义的东西中，很重要的一项就是平均主义。不少人误把社会主义的平等理解为收入分配的平均，把社会主义同平均主义混为一谈。这一混淆，给现实的社会主义分配关系带来了严重的扭曲。由于平均主义阻碍抑制了人们勤奋上进的努力，因而它对我国经济发展带来的消极后果，比之其他附加给社会主义的传统观念所带来的后果要严重得多。无怪乎当人们开始意识到传统体制必须改革，中国经济才有出路之后，经济理论界首先冲击的对象便是平均主义，最早讨论的问题便是恢复社会主义按劳分配原则问题。

破除平均主义，恢复按劳分配，这并不是什么新的改革理论，无非是把被颠倒的马克思主义的真理重新恢复过来。这不只是一个理论问题，首先是改革的实践问题。在这方面，几年来我们做了不少努力，但是，由于平均主义在我国有深厚的历史背景和广大的社会基础，它的表现现在仍然随处可见。例如，不少企业给职工发的奖金，实际上是平均发放，变成变相的附加工资。又如，调整工资，各类职工相互攀比，轮番晋级，意在拉"平"，因而像体力劳动和脑力劳动报酬倒挂之类的老大难问题，却并没有解决。再如，近几年滥发奖金、津贴、实物成风，即使经营不善的亏损企业，工资奖金都照样发，等等，这样带来收入分配透明度下降，造成单位间的个人收入的苦乐不均。总之，旧体制中平均主义吃"大锅饭"的弊病，现在还继续困扰着我们，并且同新的不合理的收入分配纠缠在一起。这说明，破除平均主义的传统思想，实行按劳分配的社会主义原则，是一个十分艰巨的任务，有待于改革理论的进一步发展和改革实践的进一步深化。

第二，提出"按劳分配为主、多种分配形式并存"的思想，探讨符合等价交换原则的各种市场分配形式。

几年来改革的理论和实践，在进行破除平均主义和恢复按劳分配的同时，还推出了在共同富裕的目标下让一部分人先富起来的大政策。实行这一政策不仅在于贯彻按劳分配原则，而且同发展商品经济有关。按劳分配原则承认劳动和收入的差别，可是，人们的劳动差别毕竟还是有限的，尽管劳动收入的差别还会扩大，贯彻按劳分配所拉开的人们在劳动收入上的差别，终究不会很大，不大会使一部分人先富起来。要使一部分人先富起来，就要在坚持按劳分配这个社会主义收入分配原则的同时，采取一些补充的分配形式和分配机制，形成以按劳分配为主，多种分配形式并存的格局。这正是社会主义商品经济在分配制度方面造成的格局。这种以按劳分配为主，多种分配形式并存的收入分配格局，又是以公有制为主体，多种所有制形式多种经营方式并存的格局在分配领域中的表现。

从目前的情况来看，我国社会的个人收入大致有以下几类：

一是劳动收入；二是经营收入中包含着机会收益和风险收益部分；三是资金和资产收入。后两类收入都不属于劳动收入，都是由按劳分配以外的分配原则决定的。归根到底是由商品经济的原则决定的。对于上述非按劳分配的收入，社会上争论颇多。一些同志担心各种非劳动收入的存在，特别是在发展商品经济条件下必然发生的投机倒把、贪污受贿，以及目前新旧双重体制并存情况下有很多空子可钻，易发不义之财，造成收入分配上的不公平，影响社会风气和机关廉洁，是不是会损害社会主义的发展。实践表明这种担心不是没有道理的。但是，马克思主义对于分配制度不是简单地从社会正义的立场去判断，而是从是否有利于社会生产力的发展去判断。正如同在多种所有制并存中，非社会主义所有制成分只要有利于社会主义社会生产力的发展而不损及公有制为主体的地位，就应当允许其存在和发展一样，在分配制度上，一些由商品经济原则决定的非按劳分配收入，只要有利于社会生产力的发展而不改变按劳分配的主导地位，我们也应当允许其存在。当然应当注意到，中国目前商品经济尚不发达，管理制度很不健全，在新旧双重体制并存的条件下，价格扭曲以及其他空隙甚多，由于这方面的原因产生的不合理的收入差别，需要采取经济的、法律的以及行政的措施加以适当解决，特别要建立和健全严格的累进所得税制来进行调节。

第三，按照有计划商品经济原则重新塑造按劳分配机制，提出收入分配市场化的基本观点。

从20世纪50年代后半期开始到70年代后半期止，我国在重要的消费品分配方面采取的是定量配给制，在收入分配上也采取的是非市场分配方法。在农村直接搞以劳动时间为计量尺度的工分制，在城镇和国家职工中，推行的是国家统一工资制度。这里，"工分"和"工资"都属于行政式分配工具，不是市场范畴；而且"工分"和"工资"的形成也不反映劳动市场供求状况的变化，对就业不具有调节职能。结果形成了分配上的"大锅饭"体制。这实际上是对马克思《哥达纲领批判》中的分配学说采取教条主义态度的结果。

随着市场取向的改革实践的逐渐发展，理论界由浅入深地批判了上述分配上的教条主义，提出了按商品经济发展要求重新塑造按劳分配机制的基本理论问题。这方面的进展包括两个领域：一是农村在生产队取消统一经营和统一分配体制，同时取消"工分制"，让农民自主地通过价格机制参与市场分配，实行多劳多得；二是在城市改革原来的国家统一的固定工资制度。近几年工资改革虽然在一定程度上触动了旧工资体制，但由于老是在"结构""级别"的调整上做文章，工资分配领域的"大锅饭"体制依然未打破。人们越来越明确地认识到，要从根本上消除旧工资体制的弊端，就必须使工资形成从行政化走向市场化道路。即让工资量的决定服从于劳动力供求关系的变动，由劳务市场来调节工资的水平。换句话说，按劳分配是一个抽象的一般原则，它既可以实现于产品经济条件下，又可以实现于商品经济条件下，但商品经济条件下的按劳分配必须同时考虑"按劳动力价值分配"或"按劳动力的市场供求关系来分配"。因此，新的按劳分配机制实际上是一个市场分配机制，它可以和非按劳分配形式（如前面所述）保持市场一致性。

分配市场化观点的逐步形成，不但是对原来那种行政性分配机制的否定，而且是针对近几年工资改革未能达到预期的结果，为下步工资改革找到了突破口。工资改革的目标如果不考虑市场分配机制，这种改革就有可能无休无止地原地踏步，或者可能掉入工资恶性膨胀的陷阱。问题是在转上市场分配机制的过程中，可能会出现种种摩擦和困难，这虽然是必须付出的代价，但仍应尽量妥善解决。

二、改革策略选择的理论问题

经济体制改革不仅需要从经济理论上搞清楚"改革什么"，"朝什么方向去改"等有关体制本身的破和立的战略目标问题，而且要搞清楚"怎样去改"，"采取什么样的步骤、选择什么样的途径去改"等有关改革过程本身的策略选择问题。后一方面的问题，十年改革中我国的理论界和经济界也进行了广泛的研究讨论。下面扼要讲三个问题。

（一）改革的经济环境问题

在改革最初几年，中国经济学者一般都同意这样一种看法：改革需要一个比较宽松的经济环境，即总供给略大于总需求的有限买方市场，以促进企业对于改革的压力感，使市场竞争机制能够发挥作用，并保证有一定的财政物资后备以支持改革。20世纪80年代初期，就是根据这种看法正确处理了经济调整与经济改革的关系，促进了经济改革和经济发展。1984年发生经济过热以来，出现了另一种看法，认为宽松的经济环境不能是改革的前提而只能是改革的结果，因为短缺是旧体制固有的特征，改革只能在供不应求的紧张状况下进行，并通过改革来消除造成短缺的体制原因。有些经济学者还指出，中国正在进入一个从低收入向中等收入转变的以结构变动为中心的新的高速成长阶段，总需求增长超过总供给增长是中国经济进入高速成长时期的内在要求；并且经济体制改革本身意味着各方面利益关系的调整，这也要求经济有一定的增长势头。所以他们反对人为地抑制投资和消费需求，认为控制总需求的政策不符合当前中国经济发展和改革的要求。

从实际情况看，中国的经济改革的确是在经济环境不那么宽松的条件下进行的。我们不能等待出现了全面稳定的宽松环境以后再着手进行改革。但另一方面，1984年发生经济过热以来，由于整顿治理经济环境的决心不大，力度不够，经济过热现象反复迭起，在经济紧张的环境下，一些重要的关键性的改革，特别是价格改革前几年就很难迈开步子。这几年的实践告诉我们，经济发展和经济改革必须相互协调，相辅而行。经济发展的剧烈波动往往会导致经济改革的挫折。一旦出现总需求总供给及其结构的严重失衡，就会使通过改革利用市场机制来优化资源配置的作用受到削弱，而通货膨胀的压力又会迫使人们采用强化行政手段来控制经济生活，使改革陷于停顿或倒退。虽然在改革的过渡时期因有旧体制惯性的影响和许多不确定因素的存在，难以指望出现全面稳定的宽松环境，但是我们不能因此而放弃为改革创造一个相对宽松的经济环境的努力。除了通过改革逐步消除导致需求膨胀的体制原因外，我们还要在经济发展战略方针方面采取有克制的增长目标和明智的政策措施，以利于控制投资和消费需求的膨胀，缩小并力争消除总需求超过总供给的局面，造成一个比较好的改革环境。这种认识和努力一旦放松（比如用强调"改革只能在紧张环境中进行"来代替"为改革创造良好的经济环境"的提法）就会有意无意地为通货膨胀政策打开方便之门。遗憾的是，几年来这扇门实际上已被悄悄打开，而且越开越大。鉴于通货膨胀问题已经成为进一步改革与建设的重大障碍，最近党的十三届三中全会重新强调治理经济环境问题，决定突出地把1989年、1990年两年工作重点放到治理环境和整顿秩序上来，并且指出这是长期要注意的问题。三中全会这一决策精神是几年来改革与发展关系的经验总结，它为我们从理论上和在实践中妥善解决改革的经济环境问题再次指明了方向。

（二）体制转换方式和双重体制问题

经济体制的改革，旧体制向新体制的转换，可以有两种方式：一种是"一揽子"方式；一种是渐进方式。对这两种方式的一般利弊，经济学者们都是熟知的。中国的经济改革由于其复杂性，没有采取"一揽子"方式而是采取了渐进方式。在改革采取逐步推进方式的情况下，新旧双重体制并存局面的出现是不可避免的。不管人们喜不喜欢，新旧两种体制并存已经是当今中国经济的实际。双重体制并存表现在体制转换时期经济生活的许多方面：企业机制、市场机制、国家管理经济的机制，无一领域能够摆脱双重体制并存的局面。渐进的改革方式和新旧体制的逐渐消长，可以避免改革中的大震动，有它积极的方面。但是两种不同体制混杂在一起，也会给经济带来一系列棘手的问题。旧的计划体制和新的市场体制谁也不能发挥有效的配置资源的作用，它们各自的缺陷反倒叠加在一起。在双重体制并存现象中，十分尖锐的是同种产品的计划内价格和计划外价格双轨并存现象。这是计划管理上的双重体制和物资流通上的双重体制的集中表现。双轨价格并存在过渡时期有着它的必然性。有些经济学者认为，双轨价格的并存和调放手段的并用，可能是中国经济体制改革中创造的一种风险性较小、兼容性较大的价格向市场化转换的特殊方式。但是，只要这种转换没有完成，以双轨制价格为代表的双重体制并存的弊病也是十分明显的。它使国家计划重点项目的物资保证受到冲击，造成生产流通和核算管理上的许多混乱，还给投机倒把、非法牟取暴利造成可乘之机，极有害于机关廉洁和社会风气，等等。由于连年出现总需求膨胀，过量的需求到处冲击，加上流通中"官倒""私倒"层层抬价，更加突出了双轨制所固有的矛盾。鉴于双重体制的矛盾和摩擦对经济和社会生活带来的种种不良后果，不少经济学者主张早日结束双重体制对峙的状态，尽快地过渡到新体制占主导地位的状态。

但是这种过渡受着许多主客观条件的制约。其中特别重要的一条，还是上面讲的宏观平衡问题。只要总需求大大超过总供给的经济失衡问题没有解决，通货膨胀性的物价上涨没有得到遏制，就难以完全摆脱双重体制并存的羁绊。否则在总供求严重失衡的情势下放开市场和价格，很可能会火上浇油，恶化通货膨胀。看来双重体制将要在不同领域持续相当长一段时间，特别是少数供给弹性较小的重要原材料，难以很快取消双轨价格，因此，必须研究如何减少它带来的混乱现象。在这个过程中，我们应当不懈地治理环境、整顿秩序，稳步地深化改革，以促进新体制尽早取代旧体制而居于主要地位。这种取代过程的长短，同经济环境的治理，同宏观环境由卖方市场向有限买方市场转化的过程是分不开的。

（三）改革道路的选择

走利益刺激之路，还是走机制转换之路？经济改革无疑要通过利益关系的调整以刺激人们的积极性，但是更重要的是进行机制的改造或制度的创新，从根本上改变按传统理论建立起来的、不符合社会主义初级阶段发展要求的、传统的生产和分配制度，建立符合社会主义商品经济发展要求的新的生产和分配制度。我国农村家庭承包经营制取代原来的人民公社体制，就具有机制转换的性质，当然这一转换过程包含着利益结构的改变，这种利益关系的改变不是在原体制不变的情况下单纯地提高农民的收入，而是从生产制度革新和机制转换入手，把农民从吃"大锅饭"的自然经济推向自负盈亏的竞争性商品经济，通过经济机制改革来实行利益分配的改革，寓利益调整于机制转换之中，这正是中国农村第一步改革成功的要害。

与农村相比，前期城市的经济改革基本上走的是利益刺激为主而不是机制转换为主的路子，即国家对地方部门、企业和个人"让利"和对各级主管部门"分权"，取代对经济机制的系统的改造。例如国有企业的改革，就在减税让利上做了不少文章，但是在经营机制和产权关系上并无根本性的变革，企业仍然不能成为自主经营、自负盈亏的独立商品生产者和经营者；在工资奖金上给职工加了不少钱，但是工资形成的机制仍无根本性的变化。总的来说偏重于利益刺激，而利益约束则不起作用，企业仍然是负盈不负亏，吃国家的"大锅饭"，职工仍然吃企业的"大锅饭"。企业同政府在分配上仍然是讨价还价的关系。这种单纯的利益启动而非机制转换的改革，是使企业行为短期化，使民收入分配急剧向个人、向地方倾斜，促成需求膨胀、结构扭曲和影响经济稳定的一个重要原因。目前，正在通过以"两权分离"和产权明晰化为主要内容的企业改革，来摸索摆脱"软预算"和"大锅饭"等弊病的出路。虽然步履维艰，但是明确了单纯的放权让利和利益刺激不能真正实现改革的目标而必须着力于机制改造——这一改革新思路的形成，则是花了代价而取得的一大进步。

（四）改革关键环节的选择

中国的经济体制改革是由两个主要方面的改革交织而成的过程，一个方面是以所有制关系或者产权关系为中心的企业机制的改革，另一个方面是以价格为中心的经济运行机制的改革。哪一个方面更为重要？在中国经济学者中间颇有争论，形成两种对立观点。一种是强调"所有制—企业"方面的改革，因为搞活企业是改革的目的，而且如果不对企业这一微观基础进行再造，那么市场机制和间接的宏观调控也难以运转。前些时候有的同志还认为，改革时期紧张的经济环境难以改变，只能暂时绕开价格改革，集中力量加快以产权制度转换为中心的企业改革。另一种观点则强调"价格—市场"方面的改革，因为如果价格是扭曲的、僵硬的，市场又是残缺的、阻滞的，企业就不可能真正成为自主经营、自负盈亏的商品生产者和经营者。看来这两种观点就其自身逻辑来看各有一定的道理，其实这两方面的改革并不是相互排斥的，它们在整个经济改革中的地位，在中共十二届三中全会关于经济体制改革的决议中已作了辩证的回答，即企业改革是经济体制改革的核心，而价格改革是整个改革成败的关键。企业产权制度的转换，要求作为外部条件的价格改革和竞争性市场的形成，而价格的理顺和放开又要求企业行为机制的相应改变。因此，这两方面的改革是整个经济改革不可分割的两个组成部分或两条主线，两者之间存在着相辅相成的关系，一个是形成市场活动的主体，一个是造成市场竞争的环境。这两方面的改革应当互相配合进行。当然在不同时期和不同情况下，这两者的侧重点又可以有所不同。比如，原定在1987年出台的以价格改革为中心的价、税、财、金配套改革方案之所以缓行，而从1986年第四季度起实践中开始突出企业机制方面的改革，这并非是理论风向改变的结果，而是因为1986年下半年总需求再度膨胀，宏观经济失衡的客观情势逼迫我们不得不这样做，当然这也是为今后转向间接的宏观调控准备一个适宜的微观基础所需要的。但是不能不看到，企业机制改革，如果没有经济环境的改善和以价格改革为中心的经济运行机制改革的相应配合，前者是难以真正深化下去并获得最终的成功的。

不久以前，由于物价问题突出，又重新提出加快价格改革的任务。改革到了目前的深入阶段，物价改革的确是再也不能绕开走的问题了。不理顺价格就谈不上真正确立新经济体制的基础，但是物价改革本身难度就很大，加上通货膨胀的存在，问题就更复杂。因为物价改革本身就要带动价格总水平的一定上涨；如果目前通货膨胀性的物价上涨不加遏止，两者互相激荡，将会给经济生活带来极大的压力和不安。基于对经济形式的这一正确判断，中央最近决定首先要坚决抑制通货膨胀，并放小1989年价格改革的步子，在多方面的综合改革中，再次强调要特别注意深化企业改革。由此可见，改革决策中的重点转换，往往与经济环境的变化和经济形势的判断息息相关。把握了这一点，我们就可以比较客观地考察与处理价格改革与企业改革的关系，有秩序地推进相互配套的全面改革。

我们在前面先是论述了中国经济改革的一些基本理论问题，接着又阐述了有关改革过程本身的策略选择问题。从改革理论的发展时序上看，改革的基本理论问题从改革伊始就引起了理论界的注意，而有关改革进程本身的策略性问题的争论，则大约是在1984年以后展开的。这说明近几年经济改革理论研究进入到一个较深的层次，人们不只关心改革什么和改革的目标模式问题，而且更加有意识地注意研究"怎样改革"才能较好地实现改革目标的问题。由于对改革过程本身的认识更加深化，反过来又推动改革的基础理论研究进一步升华，对社会主义的再认识更加科学化和现代化了，这对于经济改革的进一步深化无疑具有重要意义。

除了上述的探索和争论之外，中国经济理论界还对经济改革与对外开放的关系，经济体制改革与政治体制改革的关系，经济观念转换与社会文化意识转换的关系等问题进行了认真的研究，其所包含的内容极其丰富，因为时间所限，这里就不多说了。

三、改革中的经济理论研究（几点经验）

上面我们对改革十年来经济理论的发展作了一个概括的回顾。改革理论是经济研究工作的结果，改革理论的发展同经济理论研究工作的发展是分不开的。下面讲讲我个人对于十年来经济理论研究工作的若干基本经验的体会。

（一）坚持马克思主义，最根本的是发展马克思主义

回顾十年来经济改革理论的发展，可以看出中国经济理论界对于社会主义和马克思主义理论的认识发生了很大的变化，可以说，改革以来，我们对先前的理论观念进行了反思，并给予重新检验，使之适应我国社会主义现代化建设的需要。没有这一点，就不可能有十年改革理论和改革实践的许多创新。对于中国经济理论的创新，一些国内外人士在评论时，往往认为我们是在悄悄地放弃马克思主义，或者事实上已经不再坚持马克思主义了。这是一个很大的误解。

中国的经济改革及其理论发展，是在党的十一届三中全会"解放思想、实事求是"的马克思主义思想路线指引下进行的，是马克思主义与我国实践相结合在新的历史时期的一个重要体现。中国经济改革理论的发展，实质上就是马克思主义经济理论在中国的发展。马克思主义是在实践中随着时代前进而不断发展的科学。正如党的十三大报告中所指出的，在发展马克思主义的过程中，必然要抛弃前人囿于历史条件仍然带有空想因素的个别论断，必然要破除对马克思主义的教条式理解和附加到马克思主义名下的错误观点。十年来我们在经济改革理论研究方面正是这样走过来的。我们抛弃了非商品经济的社会主义观，树立了社会主义的商品经济观。在所有制问题上破除了"越大、越公、越纯、越统"越好的观念，在经济运行问题上破除了计划调节与市场调节互相排斥决然对立的观念，在收入分配问题上破除了把平均主义附加于社会主义和非劳动收入不能存在于社会主义的观念，等等。但是与此同时，我们坚持了公有制、按劳分配为主体等这样一些社会主义经济的基本特征，我们坚持了社会主义商品经济的发展要有计划指导；同时，对于计划的概念也进行了革新；等等。所有这一切理论观念的革新，都是经受了并且继续经

受着实践标准和生产力标准的检验。"实践是检验真理的唯一标准","社会主义社会的根本任务是发展生产力"——这本来就是马克思主义的基本原理。我们把它们同当代中国实际密切地结合起来,对它们进行了发挥,用它们作为检验一切理论观点方针政策是否正确的标准。这就使这两个基本原理的内容更加丰满,更有生命力了。应该说,这本身也是马克思主义的发展。

十年来我国经济改革理论研究的一条基本经验就是,只有发展马克思主义,才能坚持马克思主义。如果我们固守陈腐观念,不敢触动那些不再符合时代精神的论断,不敢提出符合时代任务的新的命题,那就会使我们的经济理论观点继续陷于僵化,最终被实践、被群众所抛弃,从而败坏马克思主义的名誉。当然,发展马克思主义经济理论不是一件一劳永逸的事情,必须随着时代的前进和社会经济情况的发展变化进行不断深入细致的探索研究,回答实践和人们提出来的问题。也只有这样,才能解除人们对经济改革理论研究方向的疑虑,同时防止一切把我们的改革理论引向邪路的尝试。

（二）发展马克思主义，必须理论联系实际，面向实际

中国经济学界在党的理论联系实际学风的教育熏陶下,本来就有面向实际、研究革命与建设实践中提出的重大问题的传统。新中国成立以来,我国经济学者对土地改革、三大改造、速度比例、价格形成、财经体制等问题,结合实际进行了广泛的研讨,做出了不少成绩。但是应当看到,由于外来经济学教条主义的影响,特别是由于1956年社会主义改造完成后"左"倾路线的长期统治,再加上新一代经济理论队伍自身锻炼不足的弱点,在经济学研究中"唯实"之风下降,"唯书""唯上"之风上升,经济论著充满引经据典,大多成为诠释经典著作、解释现行政策的工具,这是导致我国改革前经济理论研究陷于僵化的

一个重要原因。

中共十一届三中全会"解放思想，实事求是"的思想路线，给中国经济学者吹来阵阵东风，经济学研究工作逐渐摆脱教条主义的束缚，重新面向实际，深入实际探索改革和开放实践中提出的新问题，写出了大量可喜的成果，在理论宣传和对策研究上对推动改革开放和解决社会主义现代化建设中许多重要问题，做出了贡献。这十年来，改革理论转化为改革政策，改革政策转化为改革实践，而改革实践又反转来推动着改革理论的深化和发展，这已是一个基本事实。这期间，党的历次重要会议，一方面是对包括经济理论工作者在内的全国人民起了指导和鼓舞作用；另一方面又是全党全国人民智慧的集中和总结，其中包括经济理论工作者的辛勤劳动成果在内。我们可以看到，经济理论界提出的一些主要的改革理论观念，在党的文件中都有反映，有的还提到了对马克思主义的重大发展的高度。的确，无论是从量上来看还是从质上来看，这十年都是新中国成立以来我国马克思主义经济学研究空前繁荣时期。而如果离开了解放思想、实事求是的原则，离开了面向实际这一根本前提，中国经济科学的空前发展和空前繁荣就是不可思议的。

当然，由于改革时期，实践的发展异常之快，新问题、新经验层出不穷，经济理论研究也出现了跟不上形势，落后于实践的情况。经济改革和经济发展对经济理论研究提出许多问题，往往没有能够得到及时的解答。无论在所有制关系上，在经济运行机制上，在收入分配的改革目标上，以及在怎样改革或改革策略的选择上，都有许多理论问题需要解决，特别是当前改革进入关键的深化阶段，我们要着手解决诸如物价改革、工资改革、企业改革等这样一类难题，更离不开经济理论工作者和实际工作者的共同努力。

经济理论研究为改革和建设的实践服务，面临着两个方面的任务：一方面要为党政决策当局提出科学的对策咨询意见；一方面要向各方人士和群众进行理论宣传工作。对策研究是要从理论上解决经济改革和发展中提出的实际政策问题，而理论宣传的目的则是帮助人们理解经济生活中的问题和规律，提高心理上的承受能力，更加有信心地支持改革和开放。看来这几年的经济研究工作，相对地说，对策研究比较得到重视，这是一个好的现象；但是理论宣传似显不足，有待加强。除了面对当前实际的对策研究和理论宣传之外，经济理论界还有一个十分重要的任务，就是要对马克思主义经济学的基础理论进行系统的研究，其中也包括对象方法、范畴概念、学科体系等问题的研究。这是一项经济学的基本建设工作，它也应当紧密结合当代实际，紧密结合对策研究和理论宣传中碰到的理论问题来进行研究，并给后者以理论指导。应该说，现在我们对于经济基础理论的研究，也是注意不够的，亟须大力加强。否则，忽视了这方面的基础建设，往后的经济学研究，就有出现后劲乏力的可能。

（三）提倡百家争鸣，多流派发展

百家争鸣的方针，在1956年就提出来了，但是随后很快就被各种政治运动所埋葬。百家变成了只有马列主义—修正主义（或者社会主义—资本主义）两家；争鸣变成了一面倒的批判。这种情况一直延续到中共十一届三中全会。在此以前，同整个中国思想界所处的困境一样，经济理论领域到处是禁区，经济学者只能按一个模式思维，没有条件自由探索，不敢去触碰禁区，更不用说发展马克思主义了。当时，发展马克思主义又只能是政治领袖人物的事情，经济学者们只能跟着去体会和阐发，如果提出什么创新的见解，就会像马寅初、孙冶方等人那样受到围攻乃至带来不测之祸。这是过去我国经济理论的路子越走越窄，陷入死胡同的又一个重要原因。

中共十一届三中全会吹响了解放思想的号角，唤醒了包括经济理论界在内的中国知识界。越来越多的经济学者开始从陈旧的思想条框中摆脱出来，独立思考，突破一个一个理论禁区，提出一个一个新论点和新思路，经济理论研究领域也出现了百花争艳的局面。但是同时应该看到，由于"左"倾错误的长期统治，不断的政治运动和思想批判在人们头脑里留下的阴影未尽消除，人们对是否"又来一次"尤有余悸，所以我们必须精心保护得来不易的学术自由局面，坚持百家争鸣的方针，避免对学术理论问题的行政干预。经济理论问题的是非，应该由经济学者之间平等的讨论去解决，最后通过实践来检验，不必匆忙去作结论。这些年来，关于指令性计划的争论，关于资金、劳动力、土地等生产要素能否形成市场的争论，关于租赁制、股份制等是姓社还是姓资的争论，关于改革环境问题的讨论等，都是用这种方法解决的，因而能得到较好的结果或者得到正常的推进。应该相信我们绝大多数经济学者是拥护党的十一届三中全会以来的路线的，是坚持马克思主义和赞成改革、开放的；固守僵化观念的人和否定马克思主义的人，都是极少数。像一切科学研究一样，经济理论研究工作难免犯错误，要允许犯错误，允许改正错误。因此，我们不要轻易地把在经济改革理论探讨中讲了点过头话的，说成是搞资产阶级自由化，也不要随便把思想一时跟不上改革步伐的，说成是保守或僵化。这样做有利于团结一切愿意为我国社会主义现代化事业贡献力量的经济学界同仁，把我国的经济理论研究搞得更为兴旺发达。

为了使我们的经济科学进一步繁荣昌盛，应该鼓励多流派的发展。不但马克思主义经济学界内部可以有不同的流派进行争论，而且马克思主义经济学者也不怕同非马克思主义学者进行争论。这种争论有助于锻炼马克思主义的经济学者，丰富马克思主义的经济学说。目前，理论观点的多样性和差异性虽然已经出现，但是在报刊文章中表现得还不够充分。现在仍然有时存在"赶风"现象，即在同一时间出现同一问题的众多文章，不同的人写出来的文章在立论前提、所用论据、论证方法和所得结论上，往往不免于雷同。这种现象应当改进。可喜的是，近几年来，同一问题多观点、多思路并存互争的格局也在发展。最近关于中期改革规划的讨论，形成几种不同的改革思路和方案，反映了不同的理论观点。这种做法，不但有助于制订比较科学、比较成熟的改革方案，而且大大活跃了学术氛围，有利于促进经济学理论的多样化、多流派的发展。

（四）有分析地吸收外来经济学，是发展我国经济理论的一个重要条件

如何对待外国的经济理论，包括东方的、西方的经济学说，对于我国经济学的发展，是一个很重要的问题。马克思主义从来就是开放的科学，是吸收古今各国人类智慧的结晶。对于中国来说，马克思主义本身就是外来的，中国的马克思主义经济理论是外来的马克思主义同中国经济实际相结合的产物。但是新中国成立以来，我们在对待外来经济学方面，走过一条曲折的道路。有一个时期，曾经自觉不自觉地有这样一种认识，似乎社会主义经济学研究只能运用和发挥马克思、恩格斯、列宁、斯大林关于社会主义的论述。而西方经济学是资产阶级的东西，1830年以后西方资产阶级经济学似乎毫无例外地属于"庸俗经济学"，所以只能作为学科知识在大学经济学系的课堂里讲授介绍，或者当作批判的对象或批判材料。至于苏联东欧等国的"东方经济学"，特别是苏联20世纪50年代中期以前受斯大林思想强烈影响的经济理论，我们起初是全盘引进，而对于后来苏联东欧各国陆续出现的改革理论，则被视为"现代修正主义"，予以全盘否定。结果我国研究社会主义经济的学者的眼光，只是放在《资本论》有关章

节、《哥达纲领批判》《反杜林论》《论合作制》，以及《苏联社会主义经济问题》等经典著作上，从中寻章摘句，进行无休止的争论，或者论证领袖语录，奉之为发展的"顶峰"。这样就不能不把经济学研究推到象牙之塔里去。

改革以来，经济理论界改变了这种故步自封的状况。为了有效地进行改革，我们不仅要总结自己的经验，还要参考吸收别人的经验。对外开放政策打开了我们的眼界，为吸收外来经验创造了条件。我们发现，不仅我们的技术管理水平是落后的，我们的经济学研究也是落后的。由于东欧某些国家的经济改革的起步时间比我们早，他们在改革中碰到的问题也与我们类似，所以起初比较多地引进东欧改革理论家的著作，介绍他们的改革思想。后来，在我们明确了改革的方向是商品经济之后，逐渐地更多注意从有长期市场经济背景的西方经济学那里吸取组织和管理发达的商品经济的经验，以及相应的经济思想。很显然，没有理论上的对外开放、引进和吸收，我们经济研究中的创新就会受到很大的限制，改革理论的进展就会比我们实际达到的缓慢得多。

毫无疑问，引进吸收不是照抄照搬。我们既不应照抄照搬马恩列斯的经典著作，也不应照抄照搬东方西方学者的论著，而是要有分析地吸收，创造性地利用。吸收和利用的目的，就是建立和发展中国自己的马克思主义经济学，建设有中国特色的社会主义。有一部分好心人士担心，另有少数人则指望，中国现在大量引进吸收西方的经济思想和西方的管理经验，就是要放弃社会主义，走资本主义道路。其实，我们要吸收引进的，只是那些适合于发展社会化生产和商品经济的东西，这些并不是资本主义的专利，而是社会主义与资本主义都可以用的东西，因为社会主义经济与资本主义经济都是具有社会化生产和商品经济属性的经济。至于专属于资本主义的腐朽的不合理的东西，则是我们在改革和发展中要努力避免和摒弃的。还有少数幼稚的人，不问国情，胡乱套用西方经济理论，如将凯恩斯针对西方有效需求不足而提出的赤字财政、信贷膨胀等主张，用于有效需求经常过多的中国，提出什么赤字财政无害论，通货膨胀有益论，岂不南辕北辙。总之，在经济学研究中，如同在其他领域一样，我们要的是"为我所用"的"拿来主义"，而绝不是"跟人家走"的"拿来主义"。

（五）研究方法的实证化、数量分析、比较研究的发展

同改革以前相比，十年来的经济学在研究方法上也有明显的进步。

一是从过去的以规范方法为主，转向越来越注意实证方法。过去在采用规范方法为主的时候，经济学者们的注意力集中在"社会主义经济应该怎样"，从给定的前提中逻辑地推演出结论。现在经济学者在设计改革的方案时，当然也不能不关心"社会主义应当怎样"的规范，但是他首先要分析清楚"社会主义经济是什么"，对客观存在的事实及其内在联系给予实事求是的描述和说明，没有这种分析就不可能对面临的问题有明晰的概念并提出可行的方案。这就推动了实证方法在经济研究中日益广泛的运用。经济学中的规范方法往往着眼于社会主义经济的内部和谐，把社会主义制度优越性的可能性等同于现实性。而实证方法通常持批判态度，更多地注意发现矛盾和弊病，以寻找治病的方法。这样，经济学研究就更加客观化，具有更多的科学性。马克思曾经说，"只有抛开互相矛盾的教条，而去观察构成这些教条的隐蔽背景的各种矛盾的事实和实际的对抗，才能把政治经济学变成一种实证科学"[1]。现在，我国的社会主义经济学正在向实证科学的方向发展，把实证方法和规范方法更好地结合起来。

---

[1] 《马克思恩格斯〈资本论〉书信集》，人民出版社1979年版，第285页。

二是从过去片面着重质的分析，逐渐转为同时注意数量分析。经济现象和过程是质和量的统一，实证方法必然要求质与量两个方面的分析。所以，以往那种偏重本质规定的逻辑演绎方法不够了，必然要更多运用偏重数量变动的统计归纳方法。经济学的规律不只是逻辑规律而很多是统计规律，它在很大程度上表现为数量关系的变动，因此，正确的经济学结论必须是对经济数量关系的准确概括。离开了数量分析，经济学就有可能成为经济哲学。当然经济学的数量分析也离不开质的分析。离开了定性分析也会使经济研究迷失方向。近十年的经济学研究中，无论是论述发展还是论述改革，作者的数量意识在明显加强，许多同志对统计分析、坐标描述、模型解释等已非常熟悉，这表明我们在经济学研究方法的一个重要方面有了一个较大的进步。

三是比较方法的广泛运用。改革前不是没有运用过这种方法，比如社会主义与资本主义的比较，解放前与解放后的比较，等等，但是这些比较研究往往服从于规范研究和定性研究的需要，因而有较大的局限性和片面性。现在，结合实证化和数量分析的发展，比较的方法在经济研究中得到更加全面广泛、更加细微深入的运用，过去的局限性和片面性有所克服。几年来，在经济发展、经济结构、经济体制、经济管理等领域，各种横向的和纵向的比较研究，都在开始逐步展开。比较分析的运用和推广，提高了人们对经济问题认识的全面性，大大拓宽了人们考虑问题的思路，是经济研究方法的又一进步。

上述三个研究方法，并没有超出马克思主义辩证唯物法的范围，不过是后者在经济研究方法上的体现和具体化。它们也不能替代马克思主义经济学的传统方法：抽象方法、逻辑与历史相统一的方法等，但是传统方法也要现代化，并结合现代方法来运用，才能发挥更大的效用。

还要看到，我们的经济研究方法和手段仍有落后的一面。这就是从资料搜集到计算分析到论著写作，基本上还是手工操作，很少利用电脑等现代工具。而且还有些同志对上述三个方法也还认识不足。这是需要注意改进的。

在社会主义经济理论获得重大发展的同时，我们的经济理论队伍也在不断地壮大。十年来，在老一辈经济学家的带动和提携下，我们有相当数量成熟的经济理论工作者正在不同的岗位上发挥骨干作用，又有成批成批的后起之秀不断涌现，并开始结出可喜的硕果。新一代经济学人基本上保持了前辈追求真理、严谨治学的优良传统，但也存在着一些问题。主要是马克思主义修养和现代化知识结构不够完善，治学不够严谨，有的学风不够淳朴，这些都需要注意改进。当然老一代学人更要注意更新知识，以适应时代对经济理论工作者提出的要求。总之，从中国改革和发展的大业考虑，从建设中国经济科学的大业考虑，我们都必须造就一支包括大批新生力量的、富有创造精神的马克思主义经济理论队伍，并提高经济理论工作者的使命感和社会责任感。如果做到了这些，在经济改革和经济建设实践的推动下，我们必将迎来经济科学的更大繁荣。

改革是社会主义制度实践
形式的再选择*

（1988年10月13日）

十年改革在理论上最根本的成就，就是我们一步步结束传统的非商品经济的社会主义观，确立了社会主义商品经济观，确认中国今天还是生产力发展比较低，商品经济很不发达的社会主义初级阶段。要大力发展商品经济，借以迅速提高我们的社会生产力。对社会主义再认识，首先是两论：社会主义商品经济论和社会主义初级阶段论。这两论是对于中国经济改革理论的两块基石。[①]

20世纪70年代以来的改革，实质上是对社会主义制度实践形式的再选择

我国20世纪70年代的改革，实质上是社会主义制度实践形式的再选择的开始，以新的社会主义经济模式来代替旧体制。经济体制改革理论从一开始就碰到对社会主义再认识问题。1949年之后，我们按照传统理解，在中国这块土地上建设社会主义经济体制。对社会主义传统理解有三个来源：一是马克思经典作家对未来社会主义构想；二是第一个社会主义国家苏联20世纪30年代到

---

* 原载《社会科学报》。

50年代所形成的模式；三是我国革命战争时期军事共产主义的供给制。概括来说，我们对传统的社会主义认识，把社会主义经济看成本质上不是商品经济，而是建立在高度社会化生产基础上的产品经济。

十年改革开放，出现了持续增长的好势头。这十年是新中国成立以来实力增长最快的十年。目前物价上涨幅度过大，收入分配不公，社会风气不好，也是前进中的一个问题，这是社会主义商品经济新秩序还未很好建立情况下难免出现的问题，必须通过进一步深化改革，加以解决。

进一步深化改革要注意的问题

在进一步深化改革中，要注意以下四个问题：

（一）经济改革的环境问题

通货膨胀严重困扰着我国经济发展和经济改革。不能否认，这几年物价持续上涨，基本上是通货膨胀性的上涨。改革需要较宽松的环境，总供给略大于总需求，促进企业竞争，并保证有一定的财政物资后备。几年来的实践告诉我们，经济发展，经济改革必须相辅而行，经济发展的剧烈波动，往往会导致经济改革的缺损，一旦总供给、总需求严重失衡，就会使通过改革利用市场机制优化资源配置的作用受到影响。现在改革过渡时期，旧体制还未退出历史舞台，旧体制的惯性和影响还很大，又由于改革中有许多不确定因素，政策不够稳定，如果指望出现较稳定全面完善的环境是不现实的。但要积极为改革创造相对宽松的经济环境而努力。

（二）体制转化方式和双轨制摩擦的问题

渐进的改革方式和新体制、旧体制的逐渐消长，可以避免改革震动，有其积极方面，但不同体制混杂在一起，也给经济运行和经济生活带来一系列棘手的问题，旧的计划体制和新的市场机制混在一起，谁也不能发挥有效配置资源的作用。双重体制矛盾和摩擦，给经济和社会生活带来种种严重不良的后果。所以，越来越多的同志主张早日结束双重体制对峙的局面，尽快过渡到新体制占主导地位。但这种过渡受到许多主客观条件的制约，因为这是整个改革体制转换的过程，很重要的一条是宏观平衡问题，总需求超过总供给，经济失衡问题未解决，难以完全摆脱双重体制并存。双重体制并存，在不同领域内还要持续一段时期。

（三）走利益刺激之路，还是走机制转换之路的问题

前一时期城市经济改革，较多地偏重于利益刺激，没有注意机制转换，以至于花了不少力气，花了不少钱，相当多企业的"大锅饭"、铁饭碗仍未被打破。经济改革无疑要通过利益关系的调整以激励人们的积极性，但更重要的是进行机制的转换或制度的创新，从根本上改变传统理论建立起来的、不符合社会主义初级阶段要求的、传统的生产和分配制度。寓利益调整于机制转换之中，这正是中国农村第一步改革成功的要诀。

（四）是以企业机制改革为主，还是以价格改革为主的问题

中国的经济体制改革，是由两个改革交织而成的过程，一个以所有制关系或产权关系为中心的企业机制改革，另一个以价格改革为中心的经济运行机制改革，两者中哪个更重要，形成两种对立的观点。两者都是整个经济改革中不可分割的组成部分，相辅相成，相互配合进行。不同时期，不同情况，各有侧重。

建立怎样的社会主义商品经济新秩序

在谈到应该建立一个什么样的社会主义商品经济新秩序时刘国光说，它应当是符合社会主义经济理论，符合于有指导的市场经济机制和要求的这样一个秩序，所以它建立的前提，首先要改变旧的自然经济、产品经济体制。建立社会主义商品新秩序的前提是经济机制的转换。还要以规范、准则和规则来约束人们的经济行为。它们有成文的，也有不成文的。成文的主要是指法律、法规、章程；不成文的指道德标准、习惯、观念等，实际上是指整个文化背景的改造。法律、法规的制定，可以借鉴市场经济发达国家的情况，结合我国国情加以筛选、改造。至于整个文化队伍改造，新道德、新价值观念的形成，则是个更为复杂的问题，非一朝一夕即可成功的，需要我们进行长期的努力。

社会主义商品经济新秩序首先要符合社会主义商品经济的一般原则，即等价交换，公平竞争，要符合社会主义商品经济运行机制的原则，即国家调节市场，市场引导企业这样一个总原则。并提出了如下八条基本要求：

（一）官办经济民营化

官办的改为民营经济，民营经济不等于私有经济，可以是私有经济，也可以是公有经济，也可能是混合所有制经济。不是官办的，和行政机构完全脱离的，实行政企分开的；不是按照上级行政命令行事，而是以市场供求变化为导向；不是依靠行政权力来支持，而是依靠经济效率来取得生存和发展机会的。

（二）垄断经济竞争化

即使真正商品经济的民营经济，随着经济的发展，也会产生垄断，这是经济规律。因而，不仅要反对官办企业和一些假的民营企业的行政垄断，也要防止民营企业的市场垄断，及时制定反垄断保护公平竞争的法律。

（三）卖方市场买方化

卖方市场供不应求，使买方低声下气，要听卖方的话，看卖方的眼色。消费者没有任何选择的市场。只有使总供给略大于总需求，卖方才会实行竞争，改善经营管理、服务态度。

（四）生产要素配置商品化

资金、技术、信息、物资、房地产等这些要素，过去都未把它们当作生产要素看待，现在是否把它们当作商品还有不同程度的争论。不管其是否为商品，我们可以当作商品来经营。生产要素配置只有商品化，自由流通、自由组合，为此方能达到资源优化配置，优化组合。要打破一切妨碍商品流通的障碍，特别是分割封锁等造成的障碍，要从体制上、立法上扫除妨碍商品、物资、资金、劳动力自由流通的障碍，以促成全国统一市场的逐步形成。

（五）一切交易活动货币化、票据化

为创造平等竞争环境，保障国家财政税收，实行交易活动的货币化、票据化十分必要。现在不少借横向联系之名，进行物物交易、物资串换，多利双边优惠的贸易等。实际上为偷税漏税大开方便之门，并不利于平等竞争。

（六）个人收入透明化

分配收入不透明，一方面造成分配不公平，另一方面也掩盖了许多非法行为和腐败现象。

（七）一切官员收入、财产公开化

党政机关人人要廉洁的口号已经提出来了。实现这点的方法之一就是官员收入、财产要公开。对官员生活享受与其收入不相称者要受到检举。

（八）双轨制、多轨制单轨化

要逐步通过调整、放开的方法，过渡到单轨制。在双重体制或多种准则的条件下，不可能有公平竞争，不可能有正常的市场秩序和工作秩序。当前许多混乱现象却与双重体制矛盾存在摩擦有关，如不解决，建立社会主义商品经济新秩序就无从谈起。

发挥利率对经济的宏观调节作用*

（1988年10月19日）

总的来说，目前我国银行利率仍然偏低。1987年后虽经3次调高，但仍低于1953年全国统一利率时8.3%的贷款平均利率，为1949年的1/23。利率未随物价指数提高，甚至下降形成负利率。1988年8月的资料表明，银行工商贷款利率一般在年息7.2%左右，再加上二十几种近30个项目的优惠利率，造成无价或低价信贷配给。因此，廉价的资金供给减轻了贷款人的债务负担，支撑着效益差的企业继续发展。由于银行利息净支出占企业成本的比重仅为2%~3%，就刺激着企业资金需求的膨胀，不仅资金使用效益低，甚至有些企业利用负利率贷款囤积生产资料坐地享利或转手牟利。要压缩社会总需求、抑制明显的通货膨胀，必须把利率提高到超过物价上涨率的2%或3%，形成正利率。这样，转机就会显现出来。

当前，提高利率的好处很多。存款利率提高，居民储蓄意识增强，有助于缓解提款抢购对消费品市场形成的需求压力，从而抑制消费热，促进消费品市场商品供需总量的平衡。贷款利率的提高，固然增加了企业的生产成本，但由于利率具有成本和杠杆的两重性，在生产成本提高的同时，经济效益高的企业会更加注重进一步合理使用资金，提高资金的经济效益。低效或无效的亏损企业将会感受到实实在在的压力，从而达到压缩低效或无效的

---

* 原载《人民日报》。

投资和生产的目的。需要保证发展的企业和产业，可能会由于利息负担太重而得不到发展的这种担心，其实是不必要的。我们可以用财政贴息或差别利率等手段支持这些企业和产业的发展。

特别重要的是，利率提高后为实现治理经济环境创造了优化产业结构、技术结构、企业规模结构的机遇，把不合理的经济结构逐步改造为合理的结构。通过联合的方式、兼并的方法来优化经济结构，推动破产法的施行。淘汰落后、亏损的企业，对调整下来的职工，实行赈济，或者重新进行教育、培训，这还可以促进社会福利保障制度的加快建立。低效、无效的企业如不削减，继续开工，能源、材料、资金的浪费更大。社会福利保障制度的建立，将使我们能够增强对社会经济波动的应变能力，有助于改革的进一步深化。

整顿经济秩序要实行"八化"*

——《瞭望》周刊记者专访
（1988年10月24日）

记者： 党的十三届三中全会决定把明后两年改革和建设的重点放到治理经济环境和整顿经济秩序上来。中央为什么下这么大的决心抓这项工作，以及做好这项工作对实现中国经济改革的宏伟目标有何关系，有许多同志还不太理解。

刘国光： 三中全会这一精神是几年来改革与发展关系的经验总结。这几年的实践告诉我们，经济发展和经济改革必须相互协调，相辅而行。也就是说，改革和发展必须有一个比较宽松的环境才能顺利进行。宏观环境紧张，经济发展剧烈波动往往会导致经济改革的挫折。从当前实际情况看，我国的经济改革是在经济环境不那么宽松的条件下进行的，我们不可能等待出现了全面稳定的宽松环境以后再着手进行改革；但另一方面，1984年发生经济过热以来，由于整治经济环境的决心不大，力度不够，经济过热现象反复迭起。现在通货膨胀已经发展到阻碍进一步改革和建设的地步，如果还不引起我们的高度重视，继续拖延下去，将会给我们今后的改革和建设带来不利的影响。我认为，正是基于这个原因，中央才及时作出治理经济环境和整顿经济秩序的重要决定。

当然，在改革的过渡时期因有旧体制慢性的影响和许多不确

---

* 本文系记者董瑞生、方立新专访，原载《瞭望》周刊1988年第43期。

定因素的存在，难以指望出现全面稳定的宽松环境，但是我们不能因此而放弃为改革创造一个相对宽松的经济环境的努力。再也不能掉以轻心，必须认真对待。

记者： 你认为当前整顿经济秩序、迫切需要解决的是什么？

刘国光： 整顿秩序的目标是要建立一个与发展社会主义商品经济相适应的新秩序。经济秩序意味着要有一套用以约束人们经济行为和人际经济关系的规范与规则，这种规范与规则既包括成文的，如法律、法规等；也包括不成文的，如人们的观念、道德、习惯等，而我们现在还缺少这些东西。法规、规范可以借鉴市场经济国家的经验，但要适用于我国的国情，不能直接照搬，需要探索；观念、道德、习惯又涉及我们文化背景的改造问题，这是一个更为复杂的过程。因此要积极稳妥地推进。

当前我们整顿经济秩序的基本准则要从新的经济机制的目标模式中引申出来。我们改革的总目标是建立社会主义的有计划的商品经济，具体目标有两条，一是所有制的目标，一是经济运行的目标。所有制改革的目标是建立以公有制为主体的混合所有制，不论宏观所有制结构还是微观所有制构造都是如此，公有制实行两权分开；经济运行改革的目标就是国家调控市场，市场引导企业，包括企业行为、市场机制和宏观管理三个方面，而以市场机制为枢纽。

记者： 既然迫切需要解决的是准则问题，依照你的理解，当前具体应抓好哪些工作？

刘国光： 我认为当前最紧要的是解决以下八个方面的问题，或者说是要实行"八化"。

第一是官办经济要民营化。官办经济也就是指令导向、靠行政权力来维护与支撑的经济，典型的政企不分；民营经济是指不靠指令导向，也不是靠行政权力来支持的经济，它并不等于私营经济，而是市场导向，按照市场规则，依靠经营效益来生存和发展的经济。我国的经济必须从指令导向权力支持转变为市场导向效率支持。

第二是垄断经营要竞争化。现在不仅官办经济的垄断要反对，而且对于民营经济对市场的垄断也要反对。现在有些民营企业背后也是官办的，它们凭借种种后台与关系来垄断商品和物资，从事倒买倒卖活动。世界上许多国家制定了反垄断法，用以保护公平竞争，这是很重要的。对于有些自然垄断的行业，如铁路，也要民营化，加以改革。

第三是卖方市场要买方化。我们要贯彻消费者主权的原则。卖方市场是供不应求的市场，是卖方决定一切的市场，也就是没有卖方竞争的市场。在这样的市场下，卖方颐指气使，买方忍气吞声。卖方市场势必造成垄断，新秩序就要在有限的买方市场的前提下建立起消费者的权力。因此我们的目标应该是总供给略大于总需求，这样才能迫使企业改进管理、经营和服务，才能造成企业之间真正的竞争，才能真正提高效率。我们一定要向这个方向努力。

第四是生产要素配置要商品化。包括生产资料、资金、技术、劳动力在内的各种生产要素，都必须作为商品自由流动。要破除各种形式的条块分割，制止乱设关卡、路障，根除所有阻碍生产要素自由流动的土政策。总之，要扫除一切阻碍商品流通的东西，促进全国统一市场的形成。

第五是交易活动要货币化。现在在有些地方借横向联合的名义进行的物物交易、物资串换、各种双边优惠贸易等在发展起来。这种做法对于商品经济来说是不能容许的，如市场经济发达的国家是严格禁止搞这种交易的。因为物物交换实际上为偷税漏税大开方便之门，不利于平等竞争，也不利于交易双方以外的第三者参与竞争。因此，一切交易活动都要实行明码价格，都应该货币化、票据化、契约化，优惠条件也必须在契约上写明，以保护国家税收，不得以各种曲折形式落入私人的腰包。

第六是个人收入要透明化。现在收入分配的不公平在很大程度上是从收入的不透明来的，而个人收入的不透明是一个很大的问题。一是各机关单位企业发奖金、实物往往是不透明的，贫富不均被掩盖起来；二是干部享受的许多实物待遇没有货币化，住房、特供商品等非货币形式的特殊待遇未计算在个人收入之内；三是商品交易中回扣、抽头、好处费等种种不法收入落入个人腰包。因此，当前迫切需要建立票据制度、公证制度，完善会计制度，这样可以堵塞一些漏洞。个人收入的透明化可以堵住一些不正之风。

第七是官员财产要公开化。党政机关要廉洁，但怎么才能做到真正的廉洁？必须实行一些有效的制度来加以保证。公务人员、官吏的收入与财产都必须与其地位相符合，如果超出其正常待遇，应该检举调查。香港廉政公署就是这样做的，在反贪腐中起到了很好的作用；美国总统、各州州长竞选时都要公布财产，这也是为了廉政的需要。我们现在一些干部官不大，工资收入就那么多，但他们的物质享受、吃饭、住房、高档消费品等与其地位不相称。因此不仅官员的收入要申报，财产也要申报，来源都必须讲清楚，讲不清的要调查。

第八是双轨制要逐步走向单轨化。秩序意味着统一的规则，不能有多重规则，否则就要乱套，就不叫秩序。因此双重价格必须单一化。单轨制不是要回到旧的轨道，而是要统一到有控制的市场化的轨道上来，以市场规则为新秩序的准则。单轨化是建立起秩序的一个重要条件。当然经济机制的转轨、法规的制定，文化背景的改造都很重要，但当前最迫切的就是要变双轨为单轨。但在我国市场体系还没有真正形成的今天，一下把双轨变为单轨，这也不现实，需要有个过程。

记者：看来，实行这"八化"非常重要。这是社会主义商品

刘国光

经济论著全集

第 7 卷

经济新秩序的要求，是为改革和发展创造必不可少的良好环境所必需的。你认为真正实现这"八化"的可能性有多大？

刘国光：中央准备用五年时间来过好价格与工资改革的难关，关键要抓好配套改革。如果配套改革能按预期的计划完成好，通货膨胀能够得到治理，价格改革的步子比较稳妥可行，特别是双轨价格配用可以逐步缩小。这样就能够加快新经济秩序形成的过程。"八化"的实现是与这个过程密不可分的。我相信经过大家的研究探讨，认真的探索，终究会制定出正确、完整而又切实可行的治理经济环境、整顿经济秩序的办法，而新的经济机制与秩序也会逐步建立起来。

宣传好十三大理论是理论
新闻工作的共同任务*

（1988年12月）

改革开放从十一届三中全会以来，正好是十年了。最近召开的纪念十一届三中全会十周年理论讨论会上，赵紫阳对理论界提出一个任务，也是理论、新闻工作的共同任务，即要用十三大的理论进一步武装我们全党和全国的人民，实现十三大的任务。十三大提出社会主义初级阶段理论，对中国的情况认识得还不深，所以这一年来我们结合初级阶段理论的研讨，开展了国情研究，应付当代世界各方面的挑战，更深刻地认识我们初级阶段的任务、基本的特征，使得我们建设有中国特色的社会主义提出的方针政策更加切合实际，切合中国在当代世界上所处的地位和承担的使命。这里，需要研究的课题很多。我们重新认识社会主义，从十一届三中全会就已经开始了，但还未认识清楚究竟社会主义应该是一个什么样子，对过去传统的认识还要进一步检查哪些是对的，哪些是不切实际的，是教条式、空想式的。要重新认识这些，特别是重新认识社会主义，与重新认识当代世界、重新认识现代资本主义是分不开的。我们过去对当代资本主义有一些不完全切合实际的认识，也需要进一步地检验，用第二次世界大战以来发达资本主义国家的实际来检验这些认识，同时我们要结

　　* 原载《瞭望》周刊1989年第1期。

合世界的环境来认识中国建设社会主义的任务，确定政策措施。我们现在面临新的技术革命、世界上经济振兴地区的挑战，这都是过去没有的。我国应采取什么样的政策搞好改革、开放？需要我们作出回答。

　　社会主义本身的一些问题我们现在还要继续探讨，最近这一年也发表了不少文章，如社会主义所有制到底是一个什么样的结构？分配制度又应是一个什么样的结构？还有经济运行机制应是什么样的？现在理论界在这些问题上还在思考。有的人认为坚持公有制、按劳分配，坚持有计划的商品经济是空想社会主义，认为中国只有私有制才能解决问题，只有完全的市场经济才能解决问题，也就是说，只能搞相反的东西，用另外一个极端来代替。我认为，现在传统的公有制、计划经济等在效率上、发展上有问题，但不是完全不灵了，问题是我们要找到一个比较切合实际的办法。现在我们允许各种私有制的存在，允许它们相互之间的补充、联合，股份制就是这样：有国家股、团体股，也有个人股，但公有制为主体，这个方向我认为要坚持。仅有信念不行，还必须从理论上去论证，在实践上探索更好的公有制实现形式，找到公有制与其他所有制形式又联合又竞争的方向，以保持公有制的主体地位；在运行机制上，要吸取市场调节、市场经济的一些灵活的做法，对价格、资源配置等方面进行调节，但我们还要坚持有计划有指导，不能完全放弃。若宏观控制不加强会带来经济生活的紊乱，如通货膨胀、流通秩序混乱等问题。宏观控制、计划指导又涉及产业结构，现在我们很多问题是产业结构不合理带来的。而产业结构实际上就是计划指导的问题。有计划主要表现在产业结构政策上，不是过去那种指令性、无所不包的、指标为准的计划，而是指导性的、政策性的计划，是靠政策、靠经济的参数、靠市场的机制和国家必要的调控手段结合起来，来实现我们产业政策所要求的结构，这一方面是一个很薄弱的环节，过去探讨不够，今后需要加强。

另外，当前治理环境、整顿秩序、深化改革，把通货膨胀压下来，至少要两年，这要认真贯彻。我认为，要想真正把环境治理好，把通货膨胀缓和下来，创造一个比较好的环境，逐步深化改革，不至于出现新的滞胀，很重要的一个环节就是我们要准备付出代价，关、停、并、转一批企业，使一部分人由就业变为待业，当然社会保障要跟上。那么多的重复建设，重复生产，一方面原材料很紧张；另一方面"六小企业"在浪费原材料，这是非常不合理的，影响了有效供给，这些应下决心让它下来。另外，效率低、浪费原材料和能源，特别是与大企业争这些，而技术水平又低的企业也要下来。这就涉及对乡镇企业的发展要加以控制，由国家进行宏观指导。总之，要关停并转一批企业，有些劳力要回到农业去，必须有胆量、有决心。用行政办法来控制，认识不清哪些效率高、哪些效率低，要靠控制信贷、提高利率的办法来控制，对短线产品要照顾，一般的加工工业应该提高利率，付不起的关门。对关门下来的人应妥善处置，工会、民政部门要重视这个问题，同时要注意社会保障，对失业、退休的保险也很重要，目的是社会安定。这样，通过结构的调整，提高效益，总量控制好了，下一步我们的经济就会走上健康轨道。如果这一步不走，不敢动，怕付出代价，无效、低效、浪费的企业还去保护，产业结构调不过来，经济效益仍低下，我们的财政困难、经济困难、有效供给的困难就无法克服。反之，我们就不会滞胀，就可以进一步加快改革的步伐。

治理环境整顿秩序
深化物资体制改革*

（1989年1月）

深化物资体制改革所涉及的问题，都与基础理论和宏观经济问题密切相关。目前我们在改革中所遇到的困扰及存在的问题，也突出地表现在生产资料流通中。因此，它又是研究和解决各类宏观问题不能逾越的重要领域。

一、深化物资体制改革的难点何在

物资计划分配制度是传统经济体制及指令性、实物型计划管理体系的重要组成部分和核心内容之一。物资体制的彻底变革，就意味着旧体制及其运行机制的彻底改变。就这个意义上讲，物资体制改革本身就是难度很大的，成为社会主义各国经济体制改革普遍存在的共同难题。尽管如此，我们通过前十年的努力，在物资体制改革方面，仍然取得了相当大的进展，我们在最近两三年中所感觉到的是，继续推进物资体制改革，遇到了更大的困难。比如，希望陆续放开的物资，由于来自各方面的阻力，或者不能放，或者放不开，中央放了，又被部门和地方接过去管。已经放开的物资，流通领域出现了许多始料不及的混乱。主要生产

---

* 原载《中国物资流通》1989年第1期。

资料价格暴涨，难以遏制，以致影响生产的正常进行等，使物资体制改革陷入了"放也不是、管也不是"，"放也不灵、管也不灵"的两难境地。这些新的困难，我认为主要来自两个方面：一是经济环境恶化，二是市场发育迟缓。而两者又是紧密相关的。

从我国经济建设的历史来看，主要物资在绝大多数年份都是供不应求。旧的计划和物资体制，许多传统的管理办法，都是为适应供不应求的形势，解决短缺条件下如何配置物资资源的问题。因此，要改革，就必须创造一个有别于旧体制得以生存和发展的经济环境，也就是说，要创造一个比较宽松的经济环境，即总供给略大于总需求的有限买方市场。以增强企业对于改革的压力感，使市场机制能够发挥作用，并保证有一定的财政物资后备，以支持改革。20世纪80年代初期曾经出现的较为宽松的短暂局面，为物资体制改革创造了良好的时机。但是，1984年下半年以来，经济过热现象反复迭起，并引发了越来越明显的通货膨胀。总供给与总需求及其结构的严重失衡，必然使通过改革利用市场机制来优化资源配置的作用被削弱。通货膨胀的压力又会迫使人们强化行政手段来控制经济生活，使改革出现曲折。这种情况，我想物资部门的同志们更会感到切肤之痛。但是，对于这种态势，理论界是存在不同看法的。一些同志认为，宽松的经济环境不能是改革的前提，只能是改革的结果。改革只能在供不应求的紧张状况下进行，并通过改革来消除短缺的体制原因。有些经济学家还提出，中国正在进入一个以收入结构变动为中心的高速成长阶段，总需求超过总供给是中国经济进入高速成长时期的内在要求；经济体制改革所带来的各方面利益关系的调整，也要求经济有一定增长势头。所以他们反对人为地抑制投资和消费需求，认为控制总需求的政策不符合中国经济发展和改革的要求。前些时候甚至还有人认为，目前的问题不是需求过大，而是需求不足，可以利用通货膨胀政策来刺激需求，刺激生产。这种凯恩斯主义的政策主张，显然不适合我国国情。另外，还有些同志认为，目前的对策主要不在于控制需求，而在于增加供给。我认为，我们不能笼统地提以增加供给为主要对策。因为增加供给就是要进一步提高速度。我们现在工业增长速度已达20%，遇到很多"瓶颈"，怎么能再提高速度？比较妥当的提法应当是在坚决压缩总需求的同时，通过调整生产结构、提高经济效益的办法，增加市场和人民生活必需的商品和某些短缺物资的有效供给，而不是一般地讲增加供给。

从实际情况来看，中国的经济改革的确是在经济环境不那么宽松的条件下进行的。我们不能等待出现了全面稳定的宽松环境以后，再着手进行改革。在改革的过渡时期，由于旧体制的惯性和许多不确定因素的存在，难以指望出现全面稳定的宽松环境，但是我们不能因此而放弃为改革创造相对宽松环境的努力。除了通过改革逐步消除导致需求膨胀的体制原因外，我们还要在经济发展战略方针方面采取有克制的增长目标和明智的政策措施，以利于控制投资和消费需求的膨胀，缩小并力争消除总需求超过总供给的局面，造成一个比较好的改革环境。也只有在这种环境下，深化物资体制改革才能变得更为现实。

回顾前十年的改革思路和实践，物资体制改革的主要方面是逐步缩小指令性计划分配物资的品种和数量，代之以逐渐完善的生产资料市场。没有较为完善的市场形成，生产企业的供销活动不能纳入新的运行体系，企业就不能不依恋和依赖旧的计划分配体制，这是很显然的。经过几年改革，随着计划分配的缩减，对绝大多数物资统制的松动，生产资料市场在规模上不断扩大，但所形成的市场层次都比较低，难以与大生产的需要相适应。总体改革方式的渐进性选择，导致"双轨制"的必然产生，管理双轨和价格双轨同时存在。双轨价格并存在新旧体制过渡时期有它的必然性。有些经济学家认为，双轨价格的并存和调放手段的并用，可能是中国经济体制改革中创造的一种风险性较小、兼容性较大的价格由计划向市场转化的特殊方式。但是，只要这种转换过程没有结束，以双轨制价格为代表的双重体制并存的弊病也是十分明显的。它使国家计划重点项目所需物资的保证受到冲击，造成生产、流通和核算管理上的许多混乱，给投机倒把非法牟取暴利造成可乘之机。加之连年出现的总需求膨胀，过量的需求到处冲击，流通中的"官倒""私倒"层层抬价，更加突出了双轨制所固有的矛盾。这种状况不可能不影响物资体制改革的顺利推进。鉴于这种状况，不少同志主张尽快结束双轨制，但是，这并不是我们的主观意愿就能决定的。实现这一点还受到许多主客观条件的制约。其中特别重要的，依然是上面所讲到的宏观平衡问题。只要总需求大大超过总供给的经济失衡问题没有解决，通货膨胀性的物价上涨没有得到遏制，就难以完全摆脱双重体制并存的羁绊。否则，在总供求严重失衡的形势下放开市场和价格，很可能会火上浇油，加剧通货膨胀。看来，双重体制将要在不同领域持续相当长一段时间，特别是少数供给弹性较小的重要原材料，更难以很快取消双轨价格。进一步的改革必须面对这种现实，并采取相应的措施，以减少它所带来的混乱现象。

此外，我们已有的市场只是初步发育的市场，市场组织程度很低，市场规则很不规范，法规不健全，正常的市场秩序还没有形成。总的来看，还没能形成市场机制正常发挥作用的充分条件。这样比较初级的市场对满足消费品需求尚且勉为其难的话，对满足生产资料需要来说，就距离太大了。要通过市场把各个物质生产部门和众多的生产企业的生产有机地联系在一起，正常地运转，当前的市场组织、市场功能还远远不够。市场发育的这种状况也迫使我们对物资体制改革采取更为慎重的态度。而总供求失衡、通货膨胀、价格双轨制的存在和双轨价格差距过大，都不利于市场的正常发育和市场正常秩序的建立，从而阻滞了物资体制改革的顺利推进。所以，前提还是要治理经济环境，制止通货膨胀。在此前提下才能较好地促进市场正常发育和市场秩序的建立，较顺利地推动物资体制改革。

当然，深化物资体制改革的难点绝不仅于此。但目前的主要困难，当务之急，不能不说是来自这两方面，需要我们根据十三届三中全会的决定，做好治理环境和整顿秩序的工作。

二、促进生产资料市场发育是深化物资体制改革的根本出路

把物资体制改革的目标和进程概括为缩小指令性计划分配，扩大生产资料市场，显然过于简单和流于表面。在实践中要么是"管"，要么是"放"的做法也是片面的。我认为，物资体制改革的根本目标，在于建立新的资源配置机制。即把依指令性计划，通过计划机制配置物资资源，转变为通过市场机制实现物资资源的配置。这样，才能与经济体制改革的总体目标相一致。这种机制转变不仅仅意味着放开，更不意味着只有完全自由竞争市场的自发调节，而是要针对不同产品市场所受资源约束的大小、供求状况的变动趋势，通过不同办法实现，形成一种有计划、有控制的市场。这是既有自由竞争，也有必要的垄断和居间于垄断和竞争的市场。对于我国资源极度短缺，或生产周期长、供给弹性较小的重要物资，为了更好地发挥有效资源的经济效益，通过计划，甚至指令性计划实现优化配置是不可避免的。但这毕竟只是极少数产品。除这种情况以外，都要逐渐实现通过市场机制实现资源配置的优化。达到这个目标，我们的着眼点，应当放在促进生产资料市场以及其他相关的生产要素市场的发育，加快市场体系的形成。近期可以在治理环境、整顿秩序逐步奏效的基础上，根据各类产品的资源及供求状况，以及供求弹性的大小，采

取不同对策，分步实施。可以放开的，要继续放开。有些产品可以保持一定数量的国家控制，但价格可以放开，即管理方面双轨存在，价格方面双轨合一。对于管理和价格都不宜放开的产品，应当在双轨之间设立严格的屏障。比如，凡是列入计划分配的产品，要通过法律、审计、行政管理等方面的严格限制，保证产品的生产和流通按计划实现。对少数产品实行专营、专卖等。还要采取有效措施防止利用双轨之间的价差和管理权限，制造混乱，从中牟利。应当利用整顿秩序的机会，加速物资流通企业政企分开的步伐，使流通企业不再过多地受行政干预，真正成为独立经营的经济实体，通过流通企业独立自主的经营活动，逐步消除条块分割以及由此带来的市场分割，促进全国统一大市场的逐步形成。物资管理部门应当通过整顿秩序促进市场组织的形成。

三、治理经济环境、整顿经济秩序应与深化改革相辅相成

十三届三中全会确定的治理环境、整顿秩序的决策，对物资体制的改革无疑是又一次推动。在积极进行治理和整顿的同时，应积极为下一步改革创造条件，条件成熟的要适时推进。最近，物资部和其他有关部门对一些重要物资的流通，陆续推出了一些加强管理的措施。这些是必要的。但是，也必须注意到，各种加强管理、建立秩序的具体措施，都应该有利于促进商品经济发展这个总目标，促进市场向更高层次发展。警惕出于习惯而走老路。某些强化的行政措施对我们来说是太熟悉了。在急刹车时，采取某些紧急制动措施是必要的，也容易取得成效。但从后果来看，一些权宜之计一旦形成制度和习惯，以及由此形成新的利益格局，很可能又成为进一步改革的障碍，增加今后改革的难度。比如我们对包括生活消费品在内的短缺商品的惯用办法，像

恢复统制、凭票供应、限制价格、限制流通等，运用起来，驾轻就熟。而进一步的改革又要花费很大力气去解决它。我讲这些，并非指我们已经推出或将要推出哪项具体办法，而是希望我们在设计和实行各类治理和整顿方案时，能够瞻前顾后，把解决眼前问题与今后改革发展的总目标结合起来，避免出现新的一轮放、乱、收的恶性循环。

对当前我国经济改革和
发展中几个重大问题的意见*

——在全国农村经济人才培训中心召开的
现代农村经济研讨会上的讲话
（1989年1月）

　　退回去恢复旧体制或全盘私有化这两条路都不能走，以公有制为主体的混合所有制比较符合中国实际。

　　当前，对改革中出现的问题和困难，有两种倾向性意见。一种认为问题出在市场化上，是放权让利造成的，只有收权，只有集中管理才能控制价格，建立经济秩序。这些人主张恢复旧体制。另一种认为当前出现的问题、困难，靠治理整顿、靠公有制不仅问题解决不了，改革也走不下去了，只有全盘私有化才是出路。

　　这两种认识都是站不住脚的。改革确实走到了关键时刻，但还得有信心。一是不能回到老路上去。过去僵化模式造成的恶果是所有社会主义国家的实践都证明了的，走回头路是没有出路的。二是走资本主义私有化的道路也不行。在中国现在的政治经济格局下，私有制的结果只能是官僚主义化。所以，这两条路都不能走。现在世界经济的发展，显示出一种格局，就是混合所有制方向，比较符合中国实行的市场取向性改革，又符合公有制为主体的目标。因此，混合经济在中国今后相当长的时期内是可行

---

*　原载中国社会科学院《要报》1989年第38期；摘编自《内参选编》1989年第11期。

的。这关系改革的前途问题。

当前经济中的困难和问题，既有体制上的原因，也有政策上的毛病，即急于求成，改革上想快，发展上也想快。

当前我国经济中的困难和问题是怎样造成的？也有两种看法：一种认为，中国的通货膨胀是由于体制上的原因，这是任何国家改革不可避免的，发展中国家也不可避免，政策上没有什么大的失误。一种认为，主要不是体制上的原因，而是政策选择上的失误。

这两种看法都有片面性。通货膨胀与体制有联系。现在是新旧体制并存，旧体制本身就存在投资饥饿、投资膨胀的趋势。两种体制并存又促进了这种过热倾向，因为投资主体、投资渠道多样化，使"热"源更多了。另外，财政分灶吃饭后，地方财政权力增大，企业尚未形成自我约束机制，这样就进一步推动了通货膨胀。但是，也不能单纯归咎于体制。还有政策上的毛病，发展战略与宏观政策上的毛病，就是想快，急于求成，改革上想快，发展上也想快。改革本身需要条件，有些需要花钱，所以改革需要有一个比较宽松的环境，有一定财力、物力的后备，总需求与总供给需要大体平衡。我们既想改革快，又想发展快，造成能源、物资、原材料进一步紧张。

赤字财政的错误理论和主张影响了我们的决策。经济理论界有些人认为赤字财政、通货膨胀可以刺激经济的发展，并以亚洲"四小龙"、拉美国家为例。这种错误的信息和主张，影响了我们决策。在中国不能搞通货膨胀政策，因为中国是需求过旺、物资紧缺的国家，不是需求不足、物资过剩的国家。没有一个国家把通货膨胀作为政策，但被迫是有的。然而中国却有人这么主张，说什么轻微的通货膨胀在一定程度上有刺激经济的作用。这就是说，有政策的失误，这种失误出于想快出于好心，但没有考虑中国的国情和改革的环境。

紧缩中迎来了两难：坚持紧缩可能造成生产滑坡，流通梗阻；放弃紧缩，会出现更严重的通货膨胀，但紧缩的方针不能变。

　　当前治理整顿中遇到了两难问题：坚持紧缩，可能造成生产滑坡，流通梗阻；放弃紧缩，新的更大的通货膨胀就会腾空而起。这两难过去也遇到过。1984年第四季度出现几个过热，1985年紧缩，到1986年年初各方面就叫喊起来，不仅实际部门，理论部门也在叫喊。在这种情况下，重新放开，物价又上涨，所以1987年年底，中央又提出双紧双压，又碰到叫喊，1988年又重新放开。经济是软着陆，但实际上还没有着陆就又重新飞起来，通货膨胀愈演愈烈。现在又有类似的叫喊，看我们是否能顶住。顶不住，经济结构扭曲、效益低下得不到及时调整，中国将出现经济停滞和价格上涨并存的局面。是不是没有出路？不是。摆脱困境的出路是总量坚持紧缩，结构上抓紧调整，增加有效供给。笼统地讲增加供给不对，总供给统计上表现为产值速度，1988年工业增长20%还不够吗？再增加总供给就是进一步提高速度，这是很危险的。

　　治理整顿要伤筋骨，是一个痛苦的过程，全党上下要有准备付出代价、承受痛苦的决心。

　　现在从上到下有一种心态不利于治理整顿。这种心态就是希望治理整顿、度过低谷的过程，是一个舒舒服服、不伤筋骨、皆大欢喜的过程，这是度不过去的。治理整顿要伤筋骨，因为一些企业要关停并转，有些人的就业就有问题，现在我们不敢下手。现在同20世纪60年代不同，60年代初一声号令，2 000万人就回乡去了。我认为全党上下要有一个准备付出代价，随实际生活水平暂时下降的痛苦的决心。没有这样一个过程，没有这种思想准备，治理整顿就有可能走过场。60年代初万众一心很快度过去了，现在只要有决心，很快也能度过去。问题是现在人心不齐，要我去承受痛苦，让别人发财，这不行。所以调整措施要配套。

在全国生态经济科学讨论会暨 第二次会员代表大会上的讲话*

（1989年1月）

同志们，今天全国生态经济学会和城市生态经济研究会，两个学术研究会在这里召开，这是中国生态经济学界的一件大事。我代表中国社会科学院向大会表示祝贺。

中国生态经济学会已成立四年了，学会成立以来，一直是按党中央、国务院关于合理利用自然资源、改善生态环境的指示精神工作的。党中央、国务院对这方面的工作十分重视，这几年陆续发布了森林法、草原法、矿产资源法、渔业法、土地管理法、水法和环境保护、水土保持等一系列法令、条例。生态经济学会根据这些指示的精神，组织自然科学和社会科学工作者，并且配合有关业务部门共同努力，在学科研究和宣传工作上做了大量工作，引起了人们的重视；全国也有了一批按生态经济要求办事的典型。四年来，我们的工作是取得了成绩的。但是生态经济学是一门新兴的边缘学科，在中国，这个学科建设的时间很短，生态经济学会的工作也只有四年。因此，我们是刚刚开始迈步，还有不少人对生态经济问题不是很理解，甚至还有误解。从全国的情况来看，生态破坏还很严重，影响着整个国民经济的稳定发展。我们的社会经济发展，我们的改革，都需要一个良好的经济环

---

* 根据录音记录整理。原载《生态经济通讯》1989年第1期。

境，同时也需要一个良好的生态环境，这就要求我们学会的同志要深入研究生态经济科学，密切结合中国的实际，把生态经济学原理运用到经济建设当中来。我现在利用这个机会讲几个问题。

一、中国生态经济形势的分析

我国是一个历史悠久的国家，两千多年来，随着人口的增长，发生了滥伐森林、乱垦草原、酷渔滥捕等问题，造成了严重的水土流失，河道淤塞，水旱灾害增加，沙化土地扩大，使过去"田肥美，民殷富"，"沃野千里、谷稼殷积"的黄土高原变成了贫瘠不毛之地。但是我们没有吸取这个痛苦的教训。新中国成立以来，我国生态环境状况是：一边治理，一边又在破坏；治理以点、片为主，是局部的；而破坏是广泛的，带有普遍性的、大面积的。所以，总的趋势来看，生态环境的破坏大于治理，整个生态环境还在继续恶化。最近中国科学院的国情分析小组提出了一个报告，列举了目前自然生态方面存在的问题：第一个是水土流失面积有增无减，新中国成立以来虽然已治理了41万平方公里，但是全国水土流失总面积由解放初的116万平方公里，增加到现在的153万平方公里。治理的速度不如破坏的速度。每年流失泥沙50亿吨左右，带走氮、磷、钾4 000多万吨，相当于每年全国化肥的总产量。受水土流失威胁的耕地占总数的1/3。第二是森林减少，草原退化，现在每年木材消耗超过林木生长量将近1亿立方米，盗伐、哄抢林木的事件，屡禁不止，森林受到严重破坏。草原退化面积已达7.7亿亩。解放初期，森林覆盖率较高的川西地区为40%，云南省为50%，现在分别剩下14.1%、24%。西南山区森林的破坏，不仅造成土壤侵蚀，土山变成石山，泥沙淤积，河床抬高，湖泊水面日减，水库减少寿命，而且危及整个长江的水势，暴涨暴落，少雨的年份径流减少，多雨的年份洪峰更加提高。人畜遇到很大灾害。"长江有变成第二条黄河的危险"，这句话并不是危言耸听，已是摆在我们面前的现实问题。第三，沙化面积不断扩大，据20世纪30年代统计，我国沙漠面积为12万平方公里，近50年来扩大了5万平方公里，现在沙化面积达到17万多平方公里，加上沙漠化危险的土地共328万平方公里，沙化的成因90%是人为造成的。第四，陆地、河流、湖泊的面积日益缩小，洞庭湖1949年尚有4 350平方公里，容水量为293亿立方米，1980年湖面只有2 000多平方公里，容量只有165亿立方米，近几年又继续缩小，面积和容量，只及解放初的一半左右，减少了为长江调洪的能力。1954年以来，长江中下游水系的天然水面急剧减少，解放前湖北省号称千湖之省，现在只剩下326个。面积原来是83万多公顷，现在只有22万公顷，仅及原来的1/4。第五，水利工程近年失修。全国8万多座水库，发挥了多方面的效益，但有的淤积严重，有的处于病险状态。灌溉面积近年也有减少，1979年全国灌溉面积为4 500万公顷，至1986年减为4 422万公顷，减少78万公顷。水利工程的失修，对生态环境、对农业生产以及对整个国民经济发展都是有很大影响的。

随着工业和交通的发展，水和空气的污染也日益严重，根据400个城市的测算，每年大约有4 000多万吨的垃圾得不到适当的处理，有的倾入江河，有的堆在城市四周。据说在人造卫星上看到北京市已经被垃圾堆包围。另外还有3 000多万吨粪便不利用于农田而随城市污水排走。现在农用化肥逐年增加，有机肥料没有很好利用，特别是大城市，排水河渠，含有多种有害物质，贻害人畜；溢入农田，作物失收；污染水域，鱼虾死亡。我国是一个缺水的国家，人均占有水量只相当于世界人口平均占有量的1/4，北方缺水更厉害。由于过度抽取地下水，破坏了地下水层。华北平原由于盲目打深井，已出现了愈来愈多的地下"漏斗"，造成了华北平原进一步缺水。加上愈来愈多的工业污染渗入地下，严重污染了地下水。因此从地下到地上，从水量到水质，已经造成了水资源的危机，严重威胁着我国人民生活和生产建设。空气中的有毒废气和烟尘大量增加，危及人民健康，使癌、脆骨、怪胎等病增加，而且这种污染随着乡镇企业的发展已经从城市向农村发展，人们直接食用的农产品，受污染的情况越来越多。我国受污染的耕地有3亿亩，农药污染的耕地占全部耕地的1/7。此外，开矿、修路、采石不按国家规定，对开山和剥离弃土不加处理，引发塌方、水土流失和覆压农田，造成很大经济损失。所以我国在前进的道路上，现在已面临着生态危机。因此在当前的经济工作中，要注意调整经济发展与经济改革的关系，最近中央关于治理经济环境的决策，就是要处理好经济改革同经济发展的关系，就是要把速度放慢下来，发展不能太着急，使得我们改革能有一个比较好的环境，适宜的环境。那么经济发展与自然环境也有一个调整的关系，调整经济发展与保护自然，合理开发利用自然资源，使经济发展与生态环境改善协调并进。这是我对当前中国生态经济形势的一些认识，讲的是否准确，请同志们讨论。

二、经济发展与环境保护的关系

经济发展与环境保护的关系不是中国一个国家的问题，而是世界性的问题，是全人类面临的一个重大的社会经济问题，国际上称为发展与环境这么个大题目。20世纪70年代初期，西方罗马俱乐部提出了第一个报告——《增长的极限》，这是大家已很熟悉的，在这以后，西方和国际上引起十分激烈的争论，摆在我们面前的必须作出回答的问题是经济要不要发展，能不能继续发展；再一个就是我们的环境要不要保护，生态要不要改善，能不能改善，我们今后怎么来发展我们的经济。经过比较长一段时间的争论，国际上许多专家得出了一个比较一致的观点，就是经济建设与环境保护要协调发展。现在国际上出现了一种理论，叫"大协调论"。我们国家根据我国的具体情况，提出了环境治理与经济同步发展的方针。1983年全国环境保护会议，李鹏同志代表国务院提出，把环境建设放在与经济建设同步进行的位置，明确提出环境保护是我国的一项基本国策。我国的计划生育、环境保护都是基本国策。但现实的问题是，现在我们很多同志，包括一些领导同志，在实际经济建设工作中，并没有真正认识和理解这个问题。有的虽有认识，对当前经济发展给环境带来的损失、破坏也有所了解，但由于体制问题，使得仍不能真正贯彻同步发展的方针。

我们一些同志对经济与环境这两个不同的，但关系又极为密切的事物的性质认识不清。对于人类需要来说，经济具有现实的迫切性；要改善生活是真正现实的迫切需要，特别是一些贫困地区。在我国的改革过程中，对于各个经济部门和单位来说，在引入竞争机制后，生产者、经营者对经济增长，对产量、产值，利润的追求更具有一种现实的迫切性。目前虽然产值没有列成指令性的指标，但实际上它起着一个指挥作用，所以就去追求速度、产值。利润也是一个现实问题，没有利润什么事也干不了。没有产值就没有利润，没有利润就没有税收，没有税收就没有财政收入。从上到下这个问题都是很迫切的。经济发展有现实的迫切性，但是我们认识到：特别是经济上的目标的追求驱使，而忽略了对生态环境的注意，对于发展经济来说，环境具有更根本的性质。这个问题不大容易认识，因为现实的经济目的的追求，使他们要解决当前的现实的经济发展问题，而顾不到这个根本的问题。

经济的发展，从生态经济循环的观点看，无非是把自然资源转化为社会财富，一切自然资源都是从环境中来的，没有良好的环境，就不可能有丰富的资源。没有环境，我们究竟依靠什么自然物质转化成社会财富，我们的经济怎么可能发展？因此环境具有发展经济的根本性的意义，我们往往看不见。由于这种现象比较普遍地存在，我们就不能把这个问题当作某个人的思想缺点来看待，当作某一届政府的仅仅是一个职责失误来看待。我们是不是可以得出这样一种看法，就是当今人类的文明，人类追求的东西，与自然物质运转规律所能提供给我们的东西，是否相适应。在这个问题上，我们经济工作者长期以来有个理论问题没有搞清，即我们的经济增长，我们的财富增长并不只是人类的经济活动的结果，也就是说，并不只是经济的循环、经济的再生产、生产、分配、交换、消费所带来的，而是从经济循环和生态循环两种循环当中所得到的，如果我们不建立人类社会经济发展基于两种循环的较扎实的理论观点，仅仅看到经济的增长，而没有看到我们的一切财富，我们的经济增长是基于这两种循环的，必然会产生这样的情况：我们追求的东西，我们的需求超过自然物质运转规律能提供物质的承载能力。例如，前面已经说过，我国用水十分紧张，人均占有水量只是世界的1/4，不仅北方城市缺水，南方城市也缺水。而根据自然循环规律，水是一个定量的物质，而我们的人口还在增长，如果我们不采取低耗措施，还是大手大脚，认为我国水资源很多，就必将出现十分严重的水危机，实际上已开始出现了。鉴于这种情况，很多专家提出我们采取"节水型"的发展方式，因为我们现在确实是一个浪费型的生产方式和生活方式。就拿家庭用水来说，厕所用水就是一个浪费型的，冲一次厕所实际上只需要一盆水就够了，但我们使用的抽水马桶仍是20世纪50年代的，一罐水相当于3~4盆水。我们每使用一次抽水马桶，要浪费2~3倍的干净水。这表明，我们在80年代后期，人口增长到近11亿，水源十分紧张的时候，却使用50年代初人口仅4亿多，水源比较富裕条件下的用水方式。事实上冲厕所的水

刘国光
经济论著全集

第
7
卷

完全没有必要一定要用洁净的水，洗过衣服、菜、洗脸的水也完全可用。当然这里面有设备改造问题，有价格问题，要从各方面节约用水，各个单位如果都采取措施，无疑，我们用水的紧张状态可以大大缓解。

除了水危机外，我们还有一定的耕地危机，现在平均耕地每人仅2亩，到2020年人口要达15亿，人均耕地下降到1.2亩，耕地如此之少，可是我们受污染的耕地已近3亿亩，滥占耕地的现象也很严重。正像水的情况一样，我们的水本来就严重不足，可是水污染还相当严重。水和土对于人类生活来说是最基本的，这两种东西与其他不同，不可能长途运输，也无法像资金那样，可以借贷，不可能从国外进口，不可能从外国借贷，世界银行也不能贷给。尽管我国采取严格控制人口的措施，但人口的增长，到2030年会达到16.3亿至17亿。不仅水、耕地，而且人均住房面积、人均能源、交通、用电都要考虑人口增长和我们资源有限这个事实。所以我们必须把经济发展建立在两种循环理论的认识基础上，就是经济循环和自然生态循环。充分认识到我们的困难，认识到我们的国情，这样来决定我们的发展战略，我们特别要提出采取低度消耗的发展战略，不能大手大脚，消耗水平要适当，不能任意提高消费，要提倡低度消耗资源的生产方式和生活方式。对人民生活水平不能脱离生产水平过高过快地提高，超越我们经济和资源承载能力。这是就动植物资源再生资源说的，如果就不可再生资源看，问题更为尖锐。所以从生态经济观点看，要采取持续发展的方针，绝不能追求西方高消费的生活方式，更不能继续我们特有的生产中的高浪费方式，低效率而高消费。现在我们生产的易拉罐饮料比瓶装饮料贵七八上十倍，而易拉罐所需原料铝合金还要进口，当然少量的，为一些外国游客提供是可以搞一些的，而大量生产完全没有必要，我看应当限制。我们的土地少，建房的格局、面积就不能学加拿大、澳大利亚，那么宽大，当然现在我们并没有这样提，因为目前住房还很紧，就是从长远看，也不能与他们相比，他们面积辽阔、广大，我们按人口、土地比是很有限的。

考虑资源、生态环境是全世界都要重视的问题，富裕的人把象牙雕刻成装饰品，以高价购买，造成非洲大象急剧减少。阿拉伯男人习惯腰上挂犀牛角，非洲人为了赚钱，使肯尼亚的犀牛基本上灭绝。这都说明，人类文明的追求，同自然物质能量运转的规律不协调，会带来严重的后果。

对于这个问题认识不足还在于，对生态恢复的长期性不了解。地球上一寸表土要几百年，上千年才能形成，而我们的水土流失仍在增加。一片树林的成材需要二三十年至四五十年，甚至上百年，而我们现在仍在超过生长量大量砍伐森林。可以说，人类经济行为的短期性和自然生态恢复的长期性是生态经济中的一个最大难题，是一个尖锐的矛盾，我们的认识还不清楚。澳大利亚有一片草原退化，封闭了120年才恢复过来，我们中国哪能有那么多土地封120年不用，几年不用都不行。

在经济建设上的短期行为，当然有认识问题，也有体制问题，例如现在当县长3年任期，有的县长说，上级政府对他的要求，一是上缴多少财政，二是管好计划生育，三是交售给国家多少粮食，四是人均收入提高多少。各级领导只要求对经济负责，并没有要求对生态环境负责，也没有明确的考核指标，它是一个软指标，考核他的政绩不受影响，而他会受产值的影响，财政的影响，建设上的影响，这是个体制上的问题。上面四项指标完成了就是好县长。而生态环境上投资大，花费人力、物力大，在短期内看不见成果，在各级政府的任期内很难看到效益，他花钱，投资，很难为自己的政绩表现出有成果的东西，当然兴趣要低一些，这是客观的，除非在机制上能约束他。这样势必造成牺牲环境而取得一时的经济增长，毫不夸张地说，这种增长是不可取的，从长远看，这对人类是一个灾害，而不是幸福。

三、用生态经济的思想，促进我国的经济发展

关于这个问题，1984年2月，万里同志在中国生态经济学会成立大会上说，生态经济是我国社会主义建设的一个战略性问题，我国加强这方面的工作，包括中国生态经济学会的成立，是在这方面觉醒的表现，要用生态经济平衡的原则指导经济工作。这句话语重心长，非常重要。四年多来，中国生态经济学会遵照这一指示精神，与有关方面密切结合，推动这方面工作的开展。首先把为当前经济建设服务放在首位，在云南、安徽、山西、湖北等地区进行了调查研究；与农业部等单位联合，召开了全国生态农业问题讨论会和长江中上游改善生态环境，加强农业后劲研讨会，并与有关单位一起，召开了"城市及郊区生态系统"国际讨论会，开展了国际交流；同时也组织了有关专著和教材的编写，并举办讲座和加强报刊宣传，为培养生态经济人才和普及这方面的知识作了努力，收到了不少成效。但是用生态经济的思想武装广大干部群众是一个长远而艰巨的任务，目前还存在着各种思想认识上的障碍。因此，中国生态经济学会有大量的工作要去做。当前比较普遍存在的一些思想认识很值得我们注意。例如，"吃饭第一，生态第二"；"提高产值和农民致富是硬任务，保持生态平衡是软任务"；"经济发展不解决，生态平衡顾不上"；等等。这样一些想法、看法都是把生态和经济对立起来的观点。不解决这些认识问题，保持生态经济平衡就只能是一句空话，我国经济的发展就仍然要走资本主义经济发展中"先破坏，后恢复"，"先污染，后治理"的老路。我们知道，后恢复、后治理，有些是无可换回弥补的损失，是不可能的；还有一些虽然可治理，可恢复，但那会付出几倍几十倍的代价，从投资和经

济的观点看，都是非常不合算的，这叫作因小失大。当前经济发展，破坏生态环境，回头来又制约经济发展的生态经济恶性循环也不能制止。同时，目前人们在人与自然之间的关系上还存在着一种片面的认识，片面地理解"人是大自然的主人"的含义，认为自然资源是取之不尽，用之不竭的，人们可以不顾一切地随意滥用，从而使我国这个人均自然资源量少的国家面临着许多重要资源越来越枯竭的危险。这些片面的认识都需要我们加强学会工作，做好研究宣传，促进提高全民的生态经济意识，逐渐改变我们传统的忽视生态环境，只注重经济发展的观念。

生态经济学会组织了很多专家、学者和实际工作的负责同志，人才济济。四年多来，不仅做了生态经济理论研究和宣传工作，而且在工业污染的防治，农业生态建设上，都推动创造了许多新经验、新做法。目前各地区已建立了许多生态村、乡、区、县，显示出了生态经济方面的效益。有的把低产田改变成高产田，低收入变成高收入，并获得很高的经济效益、社会效益和生态效益。甚至一个农民在面积不大的庭院内也可以用生态经济的方法获得万元至几万元的收入。这些经验是很宝贵的，为生态经济建设树立了典型，开辟了新的途径。

这次大会是一次有相当规模的学术讨论会，是第一届理事会期满换届选举新理事的大会，也是城市生态经济研究会成立的大会。这次会议，讨论的问题可以广泛一些。希望到会的同志们总结实际经验，作认真的分析，丰富生态经济理论，把工作提高一步。同时搞好下届理事会的选举工作。希望能有年富力强，又对生态建设有研究、有经验的同志进入理事会。上届的理事会已积累了很多经验，也必然有一定数量的同志连选连任，新旧衔接，可以更好地开展今后的生态经济研究和建设工作。

缅怀冶方同志　发扬优良学风[*]

——在孙冶方同志塑像落成仪式上的讲话
（1989年1月30日）

　　今天，中国社会科学院团委举办孙冶方同志塑像落成和揭幕仪式。这是紧接今天上午在考古研究所举行夏鼐同志塑像揭幕仪式之后，院里的又一次重要的纪念活动。在孙冶方同志生前，中国社会科学院党组就授予他模范共产党员的称号。现在院团委又在他身后用塑像来纪念他。我觉得团委组织这项活动是很有意义的。

　　孙冶方同志是我们党老一辈无产阶级革命家，是我国一位卓越的马克思主义经济学家。孙冶方同志的一生，是在中国为宣传和发展马克思主义经济科学而不懈奋斗的一生。他入党几十年中，在经济科学研究岗位上，努力把马克思主义普遍真理同中国具体实践相结合，对中国的革命和建设事业做了很多有益的工作。孙冶方同志一生最杰出的贡献，是他在中国最早察觉传统的社会主义经济体制必须要改革，为此他进行了大量的科学论证，提出了一系列政策主张。为了推进改革，他坚持不懈地对在国内外社会主义经济建设中有广泛影响的唯意志论和自然经济论进行了有力的批判，对社会主义政治经济学的基本范畴和理论体系进行了有益的探索。实践证明，尽管有这样那样的时代的局限性，孙冶方同志所坚持的许多基本主张和基本观点，是符合在发展马

＊　原载《经济学动态》1989年第3期。

克思主义中坚持马克思主义的精神的，是符合我们党在新时期中的改革开放和建设社会主义的纲领的。党的十一届三中全会以后，孙冶方同志的一些主张和观点，被党和政府所采用，对推动我国的改革和建设起了十分积极的作用。

孙冶方同志是我国社会科学理论界在探索科学的道路上披荆斩棘的一位勇敢的战士。他为坚持真理而不顾个人安危，奋勇拼搏，以自己的革命实践和卓越贡献赢得了广大人民的敬仰，特别受到社会科学院青年们的爱戴。他虽然离开我们已经六年，但他的崇高形象经常浮现在我们心中。现在社会科学院团委在冶方同志生前辛勤耕耘的园地——经济研究所竖起他的塑像，使我们能够更经常地瞻仰他的遗容，并以冶方同志为榜样，更好地向冶方同志学习，做好我们的科学研究工作。

我们学习冶方同志，要学习他理论密切联系实际的好学风，既要反对脱离实际的僵化教条主义倾向，又要防止忽视理论的狭隘的经验主义倾向。

我们学习冶方同志，要学习他勇于坚持真理，为真理献身的无私无畏的精神，反对学术研究中的随风转舵、投机取巧的坏作风，真正树立不唯上、不唯书、但唯实的政治品质和学术品质。

我们学习冶方同志，要学习他严于律己、忠诚淳朴、虚怀若谷的好修养，这就是要反对学术领域中那些哗众取宠，自我膨胀，"老子"天下第一的坏风气，真正树立起为人民甘当孺子牛的忘我精神。

冶方同志十分关注中青年的成长，他领导经济研究所期间，为我国经济理论界培养了一批又一批经济学研究人才。他对中青年不仅热情关心他们在业务能力上的成长，而且关心他们在人品道德上的成长。冶方同志这种德才兼重的培养青年的方针，在当今改革开放的大环境下，尤其值得我们学习。

深化改革需要治理经济环境[*]
——《经济社会体制比较》记者专访
（1989年2月）

记者（肖梦）： 中国经济体制改革已走过十年历程，在当前经济改革遇到困难的情势下，理论界、经济界思想是颇活跃的，有人认为改革已走到尽头，至少进入低谷；有人认为当前特别要警惕回潮。改革的命运究竟如何，请谈谈您的意见。

刘国光： 的确，目前我国的改革遇到一些困难，东欧一些国家的改革同样也碰到困难，可说是步入困境吧，于是就有两种倾向性意见。一种是认为当前的困难和毛病都出在市场取向的改革，都是"放开"造成的，只有重新管起来，只有重新把权收上来，才能整顿好秩序，才能控制住价格上涨。是有一些人对此驾轻就熟，对旧体制颇为留恋，当然，要治理环境、整顿秩序，当前我们还不得不采取一些必要的行政手段、行政措施，但目的正是进一步推进改革。另一种倾向认为当前出现的困难和毛病，靠整顿和治理是没有用的，在公有制框框内，改革是改不下去了，或者说走到尽头了，只有私有化才是出路。当然，这两种倾向意见都没有很明确地、公开地系统阐明。

我以为，这两种倾向的看法，恐怕都站不住脚。社会主义本身还很年轻，从十月革命算起，也只不过七十多年，中国的社会主义改革也不过才十年。从历史长河来看，这只是很短的时

* 原载《经济社会体制比较》1989年第2期。

间，怎么能这么快就下结论，说什么只有过去那一套集中的行政管理办法才行，或者说什么社会主义怎么搞也不行了呢？这样，不是也太轻率了吗？！十年来，改革取得的成就是举世瞩目的，不能因为遇到了困难，就说它走到尽头了。我看，社会主义改革的命运的确到了关键时期，但还得有信心，因此要注意上述两种倾向。首先，我们不能退回去，回到僵化的旧模式中去，那不是出路，旧模式的弊端所造成的恶果是已被所有社会主义国家历史所证明了的。其次，对第二种倾向性意见，我看从中国的情况出发，走私有化道路，或者资本主义模式并不适合于中国，我这么讲，不是从价值观念上来论短长，而是从实际可能上讲，那同样也不是出路。

改革的命运是与中国经济改革的方向相联系的。党中央确认社会主义经济是有计划的商品经济，指明了改革方向是建立有宏观控制的市场取向型的社会主义经济。现代经济中混合所有制与市场机制是可以相容的，在我国，在可以预见的相当长一段时期里，混合所有制还会是以公有制，包括代表公众利益的各种集团所有的形式（诸如社团、基金会等）为主，那种纯粹国有制和纯粹私有制都有一定的毛病，前者不易摆脱产品经济模式的弊病，而后者在中国现有的经济和政治关系的格局下，是大有可能走上官僚资本主义的道路的，印度也许是最好的佐证，因此，我认为两者都不是改革的方向，在中国都是没有前途的，现代经济的发展已显示了一种趋向，恐怕混合所有制的方向，比较符合中国的实际，既能够适应市场取向型的改革方向，又能坚持公有制为主体的社会主义方向。

记者：这里是否还有一层的问题，如果说在公有制框框内改革走到尽头了，就容易忽略对于造成目前困难和问题的原因的探求，从而也就不易从中汲取教训呢？

刘国光：我觉得，为了克服困难，要把注意力放在弄清楚这些困难和问题是怎么造成的，根源何在。我们就讲我国目前存在的一些难题吧，比如通货膨胀问题、市场秩序问题等，都是十三届三中全会提出要整顿、治理当中解决的大难题。对此，也有两种极端的意见，我看都是不全面的，都各有其局限性。一种意见认为，今天的通货膨胀等困境的出现只是因为体制的原因，体制改革走到这一步必然要出现，任何国家在改革中都不可避免，任何发展中国家也不可避免，因此不能归咎于政策的失误。第二种意见则认为不是体制的原因，而是因为有人鼓吹通货膨胀有益论，导致采取了松弛的货币政策，所以主要是政策选择失误。这两种意见都不是很完整的。

应该看到在当前的社会主义改革中，特别是我们国家，所碰到的难题，既有体制上的原因，又有政策上（包括宏观政策、发展政策）的原因。当前存在的问题，一个是总量失衡造成的通货膨胀；再一个就是秩序混乱造成各种摩擦和漏洞以至腐败现象，这两个方面的问题都有体制上的原因，确确实实是同双重体制并存有关联的。旧体制下的那一套——膨胀的惯性还没有过去，在过渡时期，又出现新的投资主体的多元化，投资渠道的多样化，对宏观控制管理要求更高从而也就更困难。同时，在双重体制下的消费膨胀问题显得更为突出，这是权力下放以后，地方权力和企业权力扩大以后，"大锅饭"问题并没有很好解决，自我约束的机制没有跟上来，因此，可以说投资消费双膨胀是又有新的因素，又有老的因素，这当然是体制上的问题。另外，双重体制造成的空隙，使得秩序上的混乱确实导致了一系列问题。那么，对这方面的原因，我们只能通过深化改革来解决。而我们分析体制带来的问题就是要针对这些问题，采取措施，所谓对症下药，推进改革，后退是没有出路的。双重体制的转轨途径是明确的，就是朝向三环节的配套改革：市场机制的建立、企业机制的改革和新的宏观调控体系的确立。我们要争取早日打破双重体制僵持的局面，但也应看到上述三个方面的改革均非一朝一夕之功，需要一定的过渡时间。

另一方面，我们不能回避政策上的原因，其中包括宏观政策、发展政策、发展与改革的关系等战略思想上的偏差。比如，对改革需要一个什么样的经济环境问题，这个问题在改革最初几年就已经提出来了，当时一般都同意"改革需要一个比较宽松的经济环境，即总供给略大于总需求的有限买方市场"的看法，这种看法的基本着眼点在于正确处理改革与发展的关系。但1984年发生经济过热以后，出现了另一种看法，认为改革只能在供不应求的紧张状况下进行，后来实际决策确实受到第二种看法的影响，而宏观经济形势的紧张往往使一些重要的关键性的改革不能出台。这一点我已在多篇文章中反复强调过，这里不需多说了。再比如，认为适度通货膨胀可以刺激经济发展，进而认为通货膨胀伴随高增长是国际成功经验等看法，都影响了我们的决策。再如发展政策，急于求成的老毛病不时侵扰我们，想快，不但改革要快，发展也要快。在许多场合我多次讲过，我们的增长目标和发展目标一定要有克制，执行中一定要有约束，不能过头过热，这样才能为改革创造一个比较宽松的环境。如果目标太高，雄心过大，各方面绷得太紧，不可能支撑得久。我们发展政策上的失误还表现在发展战略转变的困难上。1981年时就提出，发展战略要从数量型、速度型转到效益型，外延型转到内涵型，但在发展目标过高的要求下，就始终没有转过来。从上到下不管是哪一层都有追求产值速度的冲动，这几年投资膨胀，引进那么多条生产线，重复建设，虽然每年计划的工业速度大概都定在10%以内，实际上却每年大大超过。有的人说这只是制度上的原因，是不可避免的，我看，如果决策清醒，执行坚决，宏观控制得紧的话，不是不可以控制住的。还有诸如外向型发展战略，乡镇企业发展的规模、速度等。当然，这些事情的方向并没有错，问题是我们

刘国光

经济论著全集

第

7

卷

目前的国力无法承受这么过快过热的发展欲望和要求。尽管希望快些的愿望是能够理解的，但由于不是很冷静，因此造成宏观政策的指导思想出现了偏差。

记者：要克服经济过热，就要治理环境、整顿秩序，这会不会抑制经济的发展呢？

刘国光：确实，当前的紧缩遇到很大的"两难"问题，怎么办？应该采取什么方针和措施来解决"两难"？我认为，第一是紧缩的决心不能动摇，要准备至少过两三年紧日子。如果放弃紧缩，通货膨胀就会如奔腾的野马，控制不住，将来付出的代价会更大，整个经济就会被拖垮。这绝不是危言耸听，这是国际经验早已证明了的。如果紧缩的决心不坚定，没有牺牲一点产值、速度的准备，没有过几年紧日子、苦日子的准备，那么治理环境、整顿秩序就不会收到成效。另一个难题，是紧缩会带来资金的紧缺，农产品收购没有钱，工业流动资金周转不开等困难。但是，要看到这本身不完全是紧缩造成的，而是前一段时间的信用膨胀造成的信用危机。前一段的信贷超过了资金来源，这些贷款铺到固定资产投资上收不回来，固定资产投资的累积行为引发的资金的危机与紧张局面，是在1988年8月份就开始了的，并不完全发生在十三届三中全会之后。应该指明的是信用膨胀带来了信用危机，在信用危机情势下又再加上紧缩，就使得资金困难的现象更为强化了。

人们担心1989年生产会"滑坡"，这不是没有道理的。但是，这样的两难问题应该现在就有一个选择，我认为，当前特别要注意的恰恰是不要让1986年年初的故事重演，那就是为了怕生产"滑坡"而再度放松货币紧缩政策；不必怀疑，这必然要引起新一轮的、更剧烈的通货膨胀，而这样治理、整顿、调整，等于什么事也没有做，不但前功尽弃，而且这种折腾也许反而降低政府的信誉，经济生活会产生更大的动荡，这是不能不令人忧虑的。

　　因而，要解决这个难题，我曾讲过一个提法，即总量上坚持紧缩政策，结构上趁机进行调整。这一提法说起来似乎并无什么新鲜，但真要做到，还真要有很大的决心，花很大的力气。总量上不能放松，因为理论界可能有人叫放，地方与实际部门会因日子不好过叫放更厉害，1986年就是如此，理论界当时有人在国外写文章，说什么紧缩造成了多少亿多少亿国民收入的损失，我看这种论调这次也会起来，而且声音会越来越大，我们不能因此而动摇，走到更危险的通货膨胀中去。但另一个方面，也就是在结构上，要利用这个时机，灵活调度资金、灵活运用信贷、财政政策，在生产、投资方面支持那些与人民生活和市场需求（是真正的需求，而不是膨胀的需求）相关的短线产品，努力增加真正的有效供给。当然，宏观政策的实施还有具体操作的问题，这还应该进一步研究，但我们首先应该在道理上把这个问题讲清楚。至于其他没有效益的或者是膨胀的需求和扭曲的结构造成资源浪费的产品，应该让它牺牲，让它垮，让它倒闭，不破一下不行，不付出代价是根本走不出低谷的。现在有一种心态，希望平平安安地，大家快快活活地，市场保持繁荣景象，歌舞升平地过这个低谷。但这是过不去的，因为这种繁荣是带有浮肿的繁荣，有相当大水分的繁荣，如果我们不敢动刀子，上上下下没有忍痛承受两三年苦日子包括实际生活水平暂时下降的心理准备，来共渡难关，那么，中央要治理环境的愿望就会落空。同时，在另一方面要深化改革，利用这两三年的调整、喘息机会，在企业产权制度、市场组织规则、宏观调控机制（包括税制改革）等方面加快改革步伐，并争取尽快建立起社会保障等制度，使制度改革的深化能取得一个突破。

　　记者：可是有些意见认为治理环境不能着眼于压缩总需求，而应提增加供给，您怎么看这个提法呢？

刘国光：我的回答是很明确的，那就是在治理环境、整顿秩序的总纲领下，主要是控制总需求。究竟应提控制总需求还是增加总供给，这并不是什么新问题，以前就有这个争论。只是以前认为需求并未失控的人走得还要远一点，他们竟然认为市场紧张不是需求过多而是需求不足。现在，这种议论很少听到了，大家都承认需求膨胀，大概已是铁定的问题，不需要再争论。但另一种意见还颇有市场，即认为当前总量失衡的原因主要不在需求膨胀而在供给不足，因此他们强调解决当前问题主要是增加供给。我认为这种认识和提法也是不够确切的。

总量失衡的根源主要是总需求过旺。我看现在强调供给因素的人并没有举出足够的论据和事实否定总需求膨胀是宏观失衡的主因。因此压缩总需求仍应是这次总量控制的着重方面。对这种总需求大于总供给的失衡，不能看作是总供给不足造成的，由此得出增加总供给是治理失衡的主要方面的结论。如果把总供给表现为产值速度，并不低，难道将近20%的工业速度，总供给还不够高吗？所以一般的提出要增加总供给，不过就是进一步提高速度。我们现在遇到能源、原材料、外汇、资金的"瓶颈"，正是相对于资源来说速度过高，"总供给"过多造成的"瓶颈"。当然相对于膨胀的需求来说，生产和供给总是不足的，而相对于资源"瓶颈"以及有效的熟练劳动、管理人才等其他有限的要素来说，就不是生产供给不足而是过头过热的问题了。对这种超过有限资源承受能力的过热的生产和供给，就应该采取压缩的态度，而不是一般的提增加总供给。这里确实有一些概念需要澄清，才能达成治理环境的目标，我看很急迫的是利用这次治理机会通过调整结构来增加前面说的真正的有效供给，使国民经济转到稳定健康发展的轨道上来。

记者：问题在于结构调整具体措施与手段仍有许多困难，很难避免"一刀切"或实际上中央紧缩，地方不紧，使治理环境成了过场，你认为如何才能取得成效呢？

刘国光： 从指导思想上要明确治理环境与深化改革应结合起来。说得更明白一点，就是行政手段与经济手段并用，在运用行政手段时，要时时切记不给市场化取向的改革设置障碍。但是，也应该看到愿望有时不代表实际，我们现在市场的间接手段还不完备，需要有一个发育过程，特别是当前遇到的困难，部分是由于行政性分权造成，是因某些政策失误造成的，使得中央没办法调控，只有将部分权力重新集中，采取行政性的硬性指标的控制等，不允许运用这些行政手段，就等于不同意紧缩、不同意治理环境。这里面有两点应该说明，第一，即使是市场经济的国家，在遇到治理经济危机的情况下，也并不排除采用强化行政手段。比如美国20世纪70年代初尼克松整治通货膨胀，就是冻结物价、冻结工资，然后一个个放开，这不叫行政手段吗？第二，在我们的间接手段还没有具备的条件下，不允许采取一些行政手段，实际就控制不了，治理不了，这不是什么回到旧体制，而是迫不得已，这里不存在"宁要改革的乱，不要旧体制的稳"的问题，任何一个冷静的负责的经济学家都应该正视现实，都应该对此有一个通情达理的认识。

当然，具体治理措施的制定不能忘记改革的方向，强调行政性手段必要并不等于可以借治理、整顿搞垄断，搞分割，这样搞不但解决不了当前的困难，恐怕还会造成资源配置的进一步恶化，行政性地方市场割据进一步加强，经济生活会更加紊乱的。

所以，我说治理环境立足于把过热的经济降温，深化改革着眼于财政、金融、保险、社会福利等方面的制度改革，可做的事是很多的。

针对当前人们心存的疑问的解答，我还想强调通过比较研究，提高人们对经济问题认识的全面性，拓宽人们考虑问题的思路，使人们可以吸收别国的经验，深入研究人家的成功之路和走过的弯路，不要花不必要的代价来重复人家的错误。回顾改革中一些措施的选择，我们不能不指出，特殊离不开一般，但有一些人却总强调中国情况特殊，因此忽视一般性规律或常识性的问题。这样的例子是俯拾即是的。比如，通货膨胀有害抑或有益，本没有什么可争的，我们却争了两年。平等竞争性规则的制定对于统一市场的重要性，本没有什么可争的，却有人认为国家大，地区差别大，所以优惠政策、差别待遇和不规范调节不但被制定，还固定化下来，造成了今天种种不公平竞争的局面。地方行政性分权问题，苏联20世纪50年代末期体制改革采取的行政性分权尝试，不但未能克服行政直接控制的固有弊病，反而因打乱了原有的经济联系和格局，地方主义行政权力加剧，使经济运转不灵，这是一个失败经验。南斯拉夫的情况大家更为熟悉，新年前夕，地方利益矛盾尖锐、经济恶化导致米库利奇政府集体辞职。这一切都应该可以使我国改革通过比较借鉴汲取的教训，而我们却常常没能很重视研究。所以，在新的一年里，我希望经济理论界能在更深层次上推动改革事业的发展。